Jakobswege

in Europa

Jürgen Kaiser

Jakobswege in Europa

Frontispiz: Steinfigur des hl. Jakobus (14. Jh.) in der Regensburger Schottenkirche St. Jakob.

Rechte Seite: Holzschnitt „Die Jacobs Brüder" von Jost Amman aus einer illustrierten Ständebeschreibung des Hans Sachs (Frankfurt am Main 1568).

Bibliografische Information Der Deutschen Bibliothek
Die Deutsche Bibliothek verzeichnet diese Publikation in der Deutschen Nationalbibliografie; detaillierte bibliografische Daten sind im Internet über http://dnb.ddb.de abrufbar.

Umschlaggestaltung: Stefan Schmid, Stuttgart, unter Verwendung von Abbildungen von Picture Alliance, Frankfurt am Main (Kapelle in Lot, Frankreich; Stephansdom, Wien; Kathedrale von Santiago de Compostela), Prisma/F1 ONLINE (Jakobsweg in Kastilien) und Roman von Götz (Jakobsfigur in St. Jakob, Regensburg) sowie einer Karte von Reinert & Partner

Die Herausgabe des Werkes wurde durch die Vereinsmitglieder der WBG ermöglicht.
Lektorat: Nicole Janke, Stuttgart
Kartografie: Peter Palm, Berlin
Satz und Gestaltung: DOPPELPUNKT Auch & Grätzbach GbR, Stuttgart
Repro: Medienfabrik, Stuttgart
Druck und Bindung: Uhl, Radolfzell
ISBN 978-3-8062-2103-9

Besuchen Sie uns im Internet: www.theiss.de

Vorwort

Die Erfolgsgeschichte des Jakobsweges, die vor annähernd drei Jahrzehnten begann, hält unvermindert an. Ein Ende ist dabei nicht abzusehen, wie der Pilgerbericht eines deutschen Unterhaltungskünstlers zeigt, den gerade anderthalb Millionen Menschen verschlungen haben. Doch während die meisten heutigen Pilger unter dem Jakobsweg noch immer die Route von den Pyrenäen durch Nordspanien nach Santiago verstehen, besteht daneben eine Fülle von wiederentdeckten Pilgerwegen aus allen Teilen Europas. Wie die Rillen auf der Jakobsmuschel ziehen sie sich quer durch den Kontinent hin zum ersehnten Ziel. Zahlreiche Forscher, Initiativen und Jakobusgesellschaften kümmern sich in verschiedenen Ländern Europas nun wieder verstärkt um die Geschichte der näheren Heimat. Denn nur durch die Erforschung von Pilgerspuren – wie etwa Heiligenkulten, Reliquienschätzen, Hospitälern, Bruderschaften, Patrozinien – oder mittelalterlichen Fernstraßen lassen sich Anhaltspunkte für eine Rekonstruktion des Streckenverlaufs finden. So sind inzwischen zahlreiche europäische Jakobswege durchmarkiert, wodurch der eigene Jakobsweg tatsächlich vor der Haustür begonnen werden kann. Natürlich wurde dabei auch touristischen Gesichtspunkten Rechnung getragen und ein landschaftlich möglichst reizvoller Verlauf für die wandernden Pilger gewählt, da heute auf den im Mittelalter beliebten Talwegen oft belebte Straßen oder gar Autobahnen verlaufen, denen kein heutiger Jakobspilger länger folgen will.

Dieses Buch möchte dem Leser das Thema Jakobswege in seiner europäischen Dimension nahe bringen. Denn hier sollen die wichtigsten Hauptrouten vorgestellt werden, so wie mittelalterliche Pilger sie erlebt haben. Für sie war die Fernwallfahrt eine Reise zur Absicherung ihres Seelenheils, weshalb sich die Wege vorrangig an wichtigen Heiligenstätten orientierten. Wo Reliquien waren, kamen Pilger, und wo Pilger waren, vermehrten sich die Reliquien. Überall versuchten Kirchen, Klöster, Kathedralen und Städte ihre Pilgerattraktionen möglichst effektvoll zu inszenieren, um durch die Pilger deren Ruhm in ganz Europa zu verbreiten. Goldglänzende Reliquiare, eine prachtvolle Liturgie und ausführliche Wunderberichte als Beweis der besonderen Tatkraft des jeweiligen Heiligen dienten als Werbemittel.

Die Jakobswege, die mittelalterliche Pilger gingen, waren so individuell wie die jeweiligen Menschen selbst. Je nach Vorliebe für bestimmte Heilige, die man unterwegs besuchen wollte, zog man auf recht unterschiedlichen Routen nach Santiago. Hauptstrecken gab es insofern, als bestimmte Kultorte wie Tours, St-Gilles, Vézelay, Chartres und noch einige andere, später auch Aachen und Einsiedeln, ein „Muss“ waren, wenn man sich schon einmal aufmachte. Zudem wurde meist für den Rückweg eine andere Strecke gewählt, so dass die Santiago-Wallfahrt fast den Charakter einer Rundfahrt zu den wichtigsten Heiligtümern Europas annahm. Unmittelbar vor den Pyrenäen trafen dann die vielen Wege zusammen wie im 12. Jh. bereits im *liber sancti jacobi* beschrieben. Die Routen des vorliegenden Buches sind ein Vorschlag, wie diese Hauptstrecken ausgesehen haben könnten, um unterwegs die wichtigsten Heiligtümer „mitzunehmen“.

Ich wünsche allen Lesern viel Entdeckerfreude, egal ob sie den Wegen nur in Gedanken, zu Fuß oder mit anderen Verkehrsmitteln folgen. Nehmen Sie etwas von der Entschleunigung, Heilsgewissheit und Gelassenheit der mittelalterlichen Pilger mit in Ihren Alltag.

Dr. Jürgen Kaiser

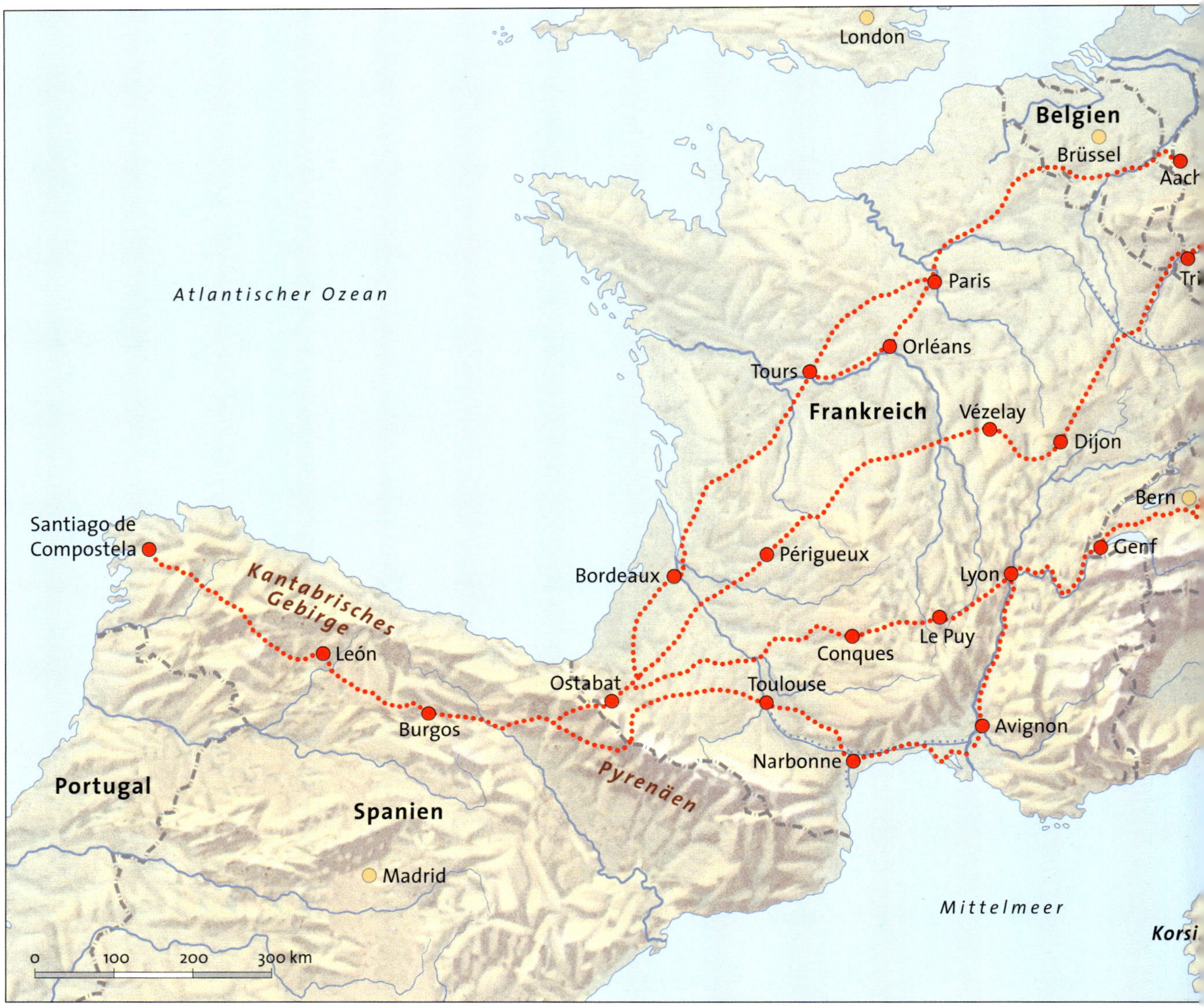

London
Belgien
Brüssel
Aach
Tri
Atlantischer Ozean
Paris
Orléans
Tours
Frankreich
Vézelay
Dijon
Bern
Genf
Santiago de Compostela
Kantabrisches Gebirge
Périgueux
Bordeaux
Lyon
Le Puy
Conques
León
Ostabat
Toulouse
Avignon
Burgos
Narbonne
Pyrenäen
Portugal
Spanien
Madrid
Mittelmeer
Korsi
0
100
200
300 km

Berlin
Deutschland
Polen
Leipzig
Marburg
Breslau
Prag
Regensburg
Ulm
Tschechische Republik
Konstanz
Wien
Bratislava
Salzburg
Einsiedeln
Innsbruck
Österreich
Budapest
Schweiz
Alpen
Ungarn
Italien
Rom
N
S

INHALT

PARFUME

Von Aachen zu den Pyrenäen

Von Aachen nach Maastricht

Wer heute die moderne Großstadt **Aachen** nahe dem Dreiländereck der belgisch-niederländisch-deutschen Grenze besucht, betritt nicht nur höchst geschichtsträchtigen Boden, sondern bewegt sich auch auf jahrhundertealten Pilgerspuren. Denn die von Karl dem Großen im späten 8. Jh. errichtete Pfalzkapelle besaß nicht nur wegen ihrer Funktion als Krönungsort der deutschen Könige internationale Bedeutung. Dank einiger hochkarätiger Stoffreliquien, die Karl in Jerusalem erworben hatte, stieg sie im 14. Jh. zu einem der bedeutendsten Wallfahrtsorte in Europa auf. Mitte des 12. Jh. verbreitete sich im Vorfeld der 1165 erfolgten Heiligsprechung Karls die Legende, dass der hl. Jakobus ihn im Traum persönlich aufgefordert habe, sein Grab zu befreien. Die Episode wird auf den Dachflächen des Karlsschreins dargestellt, in den Kaiser Friedrich II. am Festtag des hl. Jakobus 1215 den letzten Nagel einschlug.

An der angeblich von Karl als erster dem hl. Jakobus außerhalb Santiagos erbauten Kirche, die leider im 19. Jh. durch einen Neubau ersetzt wurde, mussten sich die Wallfahrer entscheiden, ob sie – die Stadt vorbei an der Jakobskirche verlassend – schon jetzt den Weg in Richtung des belgischen Lüttich einschlagen oder vorher mit Maastricht den bedeutendsten Kultort auf dem Gebiet der heutigen Niederlande besuchen wollten. Der Weg nach Maastricht verlief stadtauswärts durch das Aachener Königstor und folgte der Via Regia. Besonders zur Aachener Heiltumsfahrt, die seit 1349 alle sieben Jahre stattfand, überschwemmte ein wahrer Pilgerstrom die Landstraße, da sich das Maastrichter Servatiusstift dem 7-Jahres-Rhythmus angeschlossen hatte. Dort wurden dann ebenfalls in einer feierlichen Zeremonie die Schätze des Stiftes gezeigt.

Auf dem Weg nach Maastricht boten gleich zwei attraktive Zwischenziele Abwechslung. In **Houthem** entnehmen noch heute Wallfahrer Sand unter dem Grab des hl. Gerlach und Wasser aus seinem Brunnen bei der Kirche. Gerlach war ein Adeliger, der im 12. Jh. in der Gegend lebte und sich nach dem frühen Tod seiner geliebten Frau als Einsiedler hierher zurückzog. Jeden Tag wanderte er zum Servatiusstift nach Maastricht, um dort die Messe zu hören, Samstags besuchte er die Messe im Aachener Münster. Zudem unternahm er Pilgerreisen nach Rom und Jerusalem. Nach seinem Tod 1164/65 entwickelte sich rasch ein Pilgerstrom zu seinem wundertätigen Grab, so dass 1201 hier ein Doppelkloster des Prämonstratenser-Ordens zur Betreuung des Gnadenortes entstand. Doch schon drei Jahrzehnte später wurde das Kloster in ein Damenstift umgewandelt, das sich heute in den Formen eines Neubaus des 18. Jh. präsentiert. Die barocken Fresken seiner Grabeskirche schildern ausführlich das Leben des hl. Einsiedlers.

Kurz vor Maastricht erhebt sich im kleinen Ort **Meerssen** eine auffallend große und prächtige spätgotische Kirche. Sie entstand als Wallfahrtskirche am Ort eines Sakramentswunders, das sich 1222 ereignet hatte, als aus einer Hostie während der Wandlung Blut und Wasser geflossen waren. Leider vernichtete hier wie auch in Maastricht der Bildersturm der Calvinisten 1566 die wertvolle Ausstattung. Lange vor seinem Aufstieg zum Wallfahrtsort besaß Meerssen allerdings schon durch seine karolingische Königspfalz Bedeutung.

Am Maastricht gegenüberliegenden Flussufer der Maas erreichten die Pilger zunächst den Vorort **Wijk** am rechten Ufer des Flusses. Unter den barocken Häusern fällt heute das dem hl. Ägidius geweihte Hospital auf, das vom wohlhabenden Servatiusstift unterhalten und der Legende nach von den beiden heiligen Maastrichter Bischöfen Monulphus und Gondulphus gegründet worden war. Die neugotische Martinskirche birgt mit dem Schwarzen Christus ein mit einer schönen Legende verbundenes Gnadenbild. Demnach kehrte ein Edelmann des Umlandes von einer Pilgerfahrt ins Heilige Land zurück und überreichte jedem seiner Kinder ein Geschenk. Seine jüngste Tochter Anna erhielt eine Nuss, die sie im Garten einpflanzte. Den Baum, der in den folgenden Jahren aus der Nuss erwuchs, spaltete eines Tages ein Blitz. Durch ein Wunder hatte sich jedoch im Innern ein Kreuz gebildet, das nun sichtbar wurde. Anna trat in ein Maastrichter Kloster ein und nahm das Kreuz mit, das bis heute verehrt wird.

In Wijk trafen auch jene Pilger ein, die vom Niederrhein aus kommend ab Venlo der Maas gefolgt waren.

◄ Das Aachener Münster war Ziel einer der größten Wallfahrten des Mittelalters und durch den hier begrabenen Kaiser Karl den Großen besonders mit dem Jakobuskult verbunden.

In **Roermond**, wo Wallfahrer vom Hellweg über Neuss und Mönchengladbach hinzukamen, besitzt die Jakobuskapelle der Christophorus-Kathedrale bis heute einen Armknochen des hl. Jakobus. Zahlreiche weitere, ihrer mittelalterlichen Fassungen beraubte Reliquien zeigen, dass man auch hier vom Pilgerstrom profitieren wollte. Christophorus als Patron der erst im späten 16. Jh. zum Bischofssitz aufgestiegenen Pfarrkirche der Handelsstadt erklärt sich aus dem besonderen Schutz für den Übergang über Rur und Maas, den er gewähren sollte. Leider ließ der Bildersturm 1566 fast nichts von den Schätzen der zahlreichen Kirchen Roermonds übrig, was besonders beim prachtvollen spätromanischen Münster der Zisterzienserinnenabtei bedauerlich ist. Eine Brücke führt über die Rur in die Vorstadt St. Jakob. Sie trägt ihren Namen nach einer Kapelle des Heiligen samt angeschlossenem Hospital, das von einer Bruderschaft betreut wurde. Weiter entlang der Maas nach Maastricht bildeten die Damenstifte in Thorn, Aldeneik und Susteren weitere Stätten der Heiligenverehrung und ganz profan der Unterkunft. Die gefürstete Reichsäbtissin von Stift **Thorn** war sogar Herrscherin über einen kleinen, eigenständigen, nur dem Kaiser verantwortlichen Staat. In **Aldeneik**, das im frühen 8. Jh. von einem hochadeligen fränkischen Ehepaar gegründet worden war, galt es die hll. Harlindis und Relindis, Töchter der Stifter, zu verehren. Von Relindis ist überliefert, dass sie als Pilgerin das Heilige Land besucht hatte. **Susteren** geht als Gründung 714 auf den fränkischen Hausmeier Pippin II. von Heristal und seine Gattin Plektrudis zurück, die sie als Missionsstation dem hl. Willibrord übergaben. Die kleine romanische Kirche des 11. Jh., die dem Vorbild des Essener Damenstiftes folgte, barg gleich die Gräber von sieben als Heilige oder Selige verehrten Menschen. Zunächst ließen sich hier die fränkische Königstochter Vastrada sowie ihr Sohn Gregorius und ihr Neffe Alberich, beide Bischöfe von Utrecht, bestatten. Nach der Zerstörung durch die Normannen im späten 9. Jh. gründete die hl. Amelberga das Kloster als Benediktinerinnenabtei neu. Hier fand der als Seliger verehrte König Zwentibold 895 sein Grab. Seine Töchter, die hll. Benedicta und Cäcilia, traten die Nachfolge der hl. Amelberga an. Die neu eingerichtete Schatzkammer birgt einige hochkarätige Erinnerungsstücke an diesen Susterner Heiligenhimmel. Im Spätmittelalter schloss man sich hier ebenfalls dem Rhythmus der Aachener Heiltumsfahrt an, um die eigenen Schätze wieder populär zu machen.

Maastricht

Maastricht entwickelte sich schon in römischer Zeit am Übergang der von Köln zum Atlantik führenden Fernstraße über die Maas. 1275 stürzte die altersschwache, immer wieder ausgebesserte römische Brücke unter dem Andrang Hunderter Pilger ein, die zum Hauptfest des hl. Servatius ans andere Ufer strömten. 400 Menschen fanden hierbei den Tod. Das Servatiusstift, dem die Brücke gehörte, entschloss sich sofort zum Neubau in Stein, der sich bis heute erhalten hat. Durch die Gassen der Altstadt, die heute die denkmälerreichste der Niederlande ist, gelangten die Pilger zur Basilika mit dem Grab des hl. Servatius. Die Größe des Kirchenbaus aus dem frühen 11. Jh. erklärt sich nicht nur aus der Bedeutung der Wallfahrt, sondern auch aus der des Reichsstiftes, das in karolingischer Zeit zur Betreuung des Heiligengrabes entstanden war. Von der Galerie der Apsis, die um 1160 angefügt wurde, zeigten die Stiftsherren ihren Reliquienschatz den auf dem riesigen Vrijthof versammelten Menschenmassen. Der Legende nach verlegte der hl. Bischof Servatius im 4. Jh. seinen Sitz von Tongern ins sichere Maastricht, wo er am 13. Mai 384 starb und nach römischer Sitte auf dem Friedhof vor den Kastellmauern begraben wurde.

Wer heute die Schatzkammer besucht, findet nicht nur den um 1160 entstandenen Schrein mit den Gebeinen des Heiligen, der nach der Beschreibung der Himmelsstadt in der Offenbarung des Johannes gestaltet wurde und auch die Wiederkunft Christi am Tag des Jüngsten Gerichts mit den Aposteln als Schöffen schildert. Vor allem ein großer, ungemein schön gearbeiteter Silberschlüssel, der zu den wertvollsten Zeugnissen romanischer Goldschmiedekunst gehört, weckt bis heute die Neugierde der Besucher. Der Legende nach unternahm Servatius mit dem ebenfalls hier ausgestellten Pilgerstab eine Wallfahrt nach Rom, wo ihm der hl. Petrus persönlich den Schlüssel zum Himmel übergab. Um die Bedeutung ihres Heiligen noch weiter aufzuwerten, konstruierten die Stiftsherren sogar ein direktes Verwandtschaftsverhältnis mit Jesus und der gesamten Heiligen Sippe. Demnach war seine in der Bibel oder den apokryphen Schriften nirgendwo erwähnte Urgroßmutter eine Schwester der hl. Anna, der Mutter Mariens und Großmutter Christi. Spätestens mit dieser mehr oder weniger frommen List katapultierten sie Servatius in die erste Riege mittelalterlicher Heiliger, besonders verehrt durch das Herrscherhaus der Karolinger und Ottonen. Unter der Fülle der zahlreichen Reliquiare, die nur ein bescheidener Rest des einst viel umfangreicheren Heiltumsschatzes sind, ragt das große Büstenreliquiar des hl. Servatius nicht nur durch seine Größe besonders heraus. Das Vorgängerbehältnis war bei der Einnahme der Stadt 1579 durch die katholischen Truppen der Habsburger verloren gegangen, doch ersetzte es der Herzog von Parma mehr als würdig. Die Büste konkurriert auffällig mit derjenigen des hl. Lambertus in Lüttich, die etwas früher entstanden ist.

Unmittelbar am Vrijthof lag nicht nur das Hospital des Stiftes, sondern auch ein Jakobusspital samt gleichnamiger Kapelle, die nur noch im Namen der hier abzweigenden Straße weiterlebt. Betreut wurde die Unterkunft durch eine Jakobsbruderschaft. Gleich um die Ecke unterhielt auch das Lütticher Jakobskloster eine Herberge.

Nach dem Besuch von St. Servatius lenkten die Pilger ihre Schritte zum zweiten großen Heiligtum der Stadt, der Liebfrauenkirche, die im späten 12. Jh. als ein Hauptwerk der Romanik im an sakralen Spitzenleis-

▼ Nachdem sich das Maastrichter Servatius-Stift mit seiner Reliquienpräsentation dem siebenjährigen Aachener Rhythmus angeschlossen hatte, strömten auch hier Zehntausende zusammen. Da die Kirche nicht ausreichte, zeigten die Stiftsherren von der Zwerggalerie der Apsis den Massen die wichtigsten Stücke ihres Heiltumsschatzes.

tungen überreichen Rhein-Maas-Gebiet entstand. Ein Vorgängerbau diente vom späten 4. Jh. bis zum Jahr 722 als Kathedrale des Bistums, bis der hl. Hubertus seinen Sitz endgültig nach Lüttich verlegte. Wie ein Blick in die Schatzkammer zeigt, lockte auch das Liebfrauenstift mit einem reichen Heiltumsschatz die Wallfahrer herbei. Leider haben sich die kostbaren mittelalterlichen Behältnisse nicht mehr erhalten. Heute hoch verehrt ist das in einer Kapelle der Vorhalle aufgestellte spätgotische Gnadenbild Maria Meerstern, das von unzähligen modernen Pilgergaben gerahmt wird.

Von der Liebfrauenkirche aus konnten die Pilger die Stadt durch die noch erhaltene Helpoort verlassen und der Maas weiter aufwärts bis ins heute belgische Lüttich folgen. Eine lohnende Variante führte über das nur wenige Kilometer westlich gelegene **Tongern**. In der bedeutendsten Römerstadt an der Maas hatte sich in der Spätantike ein Bischofssitz gebildet, der dann auf Maastricht überging. Ein in Tongern begründetes Stift hielt die Erinnerung an die einstige Bedeutung und die zehn hier begrabenen und als Heilige verehrten Bischöfe wach. Auf dem höchsten Punkt der Stadt erhebt sich bis heute die gotische Stiftskirche Unserer Lieben Frau, die dank einer 1476 entstandenen Marienfigur noch immer ein bedeutendes Wallfahrtsziel ist. Am hoch aufragenden Westturm als Wegmarke konnten sich die Pilger orientieren. Südlich des Querhauses bildete der hier ausgegrabene Rundturm der spätrömischen Befestigung das Fundament für die zu Beginn des 19. Jh. abgerissene Maternuskapelle. Als Zentralbau war sie eine Kopie der Grabeskirche in Jerusalem und erinnerte zugleich an den ersten Bischof von Tongern, den man sich aber mit Köln teilen musste. Im ehemaligen Kapitelsaal seitlich des Kreuzgangs wird heute der Reliquienschatz des Stiftes präsentiert, der trotz erheblicher Verluste sehr sehenswert ist. Um 1180 erhielt das Stift einen Kreuzpartikel, der in einer romanischen Metalltafel mit Darstellungen der zehn heiligen Bischöfe von Tongern verziert ist. Überreste eines Marienschreins sowie ein Stückchen vom Schleier der Gottesmutter beweisen, dass die Stiftskirche auch schon vor Schaffung des spätgotischen Gnadenbildes ein wichtiger Marienwallfahrtsort war. Zahlreiche vergoldete und silberne gotische Heiligenfiguren mit Reliquien führen die Bemühungen des Liebfrauenstifts vor Augen, durch rege Sammeltätigkeit den Pilgern ein attraktives Ziel zu bieten. Ein Jakobushospital bot Unterkunft.

Auf halber Strecke zwischen Maastricht und Lüttich bot sich **Visé** als Zwischenetappe an. 1338 verlegten die Stiftsherren von Celles bei Dinant ihre Gemeinschaft hierhin und erbauten sich eine neue Kirche. Im Gepäck hatten sie natürlich auch ihren Gründer und Hausheiligen Hadelinus, dessen Schrein des 12. Jh. mit den ein Jahrhundert zuvor entstandenen Stirnseiten zu den Kostbarkeiten des Maasgebietes zählt. Reliefs schildern Wunder und Begebenheiten dieses im 7. Jh. wirkenden Gefährten des hl. Remaklus, des Gründers der beiden Klöster Stavelot und Malmédy in den Ardennen.

Lüttich

Bald entfaltete sich vor den Pilgern das prächtige mittelalterliche Stadtpanorama von **Lüttich**, das sich beiderseits und auf den Inseln der hier verzweigten Maas sowie den umliegenden Hügeln erstreckte. Als Bischofssitz wurde es von unzähligen Kirchtürmen überragt, die sich rund um die Kathedrale versammelten. Leider existiert diese geistliche Mitte der Stadt seit dem Abbruch als Folge der Französischen Revolution nicht mehr. Die gotische Kathedrale barg das Grab des hl. Lambertus, eines 705 in Lüttich ermordeten Bischofs von Tongern-Maastricht. Sein Nachfolger, der hl. Hubert, verlegte den Sitz des Bistums hierher und ließ den als Märtyrer verehrten Vorgänger in den neuen Dom umbetten. Besonders unter den Karolingern stieg er zum bevorzugten Hausheiligen ihrer Dynastie empor, und zahlreiche Kirchen im Reich wurden ihm damals geweiht. Neben dem ehemaligen Standort der Kathedrale St-Lambert erinnert der ungewöhnlich aufwendige Bischofspalast an die einstige Macht der Lütticher Fürstbischöfe.

Viele Pilger bewunderten sicher das romanische Taufbecken aus Messing in der Taufkirche Notre-Dame-aux-Fonts, das sich heute in der Kirche St-Barthélemy befindet. Geschaffen im frühen 12. Jh. von Reiner von Huy ist es ein überragendes Zeugnis für die hochwertige mittelalterliche Metallverarbeitung in den Städten des Maastales. Nach dem Vorbild des Ehernen Meeres im Vorhof des Salomonischen Tempels in Jerusalem tragen Ochsen das Becken mit der Darstellung der Taufe Christi.

In der Schatzkammer der jetzigen Kathedrale, der ehemaligen Stiftskirche St-Paul, ist noch ein kleiner Teil des einst bedeutend umfangreicheren Domschatzes zu sehen. Zwei Reliquiare nehmen einen besonderen Rang ein: Eines zeigt Karl den Kühnen mit seinem Patron, dem hl. Georg, wie er einer heute verlorenen Marienfigur ein Fingerglied des hl. Lambertus überbringt. Grund für die Stiftung war ein schreckliches Ereignis: 1467 hatte Karl die Stadt im Zuge seiner Gewaltpolitik erobert. Nachdem sich die Bürger im folgenden Jahr gegen ihn erhoben, schickte er seine

Die zweite große Stiftskirche Maastrichts, die Basilika Unserer Lieben Frau, besaß ebenfalls wertvolle Reliquien, die an Wallfahrtstagen auf dem Hochaltar ausgestellt wurden. Durch den großartigen romanischen Chorumgang konnten die Pilger diese dann ehrfurchtsvoll umrunden.

Söldnertruppen, die sieben Wochen lang entsetzlich wüteten. Danach war das mittelalterliche Lüttich ein ausgebrannter, geplünderter Trümmerhaufen, angefüllt mit Leichen. Auch das Büstenreliquiar des hl. Lambertus, die zweite noch erhaltene Kostbarkeit der Lütticher Schatzkammer, wurde damals zerstört. Erst 1505 konnte mit dem prächtigen Ersatz begonnen werden.

Im Süden der Altstadt erhebt sich eines der schönsten spätgotischen Gotteshäuser Belgiens, St-Jacques. 1056 sandte der Abt des bisher Jakobus dem Jüngeren geweihten Benediktinerklosters einige seiner Mönche nach Santiago, um dort Reliquien zu erlangen. Tatsächlich kehrten sie mit einem Teil des Armknochens des hl. Jakobus des Älteren erfolgreich von ihrer Mission zurück, ein spektakulärer Besitz, der noch heute in einem neugotischen Reliquiar gezeigt wird und zum Wechsel des Patroziniums zum älteren Jakobus führte. Unmittelbar nach Ankunft der Reliquien wurde wieder gebaut, wovon noch der 1168 geweihte Westbau Zeugnis ablegt. 1516–1538 entstand der spektakuläre spätgotische Neubau der Klosterkirche, der

Während die Lütticher Kathedrale mit dem Grab des hl. Bischof Lambertus in der Französischen Revolution völlig zerstört wurde, blieb ein Teil des Reliquienschatzes erhalten. Hier das von Karl dem Kühnen gestiftete Reliquiar, das die Figur des Stifters zeigt, die ein Fingerglied des hl. Lambertus hält.

als Kirche des Rates und der Zünfte zudem einen besonderen Rang innerhalb der Stadt einnahm. In Lüttich gab es außerdem eine Jakobus-Bruderschaft und ein Jakobus-Hospital.

Im späten 10. Jh. errichtete der bedeutendste Bischof der Stadt, Notker, gleich eine ganze Reihe von Kirchen, darunter mit St-Jean-l'Evangeliste einen Nachbau der Aachener Pfalzkapelle. Mit Ste-Croix entstand etwas oberhalb der Kathedrale eine Stiftskirche, die sich dank hochkarätiger Reliquien großen Pilgerzulaufs erfreute. Noch heute wird im Kirchenschatz ein bronzener Schlüssel verwahrt, den der hl. Hubert im frühen 8. Jh. vom Papst erhielt. Ein eingearbeitetes Glied der Ketten Petri, die ein Engel löste, um den ersten Papst aus seinem Kerker zu befreien, ist hierin eingearbeitet. Hauptanziehungspunkt war eine Kreuzreliquie, die der französische König 1006 Kaiser Heinrich II. schenkte. Um 1160 erhielt sie in Lüttich ihre kostbare Einfassung mit einer vergoldeten Klapptafel.

Der Maas entlang

Von Lüttich bis Namur folgte der Pilgerweg der Maas und hinterließ auch hier seine Spuren. In **Amay** errichtete die hl. Oda im 8. Jh. eine Georgskirche, wofür sie Reliquien dieses populärsten Ritterheiligen des Mittelalters besorgen konnte. Die Pfarrkirche birgt in einem spätromanischen Schrein heute nicht nur diese Partikel, sondern auch die Gebeine Odas. Szenen aus dem Leben beider Heiliger schmücken die Dachflächen des kostbaren Gehäuses. Neben Lüttich war **Huy** die wirtschaftlich am meisten prosperierende Stadt des Fürstbistums, die ihren Reichtum Metall- und Tuchverarbeitung verdankte. Von den einst 17 Klöstern und Stiften in und um die Stadt blieb allein die große Stiftskirche Notre-Dame aus dem 14. Jh. erhalten, eine der bedeutendsten gotischen Kirchen Belgiens. Durch das originelle Bethlehemportal mit Darstellungen rund um die Geburt Christi betritt der Besucher den kühn emporstrebenden Bau mit seinem imposanten Rosenfenster. Die erhaltene Krypta des 11. Jh. dient heute als Schatzkammer und versammelt mit vier romanischen Schreinen nur einen Bruchteil der einst weitaus umfangreicheren Reliquienschätze der Stadt. In **Andenne** gründete im späten 7. Jh. die hl. Begga, Tochter des fränkischen Hausmeiers Pippin des Älteren und Schwester der hl. Gertrud von Nivelles, als reiche Witwe ein Frauenkloster, das sich im Lauf des Mittelalters zum adeligen Damenstift wandelte. Noch im späten 18. Jh. war der Wohlstand so groß, dass sich die Damen anstelle der altersschwachen romanischen Basilika einen zeitgemäßen klassizistischen Neubau der Stiftskirche nach dem Vorbild der Kathedrale von Namur leisten konnten. Damals erst verschwand das Ensemble aus sieben Kirchen und Kapellen, das Begga nach dem Vorbild der sieben Hauptkirchen Roms einst hatte anlegen lassen. Ein barocker Gemäldezyklus im Chor zeigte Pilgern das Leben Beggas. Die beiden Altäre im Querhaus sind den beiden heiligen Schwestern geweiht, da die Stiftsdamen auf dieses Verwandtschaftsverhältnis ihrer Gründerin besonders stolz waren. In den barocken Neubau wurde die gotische Grabplatte Beggas übernommen, die von Engeln und Stiftsdamen getragen wird. Wohl im späten 16. Jh. ließ das Stift einen neuen silbernen Reliquienschrein für die Gebeine und ein Büstenreliquiar für das Haupt der Heiligen anfertigen, die heute in der Schatzkammer verwahrt werden. Dort befindet sich auch noch die Kreuzreliquie, die Begga anlässlich einer Wallfahrt nach Rom vom Papst für ihre Gründung erhalten hatte.

Wer heute **Namur** besucht, findet eine schöne, wenn auch nicht allzu große Barockstadt zu Füßen einer gewaltigen Festung vor. Doch besaß die Stadt am Zusammenfluss von Sambre und Maas im Mittelalter eine erheblich größere Bedeutung als Residenz der Grafen von Namur. Anstelle der barocken Kathedrale erhob sich einst die dem hl. Albanus geweihte Stiftskirche als Grablege und Stiftungsmittelpunkt der Grafen. Das Diözesanmuseum besitzt noch wichtige Teile des von ihnen zusammengetragenen Reliqui-

◄ Eine der schönsten dem hl. Jakobus geweihten Kirchen befindet sich in Lüttich. Die Benediktinerabtei besaß schon seit dem 11. Jh. Reliquien ihres Patrons.

enschatzes. Nach der Plünderung von Byzanz im 4. Kreuzzug, bei der sich auch Mitglieder des Namurer Grafenhauses beteiligt und führende Positionen im kurzlebigen Lateinischen Kaiserreich eingenommen hatten, gelangten wertvolle Reliquien aus der dortigen Palastkapelle an die Maas. Für Teile der Dornenkrone Christi ließ Philipp von Namur eine wertvolle Krone anfertigen, die als wichtigstes Stück erhalten blieb. Sie gibt eine Vorstellung, wie kostbar das nicht mehr erhaltene Reliquiar für die übrigen Teile der Dornenkrone war, die König Ludwig von Frankreich gleichzeitig in Byzanz erwarb. Die Schwestern Unser Lieben Frau in der Rue Julie Billiart hüten seit dem 19. Jh. in ihren modernen Gebäuden gleich ein ganzes Ensemble wertvollster romanischer Goldschmiedearbeiten, geschaffen um 1230 von Hugo von Oignies, die

Apostelgrab am Ende der Welt

Entwicklung eines Kultortes

Der Aufstieg Santiago de Compostelas vom lokalen Heiligtum zum europäischen Pilgerziel verlief in mehreren Etappen. Zunächst berichtet uns die Apostelgeschichte nur davon, dass Jakobus der Ältere als erster der Apostel 44 n. Chr. in Jerusalem als Märtyrer durch das Henkerschwert starb. Im äußersten Nordwesten Spaniens „entdeckte" erst im frühen 9. Jh. ein frommer Eremit dank himmlischer Zeichen das Jakobus-Grab. Der Legende nach soll der Leichnam des Jakobus unter Mithilfe zweier Jünger auf einem Schiff nach Spanien zurück gelangt sein, wo er einst erfolglos missionierte. Die heidnische Königin Lupa, die sich nach einem Wunder der Jünger zum christlichen Glauben bekehrte, sorgte für eine Grabstätte und verwandelte ihren Palast in eine Grabeskirche des Heiligen.

Leider entbehrt diese Geschichte jeder historischen Grundlage. Vielmehr benötigte das kleine Asturien, das sich hartnäckig als einziges christliches Königreich Spaniens der seit 711 erfolgten arabischen Besetzung widersetzte, einen möglichst zugkräftigen Heiligen. Nach einem Schlachtsieg, dem man ihm zuschrieb, galt Jakobus als „Maurentöter", und sein Grab in Santiago de Compostela entwickelte sich zum Ersatz für das alte kirchliche Zentrum Toledo, das die Araber besetzt hielten. Der Aufstieg Santiago de Compostelas zum überregional bedeutsamen Pilgerziel begann mit der christlichen Rückeroberung Spaniens ab der Mitte des 11. Jh., die im frühen 13. Jh. mit Ausnahme Granadas abgeschlossen war (fällt erst 1492). Nun waren die Wege auch für Fernpilger sicher, die der Ruhm des Heiligen immer zahlreicher anlockte und die nach ihrer Rückkehr kräftig Werbung für dieses europäische Apostelgrab machten. Der besondere Reiz einer Pilgerfahrt nach Santiago bestand sicher auch darin, dass westlich der Stadt mit dem Kap Finisterre das westliche Ende der damals bekannten Welt erreicht werden konnte – eine absolute Grenzerfahrung, die bei einer Wallfahrt ins Heilige Land nicht möglich war, da dort die Fernhändler Kunde von immer mehr exotischen Ländern östlich des Mittelmeeres brachten. Das Jakobus-Grab etablierte sich zudem gerade in jener Zeit zum gesamteuropäischen Pilgerziel, als die Wallfahrt ins Heilige Land trotz der Kreuzzüge immer schwieriger und gefährlicher wurde.

Diego Gelmírez, Bischof von Santiago de Compostela (1100–1140), kann als hartnäckigster und erfolgreichster Förderer des Jakobskultes gelten. Denn seine ganze Amtszeit war durchdrungen von dem Gedanken, „seinem" Santiago eine romgleiche Geltung innerhalb der Kirche zu verschaffen, da er sich durch das ihm anvertraute Apostelgrab auf gleicher Augenhöhe fühlte. So trieb er nicht nur den schon begonnenen Bau der neuen romanischen Kathedrale energisch voran, deren Bauformen deutlich mit den großen französischen Pilgerkirchen in Toulouse, Tours und Vézelay konkurrieren. Er erreichte dank immenser Bestechungsgelder aus frommen Pilgergaben, die er nach Rom sandte, die Erhebung Santiagos zum Erzbistum. Doch gab er sich damit allein nicht zufrieden. Er stockte das Domkapitel auf beeindruckende 72 Mitglieder auf, was der Anzahl der Jünger Jesu entsprach. Als große Ausnahme unter den europäischen Domkapiteln trugen alle Domherren die bischöfliche Mitra. Sieben von ihnen besaßen jeweils Kardinalsrang, entsprechend den sieben Haupt- und Pilgerkirchen Roms. Somit entfaltete sich vor den Augen der Pilger in der neuen Kathedrale eine äußerst prachtvolle Liturgie zum Ruhm des Heiligen. Bischof Diego Gelmírez ließ um 1130 auch das *liber sancti jacobi* verfassen, eine erstklassige PR-Maßnahme des Mittelalters. Denn darin wird unter anderem nicht nur die Pracht der neuen Kathedrale bejubelt, sondern es sind auch die Wunder aufgezählt, die der Heilige immer wieder vollbrachte. Damit sollte den Pilgern signalisiert werden, dass wer so wirkmächtig ist auch bei ihren Anliegen helfen kann. Zudem werden die wichtigsten vier französischen Strecken und der Jakobsweg in Nordspanien beschrieben mitsamt der vielen Heiligen, die dadurch besucht werden können – so sollte es dem Pilger erleichtert werden, sich vorab und unterwegs Orientierung zu verschaffen. Auch die im Buch ausführlich geschilderte Legende des hl. Jakobus wird durch einen neuen Zusatz aufgewertet. Denn angeblich soll Jakobus keinem geringeren als Kaiser Karl dem Großen im Traum erschienen sein und ihn aufgefordert haben, dem am Himmel sichtbaren Sternenweg zu folgen, um sein Grab aus den Händen der Araber zu befreien. Laut der Legende gelang Karl dies, wenn auch unter Verlust einiger seiner wichtigsten Mitstreiter (siehe Roncesvalles auf dem spanischen Jakobsweg). Diese komplett erfundene Geschichte findet sich ausführlich dargestellt auf den Dachflächen des spätromanischen Schreins Karls des Großen im Aachener Münster.

zu den wertvollsten des Rhein-Maas-Gebietes zählen. Sie gehörten einst Kardinal Jakob von Vitry, der sie der religiösen Gemeinschaft rund um die selige Maria in Oignies im Hennegau schenkte. Ein Scheibenreliquiar birgt ein Fingerglied des hl. Martin. Ein Knochen vom Fuß des hl. Jakobus wird von einem fußförmigen Behältnis eingefasst. An die Pilger erinnert in Namur der Belfried, der einst als Tour St-Jaques Teil der mittelalterlichen Stadtmauer war und seinen Namen von einer benachbarten Jakobskapelle erhielt. Hier bestand auch ein dem Heiligen geweihtes Hospital. Am Ufer der Maas unterhalb der Zitadelle entstand im 17. Jh. als große Dreiflügelanlage das dem hl. Ägidius geweihte Hospital, das einige mittelalterliche Reste miteinbezieht.

Über Mons Richtung Paris

In Namur mussten sich die Pilger entscheiden, ob sie weiter maasaufwärts gehen wollten, um über Reims nach Paris zu ziehen, oder ob sie, wie nachfolgend beschrieben, den Weg über Mons und St-Quentin nehmen wollten. Dieser Weg folgte ab Namur zunächst dem Fluss Sambre, an dessen Lauf sich den Pilgern schon nach wenigen Kilometern das Prämonstratenser-Chorherrenstift **Floreffe** präsentierte. Die Grafen von Namur übergaben 1121 eine ihrer Burgen dem hl. Norbert von Xanten, um hier eine der ersten Niederlassungen des gerade von ihm gegründeten Reformordens einzurichten. Die Ausmaße des romanischen Querhauses inmitten der überwiegend barocken Anlage lassen ahnen, wie beeindruckend das mittelalterliche Kloster einst dank seiner reichen Gönner gewesen sein muss. Norbert bemühte sich in Köln nachweislich um Reliquien für seine ersten Gründungen, so dass den Pilgern hier Gebeine der Elftausend Jungfrauen und Soldaten der Thebäischen Legion präsentiert werden konnten. Im Wirtschaftshof zu Füßen der Abtei finden sich noch heute große Gebäude des frühen 13. Jh. wie die Mühle. Hier lag auch das Hospiz.

In Floreffe bog der Weg vom nun in weiten Schlingen verlaufenden Fluss ab, um über **Fosses-la-Ville** abzukürzen. Mitte des 7. Jh. hatte die hl. Ida, Mutter der hl. Begga und Gertrud sowie Gründerin der Abtei Nivelles, dem irischen Mönch Follian hier Land zur Klostergründung übergeben. Im späten 10. Jh. wandelte Bischof Notker die Abtei in ein Stift um, das fortan eine Lütticher Enklave im Gebiet der Namurer Grafen war. 1083 brachte man die Gebeine des hl. Follian hierher zurück, die nun Ziel zahlreicher Wallfahrer wurden. Zur würdigen Verehrung entstand damals ein Neubau der Kirche, der zur Lenkung der Pilgerströme die noch erhaltene Außenkrypta erhielt. Nach dem Vorbild der Aachener Heiltumsfahrt findet bis heute alle sieben Jahre eine mit Trommeln und Pfeifen begleitete Reliquienprozession durch die Gemarkung statt.

Ein weiteres Etappenziel auf dem Weg nach Westen bildete die Zisterzienserabtei **Aulne**, heute eine der malerischsten Ruinen Belgiens. 1147 übernahm der sich damals über ganz Europa ausbreitende Reformorden ein schon im 7. Jh. gegründetes Kloster. Zusammen mit dem benachbarten Städtchen Thuin bildete die Abtei dann den westlichsten Vorposten des Lütticher Fürstbistums und wurde entsprechend gefördert.

Über das noch heute mittelalterlich geprägte Städtchen Binche gelangten die Pilger nach **Mons**, der Hauptstadt des Hennegaus. Mons war sowohl Residenz der Hennegauer Grafen als auch Verkehrsknotenpunkt, Handelsstadt und bedeutender Wallfahrtsort. Denn im 7. Jh. hatte die hl. Waldetrudis (franz. Waudru), eine Herzogstochter, hier ein Frauenkloster gegründet, das sich zum machtvollen adeligen Damenstift wandelte. Noch heute legt die Mitte des 15. Jh. begonnene, über einhundert Meter lange spätgotische Stiftskirche in den aufwendigen Formen der Kathedralgotik Zeugnis von dessen Reichtum ab. Der unvollendete Turm sollte mit 190 Meter sogar der höchste der Welt werden, doch wurde sein Bau im 17. Jh. auf der Höhe des Langhauses eingestellt. Der Reliquienschrein der hl. Waldetrudis, der im Chor aufgehängt ist, wird alljährlich in einer Prozession durch die Straßen geführt, wofür die adeligen Damen im 18. Jh. einen noch erhaltenen Prunkwagen anfertigen ließen, der einen Vorgänger aus dem frühen 14. Jh. ersetzte. Nach den Zerstörungen der Französischen Revolution wurden im späten 19. Jh. Reliquienschrein und Büstenreliquiar der Heiligen neu geschaffen, denn ihre Gebeine konnten von den geflüchteten Stiftsdamen gerettet werden. Am Schrein ist neben Waldetrudis ihre gesamte Familie dargestellt, denn auch ihr Mann und ihre Kinder wurden später als Heilige verehrt. Von der in Mons ansässigen Jakobus-Bruderschaft ist überliefert, dass sie zumindest Anfang des 16. Jh. höchst erfolgreich an drei Tagen hintereinander ein geistliches Theaterstück über das Leben ihres Patrons aufführte.

Von Mons führte der Weg nach **Valenciennes**, eine Stadt, die ihren Reichtum nicht nur der Tuchproduktion, die bis nach Spanien exportierte, sondern auch ihrer zentralen Lage am Kreuzungspunkt wichtiger Handelsstraßen zwischen Flandern und Paris verdankte. Zudem besaß sie einen wichtigen Flusshafen an der oberen Schelde. Zeitweise residierten die Grafen von Hennegau hier und gründeten eine Abtei zu

▲ Unter Pilgern berühmt war die Gastfreundschaft der Zisterzienser. Hier der Kapitelsaal als letzter erhaltener Rest der einst riesigen Abtei Vaucelles.

Ehren Johannes des Täufers als geistliches Zentrum. In Valenciennes bündelten sich einige Jakobswege zur Hauptstrecke nach Paris. Entsprechend zahlreich waren die Hospitäler, die teilweise schon Ende des 11. Jh. belegt sind. Eines davon war Jakobus geweiht und wurde von einer gleichnamigen Bruderschaft betreut.

Das nächste Etappenziel, **Cambrai**, war ebenfalls durch Tuchproduktion und -handel zu Reichtum gelangt und lag ebenso verkehrsgünstig an der oberen Schelde. Zudem war die Stadt seit dem Frühmittelalter Bischofssitz. Das Bistum gründete der hl. Vedastus (franz. Vaast), der allerdings in Arras residierte und auch dort begraben liegt. Später gelangten jedoch Teile seiner Gebeine nach Cambrai, wo sie hoch verehrt wurden. Auch um den hl. Gaugerich (franz. Géry), den ersten Bischof, der sich im späten 6. Jh. direkt in der Stadt Cambrai niederließ, entstand ein bedeutender Kult. Schon im späten 11. Jh. war die Kathedrale in symbolischer Kreuzform von vier Stiften und Klöstern umgeben – neben den Stiften St-Géry und St-Aubert waren es das Heilig-Grab- und das Heilig-Kreuz-Kloster.

Wenige Kilometer außerhalb der Stadt erreichten die Pilger mit **Vaucelles** eine der größten und reichsten Niederlassungen des Zisterzienserordens. Die Mönche der 1131 von Clairvaux besiedelten Abtei nutzten ihre immensen Einkünfte, um zwischen 1190 und 1235 ihre gesamte Klosteranlage in selbst für diesen baufreudigen Orden ungewohnt gewaltigen Dimensionen neu zu errichten. Allein die Kirche übertraf mit 133 Meter Länge und einem 65 Meter breiten Querschiff die meisten Kathedralen Frankreichs. Der rechteckige Umgangschor fand sogar Eingang ins Bauhüttenbuch von Villard de Honnecourt, das dieser Architekturliebhaber um 1220 anlegte. Zwar kritisierte das Generalkapitel des Zisterzienserordens, zu dessen Besuch alle Äbte verpflichtet waren, schon 1192 mit deutlichen Worten die alles andere als bescheidene und angemessene Größe. Doch hinderte dies die mächtige Abtei keineswegs, ihre Kirche nach den begonnenen Plänen zu vollenden. Als besondere Pilgerattraktion erhielten die Mönche 1261 von König Ludwig IX. dem Heiligen von Frankreich einen Dorn aus der Dornenkrone Christi geschenkt. Von der einstigen

Pracht kündet heute allerdings nur noch der frühgotische Kapitelsaal, der zu den größten erhaltenen des Ordens zählt.

Gestärkt durch die traditionell gute Bewirtung der Zisterzienser brachen die Pilger zum nächsten Ziel **St-Quentin** auf, das mit einem bedeutenden Heiligenkult um den namensgebenden Quintinus lockte. Angeblich war er Sohn eines Senators aus Rom, der sich gegen den Widerstand des Vaters zum Christentum bekehrt hatte und um die Mitte des 3. Jh. nun hier mit Gefährten missionierte. Im späteren St-Quentin, damals noch als Augusta Veromandorum eine bedeutende römische Stadt, wurde er enthauptet und sein Leichnam in die Somme geworfen. Dort soll ihn erst einhundert Jahre später die vornehme Römerin Eugenia dank einer Vision entdeckt haben, die die erste Kapelle für ihn errichtete. Schon im 6. Jh. genoss Quintinus, der als Patron gegen Wassersucht angesprochen wurde, große Verehrung, und kein geringerer als der hl. Goldschmied Eligius, später Bischof von Noyon, ließ sein Grab im frühen 7. Jh. prachtvoll ausschmücken. Bis ins 10. Jh. sind schon zwei Bücher mit Sammlungen der Wunder des Heiligen überliefert, die Pilgern stolz verkündet wurden. Ursprünglich befand sich in St-Quentin ein spätantiker Bischofssitz, bevor dieser im 6. Jh. nach Noyon verlegt wurde. Vielleicht entstand aus diesem Grund ab dem frühen 13. Jh. in St-Quentin ein großartiger gotischer Neubau, der die Kathedrale in Noyon deutlich übertreffen wollte. Diese größte Stiftskirche Frankreichs besitzt ungewöhnlicherweise gleich zwei Querhäuser und durch einen Planwechsel eine nochmals gesteigerte Höhe. Dank der ungeheuren Anzahl von 81 Stiftsherren und über einhundert Vikaren entfaltete sich im einst reich ausgestatteten Innenraum eine äußerst prachtvolle Liturgie, die die Pilger täglich erleben konnten.

Noyon – Der Geburtsort Calvins

Von St-Quentin gelangten die Wallfahrer bald ins Tal der Oise, der sie bis **Noyon** folgten. Hier waren die Gebeine des hl. Eligius der große Anziehungspunkt. Bevor er 641 zum Bischof von Noyon aufstieg, war dieser Heilige Goldschmied und Münzmeister der Merowinger gewesen, ausgebildet in Limoges, weshalb er zum Patron aller Metall verarbeitenden Gewerbe – vom Huf- bis zum Goldschmied – wurde. Bereits ein Jahr nach seinem Tod 660 öffnete man sein Grab, erhob die Reliquien und machte diese Pilgern zur Verehrung zugänglich. Rasch geschahen zahlreiche Wunder, und Noyon entwickelte sich zu einem überregional bedeutenden Pilgerziel. 1157 ließen Bischof und Domkapitel den neuen Schrein in den gerade vollendeten Chor der Kathedrale übertragen, der zu den frühesten Bauwerken französischer Gotik zählt. Bequem zugängliche, reich geschmückte Emporen in Chor und Langhaus zeigen den großen Platzbedarf für die in großer Zahl herbeiströmenden Pilger. Im späten 12. Jh. kam es zu innerstädtischen Spannungen zwischen der Bürgerschaft und dem Kathedralklerus, wobei

Noyon war dank der Gebeine des hl. Eligius ein erstrangiges Pilgerziel. Hier ein Blick auf den frühgotischen Chor der Kathedrale mit dem benachbarten spätmittelalterlichen Bibliotheksgebäude des Domstifts.

Absturz in die Bedeutungslosigkeit

Niedergang und Ende der Fernwallfahrten

Gerade für Jakobspilger aus Mittel- und Osteuropa war der Hundertjährige Krieg zwischen Frankreich und England (1339–1453) eine Katastrophe. Denn er vernichtete weite Teile der Pilgerinfrastruktur, da vor allem die ungeschützt liegenden Klöster geplündert und niedergebrannt wurden. Umherziehende Truppen waren in ihrer verwahrlosten Rohheit lebensgefährlich für die unbewaffneten Pilger, belagerte Städte waren großräumig zu umgehen. Diese lange Schreckenszeit läutete den ersten Niedergang Santiagos als Pilgerziel ein, während zeitgleich sicherere Fernwallfahrtsziele wie Aachen und Einsiedeln aufblühten. Nach Ende des Krieges erlebte in der zweiten Hälfte auch die Jakobswallfahrt erneut einen kräftigen Aufschwung, bis die Reformation im zweiten Viertel des 16. Jh. weite Teile Europas dauerhaft zur pilgerfreien Zone machte. Die zum neuen Glauben übergetretenen Landesherren vernichteten auf einen Schlag die Pilgerinfrastruktur, indem sie Klöster schlossen oder umwandelten, Hospitäler auflösten und die Reliquien einschmelzen oder umwidmen ließen. Wer nun als Pilger durch diese Gebiete reisen wollte, setzte sich nicht nur immer wieder dem Spott der Bevölkerung aus, sondern musste auch für Unterkunft und Verpflegung bezahlen. Die Religionskriege in Frankreich zwischen Hugenotten und Katholiken (1562–1598) sowie der Dreißigjährige Krieg (1618–1648) trugen durch ihre lange Dauer weiter dazu bei, dass das Pilgern nach Santiago zur Heldentat einzelner Mutiger herabsank.
Doch auch in katholisch gebliebenen Ländern besaßen Pilger im 18. Jh. nicht mehr den besten Ruf. Sie galten als Bettler und Müßiggänger, die sich ihrer eigentlichen Pflicht des braven Arbeitens und Steuerzahlens fadenscheinig entzogen. Zu dieser Entwicklung hatte beigetragen, dass sich immer mehr Bettler in ein Pilgergewand hüllten, um auf diese Weise in Klöstern und Hospitälern oder bei reichen Bürgern ein Almosen zu erhalten. Ende des 18. Jh. verboten einige kirchliche und weltliche Landesherren gar die Fernwallfahrten. Als Ersatz sollten nun lokale Wallfahrtsstätten dienen, so dass die Wallfahrt einen Tag nicht mehr überschritt. Durch die Französische Revolution sowie die Säkularisation brach das Wallfahrtswesen schließlich vollends zusammen, bis es mit der Wiedererstarkung des Katholizismus im 19. Jh. erneut auflebte. Der immer noch ungebremste Aufstieg Santiago de Compostelas zum gesamteuropäischen Pilgerziel ist hingegen erst eine Entwicklung der letzten dreißig Jahre, wobei die Motivation der neuen Pilger nicht immer eine religiöse sein muss.

auch die Eligius-Reliquien als große Einnahmequelle eine Rolle spielten. Denn 1183 „entdeckten" die Mönche der Abtei St-Loup, die auf Seiten der Stadt standen, in ihrer Kirche die „wahren" Eligius-Gebeine. Die Domkleriker steuerten gegen, indem sie 1186 die Reliquien der Stadtpatronin Godeberta aus dem Kolumban-Kloster in die Kathedrale überführten. Zudem kurbelten sie die Verehrung zweier heiliger Nachfolger des Eligius an, die im Dom begraben waren.

In Noyon wurde 1509 Jean Calvin geboren, der zunächst eine Karriere im Kathedralklerus begann, sich dann aber der Reformation anschloss. In Genf, wo er seit 1536 lebte, errichtete er eine moralinsaure Glaubensdiktatur und gilt zusammen mit Zwingli als Begründer der reformierten Richtung des Protestantismus. Wo sich der Calvinismus ausbreitete, wurde – ganz im Gegensatz zu den der lutheranischen Glaubensrichtung anhängenden Gebieten – ein Bildersturm durchgeführt, der jede bildliche Darstellung in den Kirchen zerstörte. Hauptsächlich auf diese sehr strenge Auslegung des Reformationsgedankens ist es zurückzuführen, dass in weiten Teilen Süddeutschlands, der Schweiz und Frankreichs Heiligenkulte völlig getilgt und die Pilgerinfrastruktur vernichtet wurde.

Auf dem Weiterweg nach Compiègne bot dem mittelalterlichen Pilger nach wenigen Kilometern die Zisterzienserabtei **Ourscamp** im Tal der Oise Unterkunft und Verpflegung. Schon 1129 war die Abtei durch einen Bischof von Noyon als Filiale des aufstrebenden benediktinischen Reformordens gegründet worden. Zahlreiche seiner Nachfolger fanden hier ihre Grablege. Der um 1240/50 neu erbaute gotische Chor, der als höchst romantische Ruine noch aufrecht steht, orientierte sich an keinem geringeren Vorbild als an der königlichen Abtei von St-Denis bei Paris. Als ein seltenes Beispiel seiner Art blieb das Krankenhaus der Mönche vollständig erhalten. Trotz seiner Größe ist der dreischiffige Raum von großer Leichtigkeit, unterstützt durch die noch sichtbare Farbfassung der Architektur. Da es außerhalb der Klausur stand, konnten hier auch kranke Pilger Aufnahme finden.

In **Compiègne** bot sich den Weiterziehenden schon die nächste Unterkunft. Dank seines wildreichen Forstes war das Stadtgebiet jahrhundertelang – von Dagobert I. bis hin zu Napoleon III. – beliebter Jagdaufenthalt und zeitweise sogar Residenz, woran noch das mächtige Schloss erinnert. Besondere Bedeutung für die Stadt hatte der Karolinger Karl der Kahle (843–877), der bei der Reichsteilung unter den Enkeln Karls des Großen 843 im Vertrag von Verdun die westliche Hälfte erhielt. Er wurde 875 zum Kaiser gekrönt und wollte Compiègne zu einem zweiten Aachen ausbauen, da dieses Zentrum des Frankenreiches an die von Ludwig dem Deutschen regierte östliche Reichshälfte gefallen war. So ließ er eine Pfalzkapelle errichten, an der einhundert Stiftsherren Dienst taten. Besonders eindrucksvoll ist sein Bemühen, hochkarätige Reliquien für seine Stiftung zu erhalten. In Rom bekam er die Gebeine des Märtyrerpapstes Kornelius und des Bischofs von Karthago, des hl. Cyprianus, geschenkt. Teile dieser Reliquien tauschte er mit der Abtei Kornelimünster bei Aachen gegen die Hälfte des Grabtuches Christi. Auf den Pilgerbetrieb verweist noch die dem hl. Jakobus geweihte Pfarrkirche von Compiègne, die im frühen 13. Jh. entstand. Die modernen Glasmalereien mit Lebensstationen der Nationalheiligen Jeanne d'Arc erinnern daran, dass diese 1430 vor der Stadt gefangen genommen und vom Herzog von Burgund an die Engländer verkauft wurde – nach einem Jahr Gefangenschaft musste sie in Rouen als Ketzerin den Scheiterhaufen besteigen.

Als Zwischenetappe vor Paris bot sich **Senlis** an, dessen schöner Kathedralturm schon von weitem die Richtung wies. Um die Mitte des 12. Jh. begannen Bischof und Domkapitel mit dem nicht allzu großen Neubau der Kathedrale als Sitz eines der kleinsten französischen Bistümer. Am Hauptportal findet sich eine der ältesten Darstellungen der Krönung Mariens zur Himmelskönigin. Unter den Kapetingern besaß Senlis zudem eine königliche Pfalz. Anna von Kiev, Gemahlin König Heinrichs I. von Frankreich, stiftete kurz nach der Mitte des 11. Jh. zwei Klöster, eines davon als Dank für die glückliche Geburt eines Thronfolgers. Nahe der Stadt gründete kurz vor seinem Tod 1223 König Philipp II. August die Abtei La Victoire-lès-Senlis zum Gedenken an seinen Sieg in der Entscheidungsschlacht von Bouvines 1214. Damals gelang es ihm, die Engländer aus den Gebieten nördlich der Loire zu vertreiben.

Nicht weit von Noyon bot die Zisterzienserabtei Ourscamp den durchziehenden Pilgern Unterkunft und Verpflegung. Kunstpilger bewundern heute die Ruinenromantik des frühgotischen Umgangschores.

► Der später heilig gesprochene König Ludwig IX. von Frankreich ließ für die von ihm erworbene Dornenkrone Christi die wohl schönste Kapelle der Gotik errichten.

▼ Im Norden von Paris war die Abtei St-Denis, erste Anlaufstelle, bevor die Wallfahrer die Hauptstadt betraten. Hier ein Blick in den frühgotischen Chorumgang der Abteikirche.

Paris

St-Denis

Im nördlichen Vorfeld von **Paris** empfing das französische Nationalheiligtum St-Denis die aus verschiedenen Richtungen zusammenströmenden Pilger. Benediktiner hüteten hier das Grab des hl. Dionysius, der Mitte des 3. Jh. als erster Pariser Bischof zusammen mit zwei Gefährten für seinen Glauben starb. Hingerichtet wurde er auf dem Montmatre, von wo aus der Heilige sein abgeschlagenes Haupt angeblich bis zu seiner heutigen Grabstätte trug. Die Mönche werteten ihren Patron dadurch auf, dass sie behaupteten, ihr Dionysius wäre identisch mit dem gleichnamigen ersten Bischof von Athen, und gaben ihn als Schüler des hl. Paulus aus. Dadurch nahm Frankreich den propagandistisch wertvollen Titel „Älteste Tochter der Kirche“ für sich in Anspruch.

Seit Dagobert I. (629–639) ließen sich fast alle französischen Könige des Mittelalters in der Kirche bestatten, die Christus selbst geweiht haben soll. Dank der über einhundert Grabmäler in seinem Innern wurde St-Denis auch „Friedhof der Könige“ genannt. Der bedeutendste Abt Suger (1122–1151), der in Abwesenheit Ludwigs VII. anlässlich des 2. Kreuzzugs drei Jahre lang das Königreich regierte, schuf mit dem Neubau des Chores eine der ersten Leistungen gotischer Baukunst. Suger gibt als Grund für die Baumaßnahmen das lebensgefährliche Gedränge der Pilger bei den Reliquienzeigungen an. Ein fast vollständiger Neubau der Abteikirche einhundert Jahre später, der erstmals das durchlichtete Triforium verwendete, verwandelte den Bau ab 1231 in ein strahlendes Zeugnis der Kathedralgotik. Die Französische Revolution vernichtete allerdings die äußerst wertvolle Ausstattung vollständig, allen voran den Reliquienschrein des hl. Dionysius. Da St-Denis die reichste Abtei des Landes war, war hier für die Pilger ein gutes Unterkommen. Unter anderem stand ihnen ein Jakobushospital zur Verfügung, betreut von einer gleichnamigen Bruderschaft.

Notre-Dame und Sainte-Chapelle

Noch vor der gewaltigen Pariser Stadtmauer, die König Philippe II. Auguste Ende des 12. Jh. errichten und nach dem Vorbild der Himmelsstadt mit zwölf Toren versehen ließ, erwartete die Pilger die stark befestigte Abtei St-Martin-des-Champs, ein Priorat von Cluny. Auf der alten Römerstraße führte die Rue St-Jacques direkt zum Herz der Stadt, der Ile de la Cité. Noch vor der Brücke steht heute als letzter Rest der schon im 11. Jh. genannten Pfarrkirche des hl. Jakobus ein spätgotischer Glockenturm. Kurz danach standen die Pilger vor der berühmten Kathedrale von Notre-Dame, die ab 1163 in bedeutenden Ausmaßen neu errichtet wurde. Unter dem gotischen Baldachin des Hochaltares sahen sie in wertvollen Behältnissen die heute zerstörten Reliquien, darunter der Schleier der Gottesmutter und Tropfen von ihrer Milch. Zerstört ist auch der mehrere Meter hohe Christophorus, der Anfang des 15. Jh. nahe dem Eingang aufgestellt wurde, um den vielen Pilgern seinen speziellen Schutz zu verleihen. Das Domkapitel unterhielt neben der Kathedrale ein großes Hospital, dort, wo sich heute noch ein großes Krankenhaus befindet.

Westlich der Kathedrale erhebt sich mit der Sainte-Chapelle nicht nur die Hofkapelle des mittelalterlichen Königspalastes, sondern das unbestritten

schönste Bauwerk französischer Hochgotik. Ihr Erbauer König Ludwig IX. (1226–1270), der nach seinem Tod selbst zum Inbegriff eines heiligen Königs aufstieg, war ein tieffrommer Mann, der unzählige Kirchen und Klöster gründete. 1237 gelang ihm für die ungeheure Summe von 135 000 Pfund der Erwerb einer der kostbarsten Reliquien der Christenheit, der Dornenkrone Christi, denn der byzantinische Kaiser Balduin II. von Flandern wollte mit dieser Finanzspritze seine krisengeschüttelte und umstrittene Herrschaft stabilisieren. Vier Jahre später vermittelten die Templer für Ludwig den Kauf weiterer hochkarätiger Reliquien, unter anderem einen großen Teil vom Kreuz Christi. Fast noch einmal die gleiche Summe verwandte der König anschließend für den Bau einer einmalig aufwendigen, doppelgeschossigen Reliquienkapelle samt Innenausstattung im Hof seines Palastes, die 1248 geweiht werden konnte. Mit Ausnahme der edelstein- und goldglänzenden Reliquiare blieb hier eine einmalige Umsetzung der leuchtenden Himmelsstadt, wie sie sich die Gotik vorstellte, erhalten. An bestimmten Tagen wurden die Reliquien dem Volk vom Obergeschoss der Vorhalle aus gezeigt. Sonst betraten die Pilger das Erdgeschoss der Kapelle, wo sie das Heiltum zwar nicht sehen konnten, dessen Wirkung aber dennoch von oben auf sie herabströmte.

Verließen sie die Ile de la Cité nun nach Süden, kamen die Wallfahrer an der noch erhaltenen Kirche St-Julien-le-Pauvre vorbei, der ein Hospital angeschlossen war. Etwas weiter steht an diesem Weg die barock erneuerte Kirche St-Jacques-du-Haut-Pas, die sich mit ihrem Patrozinium und ihrem Hospital an die durchziehenden Pilger wandte. Wer noch etwas Zeit hatte, konnte in den südlich der Seine gelegenen Stadtvierteln noch zwei bedeutende Heiligtümer besuchen. Der merowingische König Childebert I. stiftete hier im 6. Jh. die Benediktinerabtei St-Germain-des-Prés, die neben St-Denis die wichtigste des Kronlandes war. Der Stifter besorgte die Tunika des hl. Vincentius und eine Kreuzreliquie als Grundausstattung, bevor der hier begrabene Bischof Germanus Mitte des 8. Jh. heilig gesprochen und das Patrozinium dementsprechend gewechselt wurde. Noch bedeutender aber war der Kult um die hl. Genoveva, der es in der zweiten Hälfte des 5. Jh. zweimal gelang, die belagerte Stadt vor der Eroberung zu beschützen. Vom Mont Ste-Geneviève, wo sie in der Grabkirche König Chlodwigs und seiner Gattin, der hl. Clothilde, begraben worden war, wurde in Krisenzeiten ihr Schrein feierlich durch die Stadt geführt. Im späten 18. Jh. ersetzte ein nach der Revolution zum Panthéon umgewidmeter grandioser Neubau die alte Kirche der Stadtpatronin. In der benachbarten gotischen Pfarrkirche St-Étienne du Mont erinnern ein Stein vom Grab Genovevas und ein Fenster mit Szenen aus dem Leben des hl. Jakobus an den mittelalterlichen Pilgerverkehr.

Chartres

Von Paris aus boten sich zwei Wegführungen für den Weiterweg an, die in Tours am Grab des hl. Martin aber wieder zusammengeführt wurden, denn kein Pilger wollte dies auslassen. Die erste, vermutlich meistbegangene Variante führte von Paris in südwestlicher Richtung nach **Chartres**. Noch heute zeichnet sich die gotische Kathedrale, die einst das bedeutendste Wallfahrtsziel im Nordwesten Frankreichs war, schon kilometerweit am Horizont über den Kornfeldern ab. 1194 vernichtete ein Großbrand den romanischen Vorgängerbau, und zunächst glaubte man, dass die durch König Karl den Kahlen 876 hierher gelangte kostbare Reliquie des Kleides, das Maria in der Geburtsnacht getragen hatte, ebenfalls verbrannt sei. Doch als Kleriker aus der nur verschütteten Krypta die Sancta Camisia bergen konnten, brach ungeheurer Jubel aus. Das vermeintliche Wunder verbreitete sich wie ein Lauffeuer und gab der Wallfahrt einen ungeheuren Aufschwung. In bisher nicht gekannter Kraftanstrengung setzten sich die durch den Brand selbst schwer geschädigten Bürger und der Klerus für einen sofortigen Wiederaufbau der Kathedrale ein, der aber alle bisherigen Maßstäbe sprengen sollte, da man glaubte, Maria habe ihr Haus aus Zorn über ihre Vernachlässigung vernichtet und wünsche dementsprechend eine prächtigere Kirche. Bürger und Adelige spannten sich anstelle der Ochsen selbst vor die Karren und zogen das Baumaterial aus den Steinbrüchen hierher. Bis hin zum König engagierte sich das Kronland, so dass die neue Kathedrale in bisher nicht gekanntem Tempo schon 1220 vollendet war. Mit dem dreiteiligen Wandaufriss, der Vorform des Fenstermaßwerks, dem aufwendigen Strebewerk und der damals sensationellen Höhe des Innenraumes setzte der Bau Maßstäbe. Ganz auf den Pilgerbetrieb sind der weiträumige Chorumgang sowie das ausladende Querhaus angelegt. Letzteres geht mit seinen jeweils drei reich geschmückten Portalen auf das Vorbild der Kathedrale in Santiago zurück. Mit der Vielzahl ihrer leider unvollendeten Türme erscheint die Kathedrale schon von außen als Abbild der türmereichen Himmelsstadt. Dieser Eindruck verstärkt sich im Innern durch die fast vollständig erhaltene Farbverglasung aus der Erbauungszeit, so dass den Besucher wie Edelsteine aufleuchtende Heiligengestalten umfangen, darunter natürlich auch Jakobus. Ungewöhnlich sind die Ausmaße der Krypta

unter der Kathedrale, die in Zeiten des Massenansturms auch als Nachtlager der Pilger diente. Neben der Stoffreliquie wurde hier bis zur Französischen Revolution zusätzlich das Gnadenbild einer schwangeren Maria verehrt. Wie archäologische Funde nahelegen, ersetzte auch in Chartres der Marienkult die Verehrung einer gallorömischen Muttergottheit.

Kurz vor Tours erwartete die Pilger in **Vendôme** eine der im wahrsten Sinn anrührendsten Reliquien der Christenheit, die heilige Träne. Sie soll von Christus beim Tod seines Freundes Lazarus vergossen worden sein, bevor er ihn von den Toten auferweckte. Der Stifter der bedeutenden Dreifaltigkeits-Abtei, Geoffroy Martel, Graf von Anjou, hatte die Träne in Byzanz für das von ihm 1040 geweihte Kloster erhalten. Im Chor der gotischen Abteikirche, deren heutiger Ruhm die spätgotische Prachtfassade ist, findet sich noch der Sockel mit Tränenreliefs, der einst das Reliquiar trug. Auf die Machtfülle der dem Papst unterstellten Abtei verweist der freistehende Glockenturm des 12. Jh., der zugleich wehrhafte Zwecke erfüllte. Er gilt als der schönste romanische Turm des Landes und wurde vorbildhaft für die Kathedrale von Chartres. In der von der Loire umflossenen Abteistadt erinnern nicht nur die Patrozinien der beiden Kirchen Maria Magdalena und Martin an die Pilger, sondern auch die dem hl. Jakobus geweihte Hospitalkapelle aus dem 15. Jh., die noch romanische Reste birgt.

Im Verlauf der anderen Route bildete zwischen Paris und Orléans die königliche Stadt **Etampes** die wichtigste Station. Dank ihres sehr fruchtbaren Umlandes besaß sie eine wichtige Funktion bei der Versorgung der Hauptstadt Paris. Neben den Resten der königlichen Burg wird Etampes heute dominiert durch seine festungsartige Stiftskirche Notre-Dame-du-Fort und das Benediktinerpriorat St-Martin, die die frühere Bedeutung der Stadt vor Augen führen. In **Orléans** er-

▲ Die Kathedrale von Chartres, einst das bedeutendste Marienheiligtum Frankreichs, ist heute als Inbegriff französischer Kathedralgotik bekannt.

Ab Orléans zogen die Pilger bis Tours viele Kilometer am breiten Strom der Loire entlang.

reichten die Pilger schließlich die Loire. Die schon von den Römern großzügig ausgebaute Stadt diente unter den Merowingern als eine ihrer Hauptstädte. Der frühchristliche Vorgängerbau der heutigen gotischen und nachgotischen Kathedrale Sainte-Croix wurde angeblich durch eine Erscheinung der Hand Gottes geweiht, was auch den Nachfolgebau höchst besuchenswert machte. Namengebend war eine hoch verehrte große Kreuzreliquie. Mittelalterliche Pilger interessierten sich in Orléans auch für den Kelch des hl. Bischofs Evurtius, denn als dieser im 4. Jh. damit die Messe feierte, soll die Hand Christi über ihm erschienen sein, die alle Handlungen des Bischofs wiederholte, um zu zeigen, dass er tatsächlich in der Eucharistie gegenwärtig war. Zu besonderen Anlässen konnte ehrfurchtsvoll aus diesem Kelch getrunken werden.

Auch einige weitere frühe Bischöfe der Stadt wurden in der Kathedrale oder anderen Kirchen als Heilige verehrt. Die Abtei mit dem Pilgerziel des Grabes des hl. Evurtius blieb allerdings ebenso wenig erhalten wie die Kirche St-Samons mit dem Teller des Letzten Abendmahls. Als Kultort für den hl. Bischof Anianus entstand schon im 6. Jh. die Kirche St-Aignan, deren ältester Teil die Krypta ist. Eine Jakobuskapelle erinnert noch heute daran, dass auch in Orléans eine Bruderschaft zu diesem Heiligen bestand.

Von Orléans aus bot sich flussaufwärts ein lohnender Abstecher nach **Saint-Benoît-sur-Loire** an. Die 651 gegründete Benediktinerabtei gelangte wenige Jahre später in den Besitz der Gebeine des Ordensgründers Benedikt und seiner Schwester Scholastika, die Mönche des Klosters aus dem damals zerstörten Monte Cassino überführt hatten. Saint-Benoît entwickelte sich dadurch aber nicht nur zu einem hochrangigen europäischen Wallfahrtsziel, sondern unter den Karolingern zu einem exklusiven Bildungszentrum. Seit 1944 hüten wieder Benediktiner das Grab ihres Stammvaters. Die im 11. und 12. Jh. neu errichtete Klosterkirche, die zu den größten und beeindruckendsten des Landes zählt, vermittelt noch heute einen Eindruck von der Bedeutung des Ortes. Die Krypta und der monumentale Umgangschor sind ganz auf den Pilgerverkehr ausgerichtet. Da die mittelalterliche Ausstattung schon in der Reformation unterging, ziehen nun stattdessen die reich geschmückten Kapitelle die Blicke auf sich.

Entlang der träge und breit durch eine der fruchtbarsten Landschaften, auch Garten Frankreichs genannt, dahin fließenden Loire zogen die Jakobspilger nun Richtung Tours. Nach wenigen Kilometern ragt inmitten des bescheidenen Dorfes **Cléry-Saint-André** eine prachtvolle spätgotische Kirche auf, die zeitweise eine der bedeutendsten französischen Gnadenstätten der Muttergottes war. Ein besonderer Förderer war König Ludwig XI., der dem Gnadenbild am Ende des Hundertjährigen Krieges Hilfe im Sieg gegen die Engländer zusprach. Er ließ sich zusammen mit seiner Gemahlin vor dem Gnadenbild bestatten. Im frühen 16. Jh. stiftete der damalige Kirchendekan die Jakobus-Kapelle als Grablege für sich und seinen Bruder. Das prächtige spätgotische Gewölbe schmücken als reizvolle Huldigung an den Pilgerpatron Reliefs in Form von Pilgerstäben mit angehängten Taschen. Auch eine Figur des Patrons aus der Erbauungszeit blieb trotz Ausplünderung in den Religionskriegen erhalten.

Nächstes Etappenziel war **Blois**, das heutige Kunstpilger bevorzugt wegen seines Renaissance-Schlosses aufsuchen. Für mittelalterliche Wallfahrer waren dort das Grab des hl. Solenne, Bischof von Chartres, in der romanischen Krypta der Kathedrale St-Louis, und die Benediktinerabtei St-Laumer ein Anziehungspunkt. Zudem bestand hier ein Jakobshospiz. Über Amboise, das schon im Mittelalter eine der wenigen Steinbrücken über die Loire besaß, erreichten die Pilger kurz vor Tours mit der mächtigen Abtei **Marmoutier** eine der ältesten Klosteranlagen Frankreichs. 372 wurde die Abtei durch den hl. Martin ins Leben gerufen, unmittelbar nach dessen Amtsantritt als Bischof von Tours. Die 112 Meter lange gotische Kirche übertraf an Größe sogar die Kathedrale der Stadt, wurde jedoch Anfang des 19. Jh. niedergerissen. Zahlreiche Höhlen in der Felswand hinter der Abtei waren Kultorte, denn hierin hatten sich einst der hl. Martin sowie heilige Einsiedler wie Léobard zeitweise zurückgezogen. Eine von Martin gegrabene Quelle galt als wundertätig. Zudem ruhten in einer der Höhlen sieben seiner Gefährten, denen er jeweils das Todesdatum vorhergesagt hatte und deren Leichname nicht verwesten, weshalb man sie die sieben Schläfer nannte. In einer weiteren Höhle richtete der erste Bischof von Tours, der hl. Gatianus, der Legende nach das erste Marienheiligtum Frankreichs ein.

Tours

Nun war es nicht mehr weit bis nach **Tours**, wo die Pilger nicht nur die gotische Kathedrale mit ihren Mauritiusreliquien, sondern vor allem die gewaltige romanische Wallfahrtsbasilika mit dem Grab des hl. Martin anzog. Sie war im Mittelalter Zentrum einer mit eigener Mauer geschützten Pilgerstadt, die ganz auf den Wallfahrtsbetrieb ausgerichtet war. Der hl. Martin (316/317–397) ist dank der vor seinem Schüler Sulpicius Severus verfassten Biographie für einen frühchristlichen Heiligen erstaunlich gut historisch fassbar. Als Sohn eines ungarischen Tribuns schlug er früh eine militärische Laufbahn ein, verweigerte aber, nachdem er sich zum Christentum bekehrt hatte, vor Worms den Waffendienst und trat aus der Armee aus. Anschließend wirkte er als Missionar in Gallien, bis er 371 Bischof von Tours wurde. Unsterblich machte ihn dann eine berührende Geste der Nächstenliebe: Noch als Offizier teilte er vor dem Stadttor von Amiens seinen Mantel mit dem Schwert, um eine Hälfte einem frierenden Bettler zu schenken. Diese Mantelreliquie wurde unter den merowingischen und karolingischen Königen zu einem zentralen Teil der Reichskleinodien – vom Aufbewahrungsort des auf lateinisch *cappa* genannten Gewandes leitet sich noch heute unser Begriff Kapelle ab. Schon in fränkischer Zeit stieg das Grab des Heiligen zu einem der populärsten Wallfahrtsorte Europas auf. Unzählige Kirchen auf dem ganzen Kontinent wurden ihm geweiht. Dementsprechend monumental fiel der Kirchenbau aus, der seine Grablege umgab. Nachdem 997 die viel

◄ Die Benediktiner der Abtei Saint-Benoît-sur-Loire hüten bis heute die aus Monte Cassino hierher geflüchteten Gebeine ihres Ordensvaters Benedikt von Nursia.

▲ Der Stich zeigt den Abbruch einer der bedeutendsten romanischen Wallfahrtskirchen in Europa mit dem Grab des hl. Martin in Tours als Folge der Französischen Revolution.

► Die überreich geschmückte Fassade der romanischen Kirche Notre-Dame-la-Grande in Poitiers führt eindrucksvoll den einstigen Reichtum der Hauptstadt Aquitaniens im 11. Jh. vor Augen.

bewunderte Kirche des 5. Jh. abgebrannt war, setzte der schon 1014 geweihte Nachfolgebau Maßstäbe für die großen Pilgerkirchen in Santiago und Vézelay. Wer heute das Grab des Heiligen aufsucht, steht fassungslos vor zwei Türmen als einzigen Resten der riesigen Abteikirche, die 1802 der hier durchgeführten Rue des Halles weichen musste. 1860 fand man das Martinsgrab wieder, doch verweigerte der säkulare Staat den Wiederaufbau der Kirche an der alten Stelle. Daher erhebt sich die erheblich kleinere neuromanische Martinskirche nun nur noch über einem Teil des Chores mit dem Grab.

Vorbei am Grab des hier 1180 verstorbenen heiligen Pilgers und Einsiedlers im nach ihm benannten **Saint-Avertin** verließen die Jakobspilger Tours nach Süden in Richtung Poitiers. Nachdem sie in **Montbazon** mit seinem großen Hospital die Indre überquert hatten, steuerten sie als Zwischenetappe **Sainte-Catherine-de-Fierbois** an. Inmitten des Dorfes erhebt sich die spätgotische Wallfahrtskirche mit Reliquien der hl. Katharina von Alexandrien, einer der beliebtesten Heiligen des Mittelalters, deren Grab auf dem Sinai von den Pilgern im Heiligen Land stets besucht wurde. In der dem hl. Jakobus geweihten Pilgerherberge übernachtete 1429 Jeanne d'Arc und verehrte hier „ihre" Heilige, von der sie zu Hause in Lothringen den Befehl zur Befreiung Frankreichs von den Engländern erhalten hatte. Angeblich fand man einen Monat später nach ihren Angaben im Altar das Schwert Karl Martells, das er dort nach seinem Sieg über die Araber im frühen 8. Jh. niedergelegt hatte. Jeanne d'Arc befreite mit diesem Schwert Orléans und begann danach ihren einmaligen Siegeszug, der ihren Ruhm als französische Nationalheilige begründete.

Wenige Kilometer weiter verehrten Pilger in **Sainte-Maure-de-Touraine** seit dem 5. Jh. die Gräber der hll. Maure und Brigitte. Die Kirche besaß eine Jakobskapelle, und auch das Hospital war Jakobus geweiht. Der Weiterweg verlief entlang der Vienne, bis der Fluss in **Châtelleraut** mit seiner Jakobskirche überquert werden musste und Poitiers als nächstes großes Ziel angesteuert werden konnte. Kurz vor den Toren der Stadt wartete die Jakobskirche in **Buxerolles** mit dem Kuriosum eines Fußabdrucks des Apostels auf.

Poitiers – Metropole des Mittelalters

Schon in der Antike eine bedeutende Metropole, behielt **Poitiers** diese Stellung im Mittelalter als Hauptstadt des Herzogtums Aquitanien bei. Hier galt das Interesse der Pilger zwei in Frankreich hoch verehrten Heiligen, Radegunde und Hilarius. Im 6. Jh. hatte sich die hl. Radegunde vor ihrem brutalen Gatten König Chlothar I. nach Poitiers geflüchtet und dort als Rückzugsort das Frauenkloster Ste-Croix gegründet. Die Bedeutung der Kreuzreliquie, die die heilige Königin 569 vom byzantinischen Kaiser erhalten und ihrer Stiftung übergeben hatte, wurde bald vom Kult um ihre eigenen Gebeine überflügelt, die in der romanischen Kirche Ste-Radegonde ruhen. Auf einer Anhöhe im Stadtgebiet erhebt sich die im frühen 11. Jh. errichtete Pilgerkirche St-Hilaire-le-Grand. Der hl. Hilarius war im 4. Jh. nicht nur Bischof seiner Heimatstadt Poitiers, sondern auch ein wichtiger Streiter in kirchlichen Fragen. Nach seinem Tod 366 fand er hier sein Grab, das bis heute verehrt wird.

Da zahlreiche Hospitäler und Klöster Unterkunft boten, konnten sich manche Pilger in Poitiers etwas länger umsehen. Gerade die Wallfahrer aus dem Norden werden beeindruckt gewesen sein vom überreichen Bauschmuck der Westfassade von Notre-Dame-la-Grande, wie er für viele romanische Kirchen im damals wohlhabenden und bedeutenden Poitou typisch ist. Pilger aus Westfalen werden erstaunt festgestellt haben, wie ähnlich die im späten 12. und frühen 13. Jh. in ihrer Heimat errichteten Sakralbauten mit den von kuppeligen Gewölben überspannten Hallenkirchen wie etwa der Kathedrale in Poitiers waren. Die ehemalige Vorstadt St-Jacques erhielt ihren Namen vom gleichnamigen, durch eine Bruderschaft betreuten Hospital.

Im Süden der Stadt kamen die Pilger auf ihrem Weiterweg an den Abteien St-Bénoit und Ligugé vor-

bei, letztere als Gründung des hl. Martin eine der ältesten Klöster Frankreichs. Archäologische Ausgrabungen bestätigten diese Überlieferung eindrucksvoll. Über Lusignan, wo ihnen vielleicht die schöne Sage von der verwunschenen Fee Melusine erzählt wurde, erreichten die Wallfahrer als nächstes Etappenziel die Stadt **Melle**, dank reicher Silbervorkommen einst eine der wichtigsten Städte des Poitou. Drei wunderbare romanische Kirchen geben bis heute Zeugnis von der einstigen Bedeutung des Ortes. Pilgeranlaufstelle in Melle war St-Hilaire, ein Priorat der Abtei St-Jean-d'Angély, die bald auf dem Weg lag. Nahe Melle bot auch die Abtei **Celles-sur-Belle** Unterkunft. Nach der Zerstörung durch die Hugenotten in mittelalterlichen Formen wiederaufgebaut, erinnert allein das einzigartige romanische Portal an die verschwundene Pracht. In **Brioux** mit seinem Leonhardshospital überquerte der Jakobsweg auf einer Brücke die Boutonne. Ein Höhepunkt der an Glanzpunkten reichen Romanik des Poitou ist die Prioratkirche St. Pierre in **Aulnay**, die Etappenziel der Pilger war. Im nahen **St-Jean-d'Angély** erwartete sie mit dem Haupt Johannes des Täufers eine der bedeutendsten Reliquien auf dieser Strecke. Die zahlreichen Wunder, die hier geschahen, ließen die Zweifler an der Echtheit immer wieder verstummen. Schließlich unterstützten auch die Landesherren, die Grafen von Poitou, tatkräftig den für sie prestigeträchtigen Kult. Seit der Zerstörung durch die Hugenotten künden nur noch Ruinen von der einst machtvollen Abtei, und allein die Zahl von sieben Hospitälern gibt eine Vorstellung von den hier durchziehenden Pilgermassen.

Von Saintes bis zu den Pyrenäen

Vorbei an Fenioux, wo die turmartige romanische Totenlaterne die Neugierde der Pilger weckte, kamen sie nach **Saintes**. Auch diese Bischofsstadt bot zwei hochkarätige Kultstätten. Zunächst erreichten die Wallfahrer die Abbaye aux Dames, die 1047 von Agnes von Burgund gegründet worden war. Als Witwe des Herzogs von Aquitanien und Gattin des Grafen von Anjou standen ihr reichste Mittel zur Ausstattung der Abtei zur Verfügung, wozu auch die Beschaffung bedeutender Reliquien und ein Hospital gehörten, damit die Pilger Station machen konnten. Über die bis ins 19. Jh. erhaltene römische Brücke, deren einziger Rest der Germanicus-Bogen ist, überquerten sie anschließend die Charente, wo am anderen Ufer nun der mächtige spätgotische Turm von St-Eutrope den Weg zum Grab des Heiligen wies. Eutropius war im 4. Jh. erster Bischof der Stadt gewesen. Der Legende nach hatte er am Hof des Herodes in Jerusalem gelebt und

► Die gewaltige romanische Krypta von Saint-Eutrope in Saintes ist ganz auf massenhaften Pilgerandrang zum Grab des hl. Bischofs Eutropius ausgelegt.

Sorge um das Seelenheil

Warum auf Wallfahrt?

Pilgern ist ein Grundmotiv der mittelalterlichen Gesellschaft. Durch die starke Jenseitsausrichtung mit ihrer Sehnsucht nach dem Einzug in die Himmelsstadt wurde das irdische Leben oft nur als flüchtige Durchgangsstation, als Pilgerschaft auf Erden gedeutet. Vorrangigstes Motiv, eine Pilgerreise anzutreten, war die Sorge um das Seelenheil, da durch die Wallfahrt zu einem Heiligen und dessen Fürsprache bei Gott die Sündenlast des Gläubigen gemindert werden konnte. Pilger waren teilweise auch mit ganz konkreten Anliegen unterwegs, so dass man hier von Bitt- oder Dankwallfahrten spricht, je nachdem, ob die himmlische Hilfe schon erfolgt war. Wichtig war, dem Heiligen zu zeigen, dass man es ernst meinte. Sichtbarster Ausdruck dieser Ernsthaftigkeit war das Verlassen der vertrauten Umgebung, um über Wochen oder Monate unter teils lebensgefährlichen Strapazen zum Heiligtum eines Heiligen zu gelangen. Denn mit dieser Heimatlosigkeit folgten die Pilger wenigstens zeitweise unmittelbar dem Vorbild Christi und der Apostel, die alles verlassen hatten, um ganz Gott dienen zu können. Da diese zu Fuß unterwegs waren und sich ihren täglichen Unterhalt erbettelten, war auch dies eine wichtige Bedingung für eine Pilgerfahrt. Doch wichen besonders adelige Herrschaften und reiche Bürger wie Fernkaufleute aus Bequemlichkeit und Zeitersparnis oft davon ab, indem sie Pferde und Schiffe als Transportmittel nutzten und in kommerziellen Herbergen abstiegen. Nicht wenige Mitglieder der Oberschicht, die zu Lebzeiten auf eine Wallfahrt verzichtet hatten, setzten in ihren Testamenten eine bestimmte Geldsumme fest, damit ein Stellvertreter für sie ein Pilgerziel zu Fuß ansteuerte, um ihnen auch nach dem Tod noch die Hilfe des Heiligen zu verschaffen. Selbstverständlich erwartete der Heilige, der für die Pilger dank seiner Reliquien persönlich anwesend war, entsprechende Geschenke, je nach finanziellen Möglichkeiten – nur so erklärt sich die prachtvolle Architektur und Ausstattung der Wallfahrtskirchen. Pilger waren, egal welchen Standes, Männer und Frauen, teilweise sogar ganze Familien. Allerdings dürfte der Männeranteil gerade bei den Fernwallfahrten doch deutlich höher gelegen haben, da die Gattin zu Hause noch Haus und Kinder versorgen musste und teilweise das Geschäft in Abwesenheit ihres Mannes führte. Zudem waren die vielfältigen Gefahren und Strapazen einer solchen weiten Reise bekannt und dürften gerade Frauen abgeschreckt haben. Die Amtskirche warnte immer ausdrücklich vor den drohenden sittlichen Gefahren wie Vergewaltigung oder Übergang zur Prostitution, was vor allem für alleinstehende Frauen galt. Wallfahrten zu heimatnahen Pilgerzielen waren daher gerade für Frauen ein beliebter Ersatz. Schutz bei einer Fernwallfahrt bot das Reisen mit dem Ehemann und in einer größeren Gruppe.

Manche Städte gingen im Spätmittelalter dazu über, straffällig gewordenen Mitbürgern eine Fernwallfahrt als Sühne aufzuerlegen. So war der Übeltäter zumindest für einige Wochen und Monate aus der Gemeinschaft entfernt – insgeheim hoffte man wohl, dass er nicht mehr wiederkehrte. Trotz aller religiösen Aspekte sollte man nicht unterschätzen, dass eine Wallfahrt oft die einzige Möglichkeit war, für eine gewisse Zeit dem Alltagstrott zu entrinnen. So wie heutige Touristen sich für einige Wochen des Jahres mit nicht geringem finanziellen Einsatz ihrer kalkulierten Abenteuerlust und ihrem Hunger nach Tapetenwechsel hingeben, so wollte auch mancher mittelalterliche Mensch „einfach mal weg". Und warum auch nicht das Angenehme mit dem Nützlichen verbinden und mit einer Fernreise auch gleich für das Seelenheil sorgen? Da es im Mittelalter z. B. keine Ehescheidung oder Insolvenz gab, werden sicherlich auch manche die Gelegenheit genutzt haben, sich mit einer Pilgerfahrt einem völlig verfahrenen Leben zu entziehen. Man kehrte einfach nicht mehr zurück, galt zu Hause daher als tot und konnte unterwegs ein neues Leben beginnen.

sich in der Heiligen Stadt zu Christus bekehrt. Angeblich wurde er von Petrus selbst als Missionar zu den Heiden nach Saintes geschickt, die ihm allerdings übel mitspielten. Als sich ihm die Tochter des Königs, Eustella, anschloss, wurde Eutropius auf Befehl ihres Vaters durch die Metzger der Stadt ermordet. Die Prinzessin beschloss ihr Leben als Einsiedlerin an seinem Grab und wurde neben dem Heiligen bestattet. Die von Clunianzensern errichtete und von Papst Urban II. 1096 geweihte Kirche ist ganz auf die Wallfahrermassen ausgerichtet. Vor allem die dreischiffige Unterkirche mit Chorumgang vermittelt bis heute noch etwas von der Bedeutung dieses Kultorts. In **Pons** erinnert die mittelalterliche Vorhalle, durch die

Ostabat lässt heute nicht mehr erkennen, dass es ein zentraler Knotenpunkt des Jakobsweges war.

der Pilgerweg einst führte, an das hier im 12. Jh. erbaute große Hospital. Sitzbänke und Einritzungen der Pilger geben noch ein authentisches Zeugnis.

Auf dem Weg zum nächsten großen Etappenziel Bordeaux erreichten die Pilger in **Blaye** den tief ins Land reichenden Meeresarm der Gironde. Hier konnten sie im Hospital der Abtei St-Romain Rast einlegen. Die Klosterkirche bot ihnen zur Verehrung gleich zwei bedeutende Gräber an: Zum einen den hl. Romanus, ein Schüler des hl. Martin, der bei der Überfahrt über Gironde und Garonne nach Bordeaux bzw. für die mit dem Schiff von hier zurückkehrenden englischen Pilger besonderen Schutz versprach. Zum anderen befand sich hier das Grab eines der legendärsten Helden des Mittelalters, des Herzogs Roland, auf den in diesem Buch im Streckenabschnitt über den spanischen Jakobsweg näher eingegangen wird.

In der Hafen- und Weinstadt **Bordeaux** lockte Pilger weniger die Kathedrale St-André, die mit 124 Meter Länge und 44 Meter Breite eines der größten gotischen Bauwerke Frankreichs ist, sondern vor allem die Kirche St-Seurin. Die frühromanische Krypta mit ihren zahlreichen merowingischen Sarkophagen diente der Verehrung des hl. Severinus. Noch spektakulärer waren die Gebeine der hl. Veronika, die der Legende nach Christus auf dem Weg nach Golgotha das Schweißtuch gereicht hatte. Angeblich war auch sie, wie der Kreis um Maria Magdalena, mit dem Schiff aus dem Heiligen Land nach Frankreich gereist und in Soulac-sur-Mer angelandet. Von dort wurden ihre Reliquien später nach Bordeaux gebracht. Eine besondere Attraktion war das hier gezeigte Signalhorn *Olifant* des Helden Roland. Ein großes Hospital lag an der Kirche Ste-Croix, eine bedeutende Jakobus-Bruderschaft samt Kapelle bestand bei der Kirche St-Michel. Nahe der Stadt war die Benediktinerabtei **La Sauve Majeure** eine wichtige Pilgerstation. 1079 gründete der hl. Gerhard von Corbie inmitten des namensgebenden großen Forstes (lat. silva major), den ihm der Herzog von Aquitanien geschenkt hatte, das Kloster. Ende des 12. Jh. war das Reformzentrum Mutter von 76 Prioraten, von denen zahlreiche an Jakobswegen lagen. Von ihrem Niedergang im Hundertjährigen Krieg erholte sich die einst so bedeutende Abtei allerdings nicht mehr.

Südlich von Bordeaux zogen die Pilger über **Belin**, wo weitere als Märtyrer verehrte Helden aus dem legendären Roland-Heer bestattet waren, durch die dünn besiedelte Heide- und Waldlandschaft des Landes. Die Vorhalle der Kirche in **Labouheyre** schmücken Lilienblüten und Jakobsmuscheln. **Dax** bot den Pilgern in den schon von den Römern geschätzten Thermalquellen Erfrischung, bevor sie in Richtung Pyrenäen weiterzogen. Die Abtei Roncesvalles unterhielt hier ein Hospiz, von dem aus kranke Pilger auf Pferden über die Pyrenäen transportiert wurden. An der Brücke über den Adour befand sich einst noch ein Jakobshospiz.

Kurz vor **Ostabat** hatten sich dieser Route die Jakobswege aus Vézelay und Le Puy angeschlossen. Daher war das Städtchen ein wahres Pilgerzentrum mit über 17 Hospizen, zahlreichen Herbergen, Klöstern und Kirchen sowie allerlei Verkaufsbuden des notwendigen Pilgerbedarfs. Gasthöfe, Bader, Wechselstuben, Schumacher und Schneider boten lautstark ihre Dienste an. Heute erinnert hier leider fast nichts mehr an diesen Knotenpunkt internationalen Pilgerverkehrs. Allein eine aus unbekannten Gründen „Stein von Gibraltar“ genannte Stele markiert das Zusammentreffen der verschiedenen Wege. Bald wurde mit **St-Jean-Pied-de-Port** der letzte Ort vor dem Pyrenäen-Übergang erreicht, der noch eine aus der Römerzeit stammende Brücke über die Nive und sein Hospital besitzt. Von hier aus begann der schweißtreibende Aufstieg zum Ibañera-Pass (1057 Meter) und weiter zum Cisa-Pass, auf dem schon Karl der Große bei seinem Befreiungszug des Jakobus-Grabes ein Kreuz aufgestellt haben soll. Unter den Pilgern hatte sich der Brauch herausgebildet, hier ein kleines Kreuz zu hinterlassen.

Von Breslau nach Trier

Breslau

Breslau (Wrocław), die Hauptstadt Schlesiens, entwickelte sich dank seiner verkehrsgünstigen Lage an einer Oderfurt zu einem bedeutenden mittelalterlichen Zentrum. Hier kreuzte sich die wichtigste polnische Nord-Süd-Verbindung von Danzig nach Prag mit der Hohen Straße, auch Via Regia genannt, einer der wichtigsten Ost-West-Verbindungen Mitteleuropas. Die Via Regia kam von Kiew über Krakau nach Breslau und bildete somit jahrhundertelang auch einen Sammelpunkt für die Jakobspilger des Ostens. In Breslau erreichten die Wallfahrer zunächst die Dominsel, die bis zur Zuschüttung eines Oderarms im 19. Jh. noch mitten im Fluss lag. Hier errichteten die polnischen Herzöge im Jahre 1000 einen Bistumssitz und daneben eine Burg. Trotz des Katastrophenjahres 1945 hat sich noch eine beeindruckende Fülle mittelalterlicher Kirchen rund um die gotische Kathedrale erhalten. Dem Dom gegenüber liegt die Ägidienkirche aus dem frühen 13. Jh., deren Patrozinium auf die einstigen Pilger verweist, die im Hospital auf der Dominsel Station machten.

Bedeutender Etappenort der Via Regia, einer der wichtigsten Ost-West-Fernhandelswege, war Breslau.

Vorbei an der doppelgeschossigen, gotischen Kreuzkirche, Grablege der Herzöge, bei deren Bau eine kreuzförmige Wurzel gefunden wurde, kamen die Pilger zur Marienkirche auf dem Sande, die sich auf einer weiteren Oderinsel erhebt. Mit seinem ungewöhnlichen spätgotischen Gewölbe beeindruckt der 1334–1425 errichtete Bau bis heute. Da die Kirche zum Augustiner-Chorherrenstift gehörte, bot sich auch hier die Möglichkeit zu Unterkunft und Verpflegung. Nun gelangten die Wallfahrer in die eigentliche Stadt, die am anderen Flussufer lag. Sie wurde erst im frühen 13. Jh. durch Herzog Heinrich I. den Bärtigen (1201–1238) gegründet, dem Gemahl der hl. Hedwig aus der Familie der Andechs-Meranier. Als erster Landesherr begann er, systematisch deutsche Siedler nach Schlesien zu rufen, die bis zur völligen Vertreibung 1945 die Bevölkerungsmehrheit stellten. Durch sein rechtwinkliges Straßennetz rund um den großen Marktplatz mit seinen Tuchhallen gibt sich der Altstadtkern bis heute als planmäßige Gründung zu erkennen. Gleich nach der Brücke liegen rechter Hand unmittelbar am Flussufer Kirche und Spital der Kreuzherren mit dem Roten Stern, die sich speziell der Pilgerbetreuung widmeten. Während die kleine Matthiaskirche ihre gotischen Bauformen bewahren konnte, wurden Konvent und Spital vom Baumeister der Prager Ordenszentrale im 18. Jh. neu errichtet. Daneben boten zahlreiche Klöster in der Altstadt ebenfalls Unterkunft.

Ein absolutes „Muss" für polnische und schlesische Pilger war ein Besuch bei der hl. Hedwig in Kloster **Trebnitz** (Trzebnica), 25 km nördlich von Breslau. Wer nicht schon auf dem Hinweg aus dem Norden vorbeigekommen war, ließ diesen Abstecher nicht aus. Herzog Heinrich der Bärtige gründete in Trebnitz gleich nach seinem Regierungsantritt zusammen mit seiner Frau Hedwig eine Zisterzienserinnenabtei als neues Hauskloster der Dynastie, wohin sich die tieffromme Landesherrin nach dem Tod ihres Mannes bis zu ihrem eigenen Lebensende 1243 zurückzog Seit 1203 bis zu diesem Zeitpunkt hatte sie jedes Jahr eine Wallfahrt nach Trebnitz unternommen, und in jedem Ort, in dem sie unterwegs übernachtete, soll der Legende nach eine Quelle mit Heil bringenden Eigenschaften entsprungen sein. Schon 1267 erfolgte ihre Heiligsprechung. Hedwig stammte aus einer der bedeutendsten Adelsfamilien Süddeutschlands, den Andechs-Meraniern. Ihre Geschwister hatten steile kirchliche und weltliche Karrieren gemacht: Ekbert war Bischof von Bamberg, Gertrud Königin von Ungarn und Agnes kurzzeitig Gattin des französischen Königs. Zudem war Hedwig die Tante der hl. Elisabeth von Thüringen, deren Aufstieg zu einer der ungewöhnlichsten Heiligen des Mittelalters sie noch erleben durfte. Aufgrund der hohen Verehrung, die Hedwig als schlesischer Landespatronin zukam, wurde an die spätromanische Abteikirche kurz nach ihrer Heiligsprechung eine wunderbare gotische Grabkapelle angefügt. Dort ruhen ihre Gebeine seit der Barockzeit in einem Prunksarkophag unter einem pompösen Baldachin.

Auf dem Weg nach Westen, egal ob direkt von Breslau oder dem Umweg über Trebnitz, war die Zisterzienserabtei **Leubus** (Lubiąż) das nächste Etappenziel. 1175 entstand es als erstes Kloster dieses Ordens in Schlesien und war bis zur Auflösung 1810 eines der wichtigsten monastischen Zentren des Landes. Während die Abteikirche noch der ersten Hälfte des 14. Jh. angehört, verdanken Konvent und Prälatur ihr Aussehen einem ehrgeizigen barocken Neubauprojekt der Jahre 1681–1715. Die gewaltige Anlage besitzt im Fürstensaal ein wahres Prunkstück, das jedem Königsschloss zur Ehre gereichen würde. An die durchziehenden Pilger erinnert die Jakobskirche im Wirtschaftshof, die der Abteikirche gegenübersteht. Auch sie entstand in der Barockzeit neu.

Frisch gestärkt im klösterlichen Gästehaus ging es nun weiter nach Legnica (Liegnitz), einer Residenz-

und Handelsstadt. Hier bildete die Benediktinerabtei in **Wahlstatt** (Legnickie Pole) wieder eine Zwischenetappe. Wie Leubus präsentiert sich die Anlage als eine der Höhepunkte böhmischer Barockarchitektur. Der Prager Architekt Kilian Ignaz Dientzenhofer und der Münchner Freskenmaler Cosmas Damian Asam schufen hier kongenial 1727–1731 einen Himmel auf Erden. Hinter Wahlstatt folgten die Pilger schließlich der Hohen Straße über Bunzlau (Bolesławiec) weiter bis Görlitz.

GÖRLITZ

In **Görlitz**, heute deutsche Grenzstadt zu Polen, überquerten die Wallfahrer über eine Holzbrücke die Neiße. Die von einem Bischof von Meißen gegründete Handelsstadt, die unter anderem durch das Färberwaidmonopol für die östlichen Gebiete und durch den Tuchhandel zu beträchtlichem Reichtum gekommen war, bot entsprechende Unterkunft. Das im 13. Jh. gegründete Heilig-Geist-Hospital lag auf dem der Stadt gegenüber liegenden Flussufer gleich bei der Brücke. Südlich der Stadt befand sich an der Straße nach Böhmen ein Jakobus-Spital, das aber später vorrangig für Leprakranke gedacht war. Das Patrozinium ging auf die Ende des 19. Jh. errichtete Pfarrkirche der Vorstadt über, die 1994 zur Kathedrale des Bistums Görlitz erhoben wurde.

Von der spätgotischen Stadtpfarrkirche St. Peter und Paul, die sich markant hoch über der Neiße erhebt, führte ein Kreuzweg die Pilger auf einen Hügel vor der Stadt, der seit dem Ende des 15. Jh. Nachbauten der heiligen Stätten des Passionsgeschehens trägt. Dabei wurde nicht die Architektur kopiert, sondern vor allem Abmessungen, Entfernungen und einzelne Details wiederholt. Sogar die Landschaft um die Kapellen erhielt entsprechende Bezeichnungen aus der Topographie Jerusalems. Damit gehört das Görlitzer Heilige Grab zu den frühesten Gesamtanlagen dieser Art, die sich erst im Barock größerer Beliebtheit erfreuten. Die Golgatha-Kapelle erhebt sich über der Adamkapelle, da der mittelalterlichen Legende nach das Kreuz Christi auf dem Grab des ersten Menschen errichtet wurde und das Kreuzesholz aus dem Stamm des Paradiesbaumes stammte. Ein Riss symbolisiert das Erdbeben, das in der Todesstunde Christi Jerusalem erschütterte. Die Heilig-Grab-Kapelle mit ihrem ungewöhnlichen Turmaufbau überliefert genauer als das später veränderte Original inmitten der Anasthasis-Rotunde der Jerusalemer Grabeskirche das mittel-

▼ Aus dem späten 15. Jh. stammt der exakte Nachbau der Heilig-Grab-Kapelle der Jerusalemer Grabeskirche in Görlitz, Teil einer ausgedehnten Gesamtanlage.

Die Zisterzienserinnenabtei Sankt Marienstern besitzt durch ihren Gründer einen umfangreichen Reliquienschatz, darunter auch einen Partikel des hl. Jakobus.

alterliche Erscheinungsbild dieser zentralen Wallfahrtsstätte der Christenheit. Die Anlage stiftete der reiche Görlitzer Handelsherr Georg Emerich, nachdem er 1465 als Sühne für die Vergewaltigung einer Bürgerstochter eine Wallfahrt ins Heilige Land antreten musste. Später ließ er als Bürgermeister in der Nähe der Frauenkirche ein Hospital erbauen, das neben fahrenden Lehrern und Schülern auch Pilger aufnehmen sollte.

Quer durch Sachsen

Vorbei an der spätgotischen Wallfahrtskirche St. Barbara in **Ebersbach** zogen die Pilger über Königshein nach Bautzen. Die Via Regia wurde hier vom 1346 gegründeten Sechs-Städte-Bund geschützt, wobei die wichtigsten Mitglieder Görlitz und Bautzen waren. **Bautzen**, dessen wohlerhaltene Altstadt wie die von Görlitz zu den großen Hinterlassenschaften deutscher Geschichte zählt, erhebt sich in markanter Lage hoch über der Spree. Ihre heutige Gestalt geht weitgehend auf den Wiederaufbau nach zwei großen Bränden während des Dreißigjährigen Krieges zurück. Leider ging damals auch die reiche mittelalterliche Ausstattung der Hauptkirche St. Peter zugrunde. Pilger konnten hier zahlreiche Hospitäler nutzen – vor dem Reichentor, dem Hauptzugang zur Stadt von Osten, lagen gleich zwei davon.

Auf dem Weg nach Kamenz bildete das Zisterziensenrinnenkloster **Sankt Marienstern** dank seiner Heiltümer eine beliebte Pilger-Attraktion an der Hohen Straße. 1248 gründeten es die Herren von Kamenz zunächst am dortigen Hospital. Bernhard III. von Kamenz, später Bischof von Meißen, verlegte es wenige Jahre später an die heutige Stelle und förderte es entschieden. Bernhard sorgte nicht nur für reichen Grundbesitz und aufwendige bauliche Gestaltung, sondern auch für mehrere Ablässe und bedeutende Reliquien. Letztere sind auch ein Zeichen für seine weitreichenden politischen Verbindungen. Für Santiago-Pilger war natürlich die gotische Büste mit einem Schädelpartikel des hl. Jakobus von besonderer Bedeutung. Aber auch die Reliquien der hl. Ursula und einiger ihrer 11 000 Jungfrauen, die von Köln aus so freigiebig über Europa verteilt wurden, scheinen hoch verehrt worden zu sein. Ein byzantinisches Kreuzreliquiar und eine Reliquienbüste mit Teilen des Hauptes Johannes des Täufers sind weitere Kostbarkeiten des Mariensterner Schatzes, die bis heute erhalten blieben. Sie sind seit einigen Jahren in einer Ausstellung im einstigen Gästehaus neben dem Torbau allgemein zugänglich. Die dreischiffige, spätgotische Hallenkirche besitzt nach der Plünderung durch die bilderfeindlichen Hussiten 1429 nur noch geringe Reste der mittelalterlichen Ausstattung wie das prächtige Glasfenster und ein als Gnadenbild verehrtes Vesperbild. Das Kloster, das trotz barocker Überformung aus der Gotik stammt, gehört zu den bedeutendsten erhaltenen mittelalterlichen Frauenklöstern in Deutschland. Seit der Zeit der Gründung erklingt bis heute hier ununterbrochen das Gotteslob der Zisterzienserinnen. An zahlreichen Wallfahrtstagen zeigt sich, dass Sankt Marienstern bis heute geistliches Zentrum der katholischen Sorben im überwiegend evangelischen Sachsen geblieben ist.

Marienverehrer werden einen kleinen Umweg in Kauf genommen haben, um über die bedeutende Wallfahrtskirche von Rosenthal nach **Kamenz** zu gelangen. Hier bot das von Marienstern aus betreute Hospital im Ortsteil Spittel Unterkunft. Während dessen Kapelle im 19. Jh. neu errichtet wurde, blieb der gotische Bau von St. Just (Jodokus) als Teil eines weiteren Spitals erhalten. Nicht nur das Patrozinium des Pilgerpatrons, sondern auch ein ehemals vorhandener Jakobus-Altar verweisen auf den einstigen Wallfahrerverkehr. Einstmals gab es im Vorfeld der Stadt eine eigene Jakobskapelle. Die Klosterkirche der Franziskaner und die Stadtpfarrkirche St. Marien haben bis heute kunstvolle Reste ihrer spätgotischen Altarausstattung bewahren können, die daran erinnern, dass die mittelalterliche Bedeutung der Stadt der heutigen weit überlegen war.

Abglanz der Himmelsstadt

Heilige, Reliquien und Reliquiare

Im Mittelalter stellten sich die Menschen den Himmel rund um Gott als allgewaltigen Herrscher wie einen streng hierarchisch aufgebauten Hofstaat vor. Daher wagten sie es nicht, in ihren Gebeten für die verschiedensten Anliegen Gott direkt anzuflehen, so wie es auch niemand wagte, den Kaiser persönlich um etwas zu bitten. Man suchte sich vielmehr einen möglichst einflussreichen Vermittler aus der Umgebung des Herrschers, eine Funktion, die dem mittelalterlichen Glauben nach im Himmel die Heiligen einnahmen. Zu ihnen konnte man einen persönlichen Zugang wagen, da sie ja selbst einmal Menschen gewesen waren. Gleich dem antiken Götterhimmel waren die Heiligen jeweils bei unterschiedlichen Anliegen besonders anzusprechen, so z. B. Apollonia für Zahnschmerzen oder Sebastian für Seuchen bei Tier und Mensch.

Durch ihre besonderen Verdienste zu Lebzeiten oder ihr Martyrium waren die Heiligen ohne Umweg über Fegefeuer und Jüngstes Gericht direkt zu Gott in den Himmel aufgenommen worden. Da aber ihre Gebeine noch auf der Erde ruhten, gab es über diese Reliquien (Überreste) die beste Möglichkeit, Kontakt mit ihnen aufzunehmen. Zwar konnte jederzeit und überall zu ihnen gebeten werden, doch wie die alten Götter forderten sie Gaben und sichtbaren Einsatz der Bittsteller, bevor sie tätig wurden. Daher war der sicherste Weg, Erhörung zu finden, eine Wallfahrt zu ihrem Grab oder zu Reliquien zu unternehmen. Denn um den immer stärker anwachsenden Wunsch nach Reliquien zu erfüllen, ging man dazu über, sie aufzuteilen. Dieses auf uns heutige Menschen so seltsam wirkende Gebaren erklärt sich aus dem Glauben, dass selbst im kleinsten Knochensplitter des Heiligen dessen gesamte Kraft innewohnt. Selbst Gegenstände, die die Heiligen zu Lebzeiten benutzt oder die an ihre Gebeine gehalten worden waren, besaßen als Berührungsreliquien die gleiche wirkmächtige Aura. Ruhten die Heiligen anfangs noch in einem Grab und wurden dort verehrt, ging man im hohen Mittelalter dazu über, sie zu erheben und in kostbare Schreine umzubetten. So machte man den Heiligen gleichsam Beine, da die Reliquien nun transportabel waren, und in prachtvollen Prozessionen konnte nun das Heil der Heiligen allen vor Augen geführt werden. Hatte man keinen „vollständigen" Heiligen, so ließen Kleriker und fromme Stifter dennoch wertvolle Reliquiare anfertigen, die oft mehr vortäuschen, als tatsächlich darin ist – so finden sich in Büstenreliquiaren oft nur kleine Teile eines Schädels eingearbeitet. Im Spätmittelalter wurde der Wunsch der Gläubigen immer stärker, die heiligen Gebeine mit den eigenen Augen zu sehen oder berühren zu können. Daher wurden nun verschließbare Öffnungen an den Schreinen und Reliquiaren angebracht oder gleich aufwendig gefasste Glas- oder Kristallzylinder für die oft kleinsten Partikel angefertigt. Zu besonderen Festtagen gab es vielerorts prächtig angelegte öffentliche Zeigungen der Heiltumsschätze, wobei Kleriker den versammelten Massen die einzelnen Reliquien durch feierliches Ausrufen erklärten. So waren die Bewohner der Himmelsstadt gleichsam unter ihnen und der Zustand vorweggenommen, den sich alle wünschten: den Einzug in den Himmel.

Über Königsbrück mit seinem barocken Spitalgebäude gelangten die Pilger nach **Großenhain**. Serviten- und Magdalenerinnenkloster sowie zwei Hospitäler, von denen eines Jakobus geweiht war, sicherten die Grundversorgung. In Strehla überquerte die Via Regia die Elbe und zog weiter nach **Wurzen**, wo die Pilger die Mulde mit der Fähre überqueren mussten. Die Pfarrkirche im Händlerviertel war Jakobus geweiht und erhielt später ein Pilgerhospital. Auch in **Grimma**, einem weiteren wichtigen Muldeübergang, bestand ein Jakobus-Hospital. Pilger, die diese etwas südlich gelegene Wegvariante über Oschatz nach Leipzig eingeschlagen hatten, besuchten die nach der Mitte des 15. Jh. bis zur Reformation kräftig aufblühende Marienwallfahrt in **Eicha**.

Leipzig, die reiche Handelsstadt, zog nicht nur zu Messezeiten große Menschenmassen an. Denn das Augustiner-Chorherrenstift St. Thomas konnte seit dem frühen 13. Jh. mit einem Gewandstück dieses Apostels aufwarten. Die Stiftsherren unterhielten ein dem hl. Georg geweihtes Hospital vor dem westlichen Stadttor. Vor dem Osttor lag das Johannesspital. Erfurter Fernkaufleute errichteten wohl im 12. Jh. eine Jakobskirche, die dem dortigen Schottenkloster unterstand. In der Reformationszeit ließ sie der Rat der Stadt abreißen.

In **Merseburg** überquerten die Pilger die Saale. Vom Fluss aus bietet sich trotz aller Zerstörungen noch das beeindruckende Panorama aus Dom und bischöflichem Schloss. Ursprünglich befand sich neben der Ka-

▲ In Merseburg überquerten die Pilger zu Füßen der Domburg die Saale.

thedrale des im späten 10. Jh. gegründeten Bistums eine bedeutende Königspfalz. Besonders Heinrich II. und seine Frau Kunigunde hielten sich öfter hier auf. Beide wurden später heilig gesprochen und als Mitstifter des Doms verehrt. Auf die mittelalterliche Bedeutung des Ortes verweist heute noch die Bronzegrabplatte des Gegenkönigs Rudolf von Schwaben im Dom, die nach seinem Tod 1080 entstand und ihn mit den königlichen Insignien zeigt. Sie ist das aufwendigste romanische Grabmal, das in Mitteleuropa erhalten ist! Doch die Pilger wird es durch das spätgotische Langhaus hinab in die romanische Krypta gezogen haben, da hier die Reliquien der Märtyrer Romanus und Maximus ruhten. Etwas nördlich des Domes bot die Ende des 11. Jh. in der Altenburg gegründete Benediktinerabtei St. Peter einen Anziehungspunkt. In der Reformation aufgelöst, blieben nach dem Abbruch der dem Dom ebenbürtigen Klosterkirche nur Teile der Klausur erhalten. Hier hatte einige Zeit die hl. Paulina, spätere Gründerin des Klosters Paulinzella, als Klausnerin gelebt und das Gästehaus erweitern lassen. Darüber hinaus gab es das städtische Barbarahospital und zwei Spitäler in der Vorstadt Neumarkt am anderen Saaleufer, in denen sich die Pilger ausruhen konnten, bevor sie weiterzogen.

Über **Mücheln** mit seiner dem hl. Jakobus geweihten Stadtpfarrkirche kamen die Wallfahrer nach **Freyburg an der Unstrut.** Bis heute wird die Stadt beherrscht von der Neuenburg, einst eine der prächtigen Residenzen der thüringischen Landgrafen am östlichen Rand ihres Herrschaftsgebietes. Am deutlichsten erinnert an diese Blütezeit die spätromanische Doppelkapelle, die dem Vorbild der Königspfalzen folgte und von rheinischen Bauleuten errichtet wurde. In der Stadt zu Füßen der Burg befand sich ein Jakobus-Hospital, in dem die Pilger sich schon damals an den Erzeugnissen des bis heute betriebenen Weinbaus labten.

Über Naumburg weiter nach Erfurt

Nach nur wenigen Kilometern durch das schöne Unstrut-Tal erreichten die Wallfahrer die Bischofs- und Handelsstadt **Naumburg**. Sie zog jedoch weniger die heute den Ruhm der Stadt begründenden frühgotischen Stifterfiguren im Westchor und der prächtige Lettner an, beides Werke des an der Kathedrale von Reims geschulten Naumburger Meisters. Ihr Weg ging vielmehr in die Marienkirche südlich der Kathedrale – noch heute führt der Verbindungsweg zwischen Marktplatz und Dombezirk direkt auf ihren gotischen Chor zu. Die Marienkirche barg als spektakuläre Reliquie das Schweißtuch der hl. Veronika und konkurrierte damit direkt mit dem Petersdom in Rom, der ebenfalls beanspruchte, im Besitz dieses wahren Abbildes Christi zu sein. Reiche Ablässe steigerten die Attraktivität, bis das Tuch 1532 bei einem Brand vernichtet wurde. Ein Jahrzehnt später besiegelte die Reformation auch das Ende des übrigen Heiltumsschatzes der Kathedrale. Damals wurde auch die im 12. Jh. entstandene Jakobskirche der Kaufleute zerstört. Sie befand sich an der Jakobsstraße zwischen Markt und Jakobstor, dem östlichen Hauptzugang zur Stadt, das im 19. Jh. abgerissen wurde.

Im Spätmittelalter hatte sich der Haupthandelsweg, dem die Pilger folgten, verlagert. Von Leipzig zog er nun nicht mehr über Merseburg, sondern über Weissenfels direkt nach Naumburg und führte vom Jakobsweg durch die Stadt. 1336 entstand durch Stiftung zweier Naumburger Bürger ein dem hl. Jakobus geweihtes Hospital vor dem Salztor. Jakobus genoss in der Stadt große Verehrung, da die Bevölkerung ihm die Abwehr einer hussitischen Belagerung 1432 zuschrieb. Die sich von Nordosten nähernden Pilger betraten Naumburg durch das bis heute erhaltene Marientor. Gleich dahinter lag das im 12. Jh. von einem Naumburger Bischof gestiftete Maria-Magdalenen-Hospital, dessen Patrozinium eindeutig auf den Pilgerweg nach Santiago Bezug nimmt. Die Kapelle ist nur noch als barocker Neubau erhalten. Unterkunft boten auch die Abteien St. Georg und St. Moritz.

Entlang der Saale erreichten die Pilger bald darauf die mächtige Zisterzienserabtei **Schulpforta**, die im Mittelalter eines der reichsten Klöster Mitteldeutschlands war. Dank der Weiternutzung als Internatsschule nach der Vertreibung der Mönche durch die Reformation blieb die Gesamtanlage bis heute überraschend vollständig erhalten. Besonders beeindruckend ist die romanische Klosterkirche, deren frühgotischer Chor dem Vorbild des berühmten Naumburger Domwestchores folgt. Die um 1300 vorgesetzte aufwendige Westfassade fällt durch ihren ungewöhnlich gestalteten Giebel auf – von der gotischen Balustrade unterhalb der Kreuzigungsgruppe wurde an bestimmten Tagen großen Pilgermengen der Heiltumsschatz des Klosters gezeigt. Etwas kurios mutet heute an, dass sich darunter auch der Stein befand, mit dem David Goliath getötet haben soll. Pilger, die außerhalb dieser Reliquienzeigungen die Kirche besuchten, wurden dennoch gleichsam von oben gesegnet. Denn das Kruzifix im Giebel enthielt laut Inschrift am Portal Partikel zahlreicher Heiliger. Im Hospital, dessen im Kern wohl noch romanisches Gebäude seitlich des Torbaus erhalten blieb, konnten sich die Pilger vor der anschließenden Etappe bis Eckartsberga mit seinem Pilgerhospital stärken. **Eckartsberga** sieht man seine einstige Bedeutung als einer der wichtigsten Orte im nördlichen Thüringer Becken heute nicht mehr an. Die Via Regia überquerte hier einen mit einer mächtigen Burg der Landgrafen gesicherten Höhenrücken. Das Hospital neben einer Marienkapelle wurde 1559 abgerissen, nachdem der Pilgerstrom durch die Reformation abgebrochen war.

Nun folgte eine recht lange Wegstrecke durch das Thüringer Becken nach **Erfurt**, das heute neben Regensburg die einzige erhaltene mittelalterliche Großstadt in Deutschland ist. Schon im weiten Vorfeld der Stadt fielen den Reisenden die riesigen Felder mit dem Färberwaid auf, der Erfurts Reichtum begründete. Inmitten des zuletzt im frühen 15. Jh. erweiterten Stadtmauerrings beeindruckte die ankommenden Pilger eine Fülle von prächtig ausgestatteten Kirchen und Klöstern sowie aufwendigen Häusern der Kaufleute. Vielfältige Unterkunftsmöglichkeiten, aber auch bedeutende Reliquien machten den Aufenthalt attraktiv. Am Leipziger Tor trafen die Wallfahrer schon gleich vor der Stadtmauer auf ein Hospital, das ausschließlich für sie bestimmt war. Anfang des 15. Jh. stifteten es zwei reiche Tuchhändler mit der sehr praktisch gedachten Auflage, neben Kost und Logis jedem auch ein Paar Schuhe kostenlos zur Verfügung zu stellen. Fast zur gleichen Zeit erhielt durch fromme Stiftung auch der westliche Stadtausgang ein Hospital, was auf den Höhepunkt des Pilgerwesens im Spätmittelalter hindeutet. Von Regensburg aus wurde wohl 1136 auch das Erfurter Schottenkloster gegründet, dessen Kirche ebenfalls Jakobus geweiht war. Wie alle Schottenklöster, so nahm sich auch dieses besonders der Pilger an. Die noch erhaltene mittelalterliche Kirche befindet sich ganz in der Nähe der Krämerbrücke, eines aufgrund der beidseitigen Häuserreihe einmaligen Baudenkmals. Gleichsam durch die Ägidienkirche, die über dem östlichen Brückenzugang liegt, überquerten die Pilger die Gera. Für Wallfahrer nach Santiago lohnte sich auf dem Weg zum Domberg der Umweg zur Predigerkirche, die sich seit der Mitte des 14. Jh. im Besitz einer großen Armreliquie des hl. Jakobus zu wissen glaubte.

Wahrzeichen der Stadt und eines der beeindruckendsten sakralen Bauensembles in Mitteleuropa sind die auf einem Hügel nebeneinander gelegenen Stiftskirchen Dom und Severus. Die beiden beieinander stehenden gotischen Kirchenbauten bilden dank ihrer erhöhten Lage bis heute die Krone der Stadt. Der Anblick des über hohen Unterbauten aufragenden gotischen Domchores, der zur dreieckigen Vorhalle hochführenden Treppe und der dreitürmigen Severikirche gehört zu den erhebendsten Eindrücken gotischer Architektur in Deutschland. Das Dominnere betraten die Pilger vor allem, um die Gräber der hll. Adolar und Eoban zu verehren, die zusammen mit Bonifatius 754 in Friesland den Märtyrertod erlitten hatten. Die Mainzer Erzbischöfe, die Erfurt als ihren Besitz stark förderten, ließen die Gebeine der beiden gleichsam als Wächter und zur Installierung eines identifikationsstiftenden Heiligenkultes hierher übertragen. Ihre Figuren begrüßen zusammen mit dem großen Missionar der Deutschen die Besucher an der Eingangshalle.

Zwischen Dom- und Petersberg führte die Via Regia wieder aus der Stadt. Doch bevor die Pilger ihr weiter folgten, gingen sie hinauf zur Benediktinerabtei St. Peter, deren Reste heute hinter Festungswällen liegen. Die Abtei entstand schon zu Beginn des 8. Jh. und erhielt über ein Jahrhundert später die Gebeine des hl. Severus, eines spätrömischen Bischofs von Raven-

▾ Nicht weit entfernt von Naumburg bildete die Zisterzienserabtei Schulpforta eine Zwischenetappe auf dem Fernpilgerweg.

na. Der Legende nach war er Weber und wurde gegen seinen Willen in dieses Amt eingeführt. Ehefrau und Tochter traten nach seiner Weihe in ein Kloster ein, wo sie auch begraben wurden und später dem sterbenden Severus Platz machten und zur Seite rückten. Daher ist auf dem gotischen Hochgrab, das sich jetzt in der Severikirche neben dem Dom befindet, der Bischof zwischen den beiden Damen dargestellt. Als Patron der Weber galt ihm in Erfurt, das durch Tuchproduktion und vor allem dem Handel mit der Färbepflanze Waid reich geworden war, große Verehrung.

Von Erfurt nach Marburg

Nachdem die Pilger in einem der zahlreichen Hospitäler übernachtet hatten, führte sie der Weg weiter nach **Gotha**. Am Markt befand sich bis 1567 eine Jakobus-Kapelle, die wohl auch den Gottesdiensten des Rates diente. Das Maria-Magdalena-Hospital gründete Landgraf Ludwig IV., vermutlich auf Wunsch seiner Gemahlin, der hl. Elisabeth von Thüringen – im nächsten Etappenziel, **Eisenach**, und natürlich einige Tage später in Marburg konnten Pilger deren Lebensspuren folgen. Auf halbem Weg zur Wartburg, die die Residenzstadt der Landgrafen von Thüringen glanzvoll bekrönt, gründete Elisabeth 1226 ein Armenhospital, das später von Franziskanern betreut wurde. Leider sind nur noch Grundmauern erhalten. Hier wurden den Pilgern einige Gegenstände aus Elisabeths Besitz gezeigt und als Berührungsreliquien dieser großen Heiligen der Nächstenliebe verehrt. Auch die Gründung des Annenhospitals am westlichen Stadtausgang wird ihr zugeschrieben. Ihre Schwiegereltern stifteten das Zisterzienserinnenkloster St. Katharina und besorgten hierfür eine Reliquie der Patronin aus ihrem Kloster auf dem Sinai. Da aus dem Gebeinstück auf wunderbare Weise Flüssigkeit austrat, wurde es besonders verehrt. In der romanischen Nikolaikirche, die mit dem benachbarten Stadttor ein schönes Ensemble bildet, zeigt ein spätgotischer Schnitzaltar an

▲ Noch heute beeindruckt jeden Besucher Erfurts die einmalige Baugruppe von Dom und Severi, die imposant auf einem Hügel inmitten der Stadt thront.

Die von der Abtei Fulda errichtete mittelalterliche Steinbrücke von Vacha ermöglichte den Pilgern einen bequemen und sicheren Übergang über die Werra.

den Flügeln die beiden Pilgerpatrone Nikolaus und Jakobus. Einst besaß Eisenach eine Jakobskapelle, die Hermann I. inmitten seiner Stadterweiterung des sog. Jakobsplans errichten ließ.

Zu Füßen der Wartburg verließen die Pilger Eisenach auf der Via Regia nach Südwesten. Unterwegs bot das im späten 12. Jh. gegründete und in der Reformation aufgelöste Zisterzienserinnenkloster in **Frauensee** Unterkunft, schon bald danach wurde das Ufer der Werra erreicht. Nach wenigen Kilometern entlang des Ufers bot die Benediktinerinnenabtei Kreuzberg in **Philippsthal** nicht nur willkommene Versorgungsmöglichkeiten, sondern mit der Klosterkirche auch ein dem hl. Jakobus geweihtes Heiligtum. Ende des 12. Jh. von Hersfeld aus gegründet, bestand die Abtei bis zur Auflösung 1526 durch Landgraf Philipp den Großmütigen von Hessen. Die romanische Säulenbasilika wurde 1733 etwas verändert, als man die ehemaligen Klostergebäude zum Barockschloss ausbaute. Den Fluss überquerten die Pilger auf der Brücke von **Vacha**, die 1342 von der Abtei Fulda, Besitzerin der Stadt, aufgrund des hohen Verkehrsaufkommens in Stein ausgeführt wurde. Vor den Mauern fanden sie im Servitenkloster Unterkunft, dessen gotischer Chor noch als Friedhofskapelle erhalten ist. Hier verfasste der Mönch und Jakobspilger Hermann Künig 1495 „Die Wallfahrt und Straß zu sant Jakob", den ersten Pilgerführer in deutscher Sprache, der bis 1521 mehrfach aufgelegt wurde. Anfang des 14. Jh. stiftete Abt Heinrich V. von Fulda an der Brücke das Marienhospital, während das Maria-Magdalena-Hospital am anderen Ende der Brücke den Kreuzberger Nonnen unterstand. Wer nach Marburg wollte, wie nachfolgend beschrieben, musste hier die Via Regia verlassen. Ansonsten folgten die Pilger ihr weiterhin über Fulda und Frankfurt nach Mainz, wo sie entweder entlang des Oberrheins oder quer durch die Pfalz und Lothringen nach Burgund gelangen konnten.

In **Bad Hersfeld**, dem nächsten Etappenziel in Richtung Marburg, überquerten die Pilger die Fulda und erreichten eine der bedeutendsten Benediktinerabteien Deutschlands. Anstelle einer Einsiedelei des hl. Sturmius gründete Lull, der als Mainzer Erzbischof Nachfolger des hl. Bonifatius wurde, 769 ein Kloster, das wenige Jahre später zur Reichsabtei aufstieg. Lull ließ aus Fritzlar, einer Gründung des Bonifatius, die Gebeine des ersten Abtes Wigbert herbeiholen, um Hersfeld einen besonderen Fürsprecher zu verschaffen. Nach seinem Tod begannen die Mönche aber auch, ihn als Heiligen zu verehren. Daher hatten die Jakobs-Pilger hier gleich doppelten Anlass, das Kloster zu besuchen. In der Reformation aufgelöst und im Siebenjährigen Krieg abgebrannt, bietet sich die Abteikirche des 11. Jh. mit einer Länge von 103 Metern heute als wohl eindrucksvollste Kirchenruine des Landes dar. Auf die große Zeit des Pilgerwesens verweist allein noch die gotische Hospitalkirche.

Die alte Heerstraße Hersfeld-Alsfeld, die die Pilger anschließend einschlugen, wurde auf halber Strecke durch die mächtige Burg Herzberg gesichert. **Alsfeld**, das nächste Etappenziel, war eine der wichtigsten Städte der Landgrafen von Hessen. Dies vermitteln noch heute die gotische, ehemals der hl. Walburga geweihte Stadtpfarrkirche mit ihrem hochragenden Chor sowie das Rathaus (1512–1516), das zu den schönsten hessischen Fachwerkbauten zählt. Von hier aus zogen die Pilger in Richtung Marburg.

Markant ragte schon bald ein mächtiger Basaltkegel aus der Ohmniederung auf – Bonifatius gründete 721 anstelle eines heidnischen Kultplatzes darauf ein Michaelskloster. Ab dem 12. Jh. ließ der Mainzer Erzbischof den Berg als Stützpunkt gegen die Landgrafen von Thüringen, später von Hessen mit einer Burg und Stadtmauern stark befestigen. Nach der völligen Zerstörung der **Amöneburg** im Dreißigjährigen Krieg erinnert fast nichts mehr an diese bedeutende Vergangenheit. Neben einer wundertätigen Quelle besteht auf halber Bergeshöhe eine Wallfahrtskapelle der hl. Maria Magdalena, die im 19. Jh. neu errichtet wurde. Nahe dem Dorf **Schröck** zogen die Pilger zum Elisabethbrunnen am Waldrand. Ende des 16. Jh. ließ Landgraf Ludwig der Ältere von Hessen-Marburg die Quelle, wo angeblich seine berühmte Vorfahrin, die hl. Elisabeth, in der Einsamkeit betete, mit einer prächtigen Säulenfront in Renaissanceformen schmücken. Leider sind die zugehörigen Figuren verschwunden. Oberhalb des Brunnens erhob sich bis zu ihrem Abbruch in der Reformation eine Kreuzkapelle. Derartig eingestimmt auf eine der berühmtesten Heiligen des deutschen Mittelalters gingen die Pilger über die Höhe nun direkt zu deren Grab in Marburg. Dort mündeten noch zwei weitere Pilgerstrecken von Minden über Paderborn und von Magdeburg über Halberstadt, Goslar und Göttingen ein.

Marburg

Zu Füßen einer ursprünglich bescheidenen Burg, der namensgebenden **Marburg**, und einer im 12. Jh. gegründeten gleichnamigen Stadt der Landgrafen von Thüringen stiftete 1228 Elisabeth (1207–1231), Witwe des auf dem Kreuzzug verstorbenen Landesherrn Ludwig IV., ein dem hl. Franziskus geweihtes Hospital. Als Tochter des ungarischen Königs Andreas II. und der deutschen Mutter Gertrud aus dem mächtigen Haus Andechs-Meranien kam sie schon mit vier Jahren als Verlobte des thüringischen Landgrafen an den prachtliebenden Eisenacher Hof. Nach ihrer Heirat 1221 wandte sie sich unter dem Einfluss ihres überstrengen Seelenführers, des Kreuzzugpredigers und Inquisitors Konrad von Marburg, radikal dem christlichen Armutsgedanken zu. Dies führte rasch zu großen Konflikten mit ihrer Rolle als Landesfürstin, die nach dem Tod ihres Mannes 1227 eskalierten. Verachtet und von ihrer angeheirateten Familie für verrückt erklärt, musste sie die Wartburg verlassen. Erst nachdem sich ihre Verwandten mütterlicherseits für sie eingesetzt hatten, bekam sie ihr Witwengeld ausbezahlt und konnte damit das Hospital in Marburg gründen. Schon nach kurzer Zeit hatte Elisabeth sich durch ihr völlig asketisches Leben und die Anstrengungen der Kranken- und Armenpflege so verausgabt, dass sie mit nur 24 Jahren starb. Unmittelbar nach ihrem Tod setzte eine große Verehrung ein. Rasch wurde von Konrad von Marburg, der aber 1233 aufgrund seiner Grausamkeit als Inquisitor erschlagen worden war, und dem 1234 in den Deutschen Orden eingetretenen Schwager Elisabeths, Konrad von Thüringen, ihre Heiligsprechung vorangetrieben. Bereits 1235 erfolgte die offizielle Bestätigung aus Rom, so dass im folgenden Jahr unter persönlicher Beteiligung Kaiser Friedrichs II. ihre Gebeine feierlich erhoben werden konnten.

Elisabethkirche

Konrad, der 1239 zum Hochmeister des Deutschen Ordens aufstieg, ließ zur Betreuung des Hospitals eine Niederlassung der Deutschherren gründen, die 1255 Sitz der Ballei Hessen wurde. Er begann 1235 mit dem Bau der Elisabethkirche, die neben der Trierer Liebfrauenkirche zu den frühesten Bauwerken gehört, die sehr direkt der nordfranzösischen Kathedralgotik folgen. Reims ist das unverkennbare Vorbild, das aber in Marburg mit dem Dreikonchenchor und dem Hallenlanghaus eine individuelle Abwandlung erfährt. Die imponierende Doppelturmfassade, die erst im frühen 14. Jh. vollendet wurde, ist vom Kölner Dombau inspi-

Im Querhaus der Marburger Elisabethkirche markiert ein Hochgrab samt Baldachin den einstigen Bestattungsort einer der größten Heiligen der Christenheit. Die Gebeine selbst befanden sich in einem spätromanischen Reliquienschrein, der ebenfalls noch in der Kirche erhalten ist.

riert. Wohl Mitte des 13. Jh. konnte dank reicher Pilgergaben der Elisabethschrein fertiggestellt werden, der dem Vorbild des Aachener Marienschreins folgt. Reliefs auf den Dachschrägen zeigen Szenen aus ihrem Leben, die sie zum Idealbild christlicher Nächstenliebe stilisieren. Auch das kostbare Elisabethfenster im Chor, das aus der gleichen Zeit stammt, zeigt die Heilige bei den Werken der Barmherzigkeit und in ihren entscheidenden Lebenssituationen. Im nördlichen Querhaus markiert der hohe gotische Baldachin über einem Hochgrab den ursprünglichen Bestattungsort, der von Pilgern verehrt wurde. Im gegenüberliegenden Querhaus warten zahlreiche Angehörige des

hessischen Landgrafenhauses, das Elisabeths willenstarke Tochter Sophie für ihren Sohn Heinrich I. gründete, auf die Auferstehung.

Beim Bau der Elisabethkirche ließ der Deutsche Orden das Franziskushospital etwas nach Süden verlegen. Nach der Aufhebung des Ordens 1809 nutzte die Universitätsklinik die Gebäude. Allein die Ruine der gotischen Hospitalgebäude erinnert inmitten des neugotischen Krankenhauses noch an das Werk Elisabeths. Gegenüber der Westfassade der Elisabethkirche führen Treppen hinauf zum Pilgerfriedhof, der mit seinen alten Gräbern und der frühgotischen Michaelskapelle noch sehr viel Atmosphäre bietet. Zu Füßen der Marburger Altstadt, die sich auf höchst malerische Weise den steilen Hang zum mittelalterlichen Landgrafenschloss emporzieht, befand sich ein weiteres Hospital. Inmitten der Vorstadt Weidenhausen, die sich östlich der Lahnbrücke erstreckt, lag das Jakobus-Spital, das vorrangig Pilger aufnahm und dessen Gebäude aus dem 14. Jh. 1570 einem Neubau weichen mussten. Die gotische St. Jost (Jodokus)-Kapelle erinnert an eine weitere Einrichtung für Pilger.

An Lahn und Mosel

Von Marburg aus bestanden für Jakobs-Pilger mehrere Wegvarianten: Sie konnten nach Süden über Giessen und die Wetterau nach Frankfurt am Main oder aber nach Westen über Siegen und Overath nach Köln gelangen. Aufgrund der Bequemlichkeit und der guten Versorgungsmöglichkeiten scheint aber die Strecke, die flussabwärts der Lahn folgte, am meisten begangen worden zu sein. Nach Marburg war **Wetzlar** das nächste Etappenziel. Unter Kaiser Friedrich I. Barbarossa stieg die Stadt in der zweiten Hälfte des 12. Jh. zur Reichsstadt auf und wurde durch die Reichsburg Kalsmunt gesichert. Mittelpunkt ist die Stifts- und Pfarrkirche St. Maria, der sog. Dom. Sie ist dank der langen Bauzeit geradezu ein kunsthistorisches Lehrbuch über alle Phasen der Gotik. Einen einmaligen Einblick in mittelalterliche Bautechnik gibt die unvollendete gotische Westfassade, die noch einen Teil des romanischen Westbaus umgibt. Das frühgotische Figurenportal am südlichen Langhaus geht eindeutig auf nordfranzösische Vorbilder zurück. Die vier um 1250 entstandenen Gewändefiguren stehen für die bedeutendsten Pilgerziele der damaligen Zeit: Petrus (Rom), Katharina (Sinai/Heiliges Land), Maria Magdalena (Vézelay) und Jakobus (Santiago). Letztere ist eine der ältesten deutschen Darstellungen dieses Heiligen (Kopie, Original im Innern). Auch am etwa einhundert

Mit leichtem Gepäck

Pilgertracht und -ausrüstung

Kleidung war, besonders im Mittelalter, sichtbares Zeichen der Zugehörigkeit zu einem Stand. Da Menschen auf Pilgerschaft für eine gewisse Zeit ihre bisherige Lebenswelt verließen, bildeten sie während dieser Phase einen eigenen Stand, der einer besonderen Tracht bedurfte. Sie entstand aus ganz praktischen Erwägungen für den langen Fußweg, war aber nicht nur ein Schutz gegen das Wetter, sondern signalisierte jedem, dass hier ein unbewaffneter Pilger kam, der nicht angegriffen werden durfte. Zudem war die Pilgerkleidung die Eintrittskarte zur kostenlosen Beherbergung in Spitälern, Klöstern und bei mildtätigen Privatpersonen. Zahlreiche Stiche, Gemälde und Figuren überliefern uns das Aussehen mittelalterlicher Pilger. Ein Filzhut mit breiter Krempe schützte zuverlässig vor Sonne und Regen. Hieran befestigten die Wallfahrer ihre Pilgerzeichen, die auf einen Blick erkennen ließen, wie viele und welche Gnadenorte sie schon besucht hatten. Die einfache Unterkleidung aus Hemd und Hose schützte die Pelerine: ein weiter, dicker Wollmantel, dessen Name noch seinen Ursprung vom französischen Wort für Pilger verrät. Nachts diente der Mantel als Decke, besonders, wenn im Freien oder in Scheunen übernachtet werden musste. Gute Schuhe waren ein „Muss" für jeden Pilger, da man zu Fuß unterwegs war – mancher nahm daher schon in weiser Voraussicht Ersatzsohlen mit. Während moderne Jakobspilger heute mit großen Rücksäcken ihre Reise antreten, hatten mittelalterliche Wallfahrer nur eine wasserdichte Umhängetasche aus Hirschleder, in der sie den Tagesproviant verstauten. Überlebenswichtig war vor allem die Trinkflasche, da es immer wieder längere Strecken ohne Quellen und Brunnen am Wegesrand gab. Am Gürtel hingen Löffel und Messer, im Gürtel war die Barschaft des Pilgers verborgen. Ein großer Holzstab, meist mit zwei Knäufen zum besseren Halt, diente als Stütze, aber auch zur Verteidigung gegen Hunde und Räuber.

Jahre später geschaffenen Südportal des hochgotischen Turmes, dessen Skulpturenschmuck erheblich aufwändiger geplant war, findet sich Jakobus mit Muschel, hier neben seinem Bruder Johannes. Beide Portale zeigen im Tympanon den Weltenrichter und ermahnen so die Gläubigen, rechtzeitig ihre Sündenlast zu vermindern, z.B. mit einer Wallfahrt. Über dem unvollendeten Westportal ist mit der Anbetung der Könige nochmals ein Hinweis auf den Pilgerverkehr zu finden. Im Inneren der Kirche zog das überlebensgroße Vesperbild (1370/80) dank seiner drastischen Darstellung des Leidens Christi und seiner Mutter die Gläubigen an. Es gehört zu den größten und ältesten Beispielen dieses in Mitteleuropa später so verbreiteten Andachtsbildes. Etwas oberhalb der Stiftskirche bot der im späten 13. Jh. von Marburg aus gegründete Deutschordenshof Unterkunft. Er fand Eingang in die Weltliteratur, da Goethe, damals Praktikant am Reichskammergericht, hier 1772 Charlotte Buff begegnete, dies in „Die Leiden des jungen Werther" literarisch verarbeitete und damit seinen Durchbruch schaffte. Über die mittelalterliche Lahnbrücke gelangten die Pilger zum Heilig-Geist-Hospital, ursprünglich auf einer Insel im Fluss gelegen. Die ev.-luth. Rokoko-Kirche hält noch die Erinnerung daran wach.

Wenige Kilometer flussabwärts erhebt sich hoch über der Lahn das Prämonstratenser-Chorfrauenstift **Altenberg**, wo nicht nur das Hospital am Fuß des Berges, sondern die bedeutenden Reliquien der frühgotischen Kirche die Pilger anzogen. Gertrud, die Tochter der hl. Elisabeth von Thüringen, wurde auf Veranlassung des „Seelenführers" ihrer Mutter, Konrad von Marburg, 1229 mit anderthalb Jahren hierher gebracht, da Elisabeth gelobt hatte, ihr drittes Kind Gott zu weihen, nachdem sie während der Schwangerschaft vom Tod ihrer Mannes erfahren hatte. Während ihrer späteren Regierungszeit als Äbtissin (1248–1297) erwies sich Gertrud ihrer Mutter als würdig. Zudem war sie als lebende Tochter einer Heiligen insbesondere für die von Marburg kommenden Pilger eine besondere Attraktion. Daher wurde Gertrud nach ihrem Tod als Selige verehrt, ihr Haupt in einem Reliquiar gefasst und ihre Gebeine in das noch erhaltene Hochgrab vor dem Hochaltar übertragen. In der ersten Hälfte des 14. Jh. entstanden, gehört es dank seiner großen Qualität zu den schönsten deutschen Heiligengräbern. Gertrud sorgte dafür, dass ihr Kloster nach Marburg zur zweiten großen Verehrungsstätte ihrer Mutter wurde. Sie beschaffte mehrere Reliquien durchaus persönlicher Prägung (Armknochen, Trauring, Unter- und Hochzeitskleid, Spiegel, silberne Kanne, Tisch, Stuhl sowie zwei von ihr gewebte Mäntel). Zu Lebzeiten Gertruds stickten die Nonnen eine Altardecke mit dem Leben Elisabeths und ihres Mannes Ludwig. Wenn sie nicht auf dem Hochaltar für die Pilger aufgestellt waren, verwahrten die Nonnen die

► Das französisch beeinflusste Südportal der Wetzlarer Marienstiftskirche zeigt vier Heilige, die für die berühmtesten Wallfahrtsorte des Mittelalters stehen, darunter links den hl. Jakobus.

Heiltümer im 1330/40 entstandenen Reliquienaltar auf ihrer Empore. Während der Altarschrein heute im Schloss Braunfels aufbewahrt wird, gelangten die bemalten Flügel ins Städel nach Frankfurt am Main. Dank seiner Reichsfreiheit bestand das im späten 12. Jh. gegründete Frauenkloster bis zur Auflösung 1803.

Zwischen Wetzlar und Limburg war **Weilburg** ein Etappenziel. Die hoch auf einem Felsen gelegene Stadt vermittelt heutigen Besuchern noch das geschlossene Bild einer kleinen, durch Renaissance und Barock geprägten Residenz, wie sie für das Alte Reich so typisch war, aber selten erhalten blieb. Die Pilger des Mittelalters zog jedoch das zu Beginn des 10. Jh. von König Konrad I. gegründete Kanonikerstift an, dessen Kirche der hl. Walburga geweiht war. Der prominente Stifter, der von seiner Frankfurter Pfalz aus Weilburg oft besuchte, sorgte für einen hochkarätigen Heiltumsschatz – ein Verzeichnis von 1519 nennt 300 Reliquien, darunter Kuriositäten wie Manna oder Erde, aus der Gott Adam geformt hatte. Am wichtigsten waren allerdings Teile des Kreuzes, der Krippe und des Abendmahlstisches sowie das Beschneidungsmesser Christi. Auch die Gottesmutter war mit ihrem Verlobungsring, einigen Haaren, ihrer Milch sowie zahlreichen Stoffresten ihrer Kleidung gut vertreten. Selbst für Jakobspilger war gut gesorgt, da Reliquien des Heiligen vorhanden waren. Während das Stift in der Reformation aufgelöst und die kostbaren Reliquiare eingeschmolzen wur-den, verschwand die gotische Stiftskirche erst im frühen 18. Jh. zugunsten der imposanten evangelischen Schlosskirche. In Weilburg verließen die Pilger die Lahn, um einen weiten Bogen des Flusses abzukürzen und auf direktem Weg nach Dietkirchen zu gelangen. Unterwegs bot zwischen Beselich und **Niedertiefenbach** ein vor 1163 von Arnstein aus gegründetes Prämonstratenser-Chorfrauenstift eine willkommene Zwischenstation. Die Kapelle des zugehörigen Hospitals war dem Pilger-Heiligen Ägidius geweiht. Nach Auflösung in der Reformation bestand die Anlage

► Nahe Wetzlar hat sich in der Kirche des ehemaligen Prämonstratenser-Chorfrauenstifts Altenberg das Hochgrab der als Selige verehrten Meisterin Gertrud, Tochter der hl. Elisabeth, erhalten.

noch einige Zeit als Landeshospital weiter, doch sind nur noch geringe mittelalterliche Reste sowie eine barocke Wallfahrtskapelle vorhanden.

Ganz anders ist der Eindruck in **Dietkirchen**. Dort thront die romanische Kanonikerstiftskirche St. Lubentius und Juliana noch immer auf einem Felsen über der Lahn. Anstelle eines heidnischen Kultortes errichtet, war das in karolingischer Zeit entstandene Stift Mutterkirche des gesamten Lahngaus und Sitz des Archidiakons des rechtsrheinischen Teils der Erzdiözese Trier. Vermutlich 841 erhielt Dietkirchen die Gebeine des Bekenners und Priesters Lubentius, eines Schülers des Trierer Bischofs Maximin, der im späten 4. Jh. in Kobern wirkte. Der mittelalterlichen Legende nach ließ sich sein Leichnam nicht von der Stelle bewegen, als er bestattet werden sollte. Die Erzbischöfe von Köln und Trier, die durch dieses Ereignis herbei gerufen wurden, beschlossen, den Toten auf ein Schiff zu legen, das von Engeln moselab- und lahnaufwärts schließlich bis nach Dietkirchen gelenkt wurde. Der aus Trierer Sandstein gearbeitete Sarkophag des Heiligen und sein Büstenreliquiar sind Zeugnisse des Heiligenkultes. Der eindrucksvolle Kopf, der oben aufklappbar ist, um den Pilgern einen Blick auf den Schädel zu ermöglichen, entstand schon im 13. Jh., während die reich mit Edelsteinen besetzte Büste laut Inschrift 1477 ein Dietkirchener Kanoniker stiftete. Ursprünglich ruhten die Gebeine im Hochaltar und konnten dank des noch erhaltenen Ganges hinter dem Chor verehrend umrundet werden.

War der Anblick von Dietkirchen schon imposant, so sollte dieser Eindruck nur wenige Kilometer entfernt in **Limburg** noch gewaltig gesteigert werden. Auch dort erhebt sich das 910 innerhalb einer Burg durch Graf Konrad Kurzbold errichtete Stift auf einem Felsen über der Lahn. Der heutige Bau, erst seit 1827

▲ In einmalig schöner Lage hoch über der Lahn thront in Dietkirchen die romanische Stiftskirche, die noch das Reliquiar des hl. Lubentius birgt, das einst die Pilger anzog.

Der Limburger Dom, im Mittelalter nur eine Stiftskirche, beeindruckt bis heute durch seine einmalige Mischung romanischer Bauformen des Rheinlandes mit Einflüssen nordfranzösischer Kathedralgotik.

Kathedrale eines Bischofs, entstand vom späten 12. Jh. bis zur Weihe 1235. Auf einzigartige Weise vereinten die Baumeister das Vorbild nordfranzösischer gotischer Kathedralen, vor allem Laon, mit der reichen spätromanischen Baukunst des Rheinlandes. Mit ihrer Vieltürmigkeit und der 1970/73 rekonstruierten Außenfarbigkeit erlebten mittelalterliche Pilger die einmalig schön gelegene Kirche als Idealbild einer Gottesburg und Himmelsstadt. Auch das Innere versetzt dank der erhaltenen originalen Farbfassung und der überraschend steilen Proportionen noch heute Besucher in eine „himmlische" Sphäre. Am Nikolausaltar vor dem Lettner konnten die Pilger um eine gute Weiterreise bitten. Kostenlose Unterkunft fand sich in der zu Füßen des Stiftsberges liegenden Stadt, die ihre mittelalterliche Blüte mehreren sich hier kreuzenden Fernstraßen verdankte. Über die in der ersten Hälfte des 14. Jh. in Stein erneuerte Lahnbrücke zog die von Frankfurt am Main nach Köln führende Straße. Pilger konnten im erhaltenen Wilhemitenkloster und dem Stadthof der Zisterzienserabtei Eberbach oder in den Spitälern unterkommen.

Auch die nahe Stadt **Diez**, die von den Bauten der Nassauer Grafenburg und der gotischen Stiftskirche bestimmt wird, bot sich als Etappenziel an. Denn anstelle des Barockschlosses Oranienstein erhob sich im Mittelalter die Benediktinerinnenabtei Dierstein. Ebenfalls auf Felsen über der Lahn liegend bildeten die Benediktinerinnenabtei **Brunnenburg** und das benachbarte Prämonstratenser-Chorherrenstift **Arnstein** die wichtigsten Zwischenstationen für Pilger auf der Strecke zwischen Limburg und Koblenz. Während das im frühen 13. Jh. gegründete Frauenkloster sich heute als malerische Ruine präsentiert, ragt Arnsteins viertürmige, doppelchörige Basilika machtvoll über dem Fluss auf. 1139 übergab der kinderlose Graf Ludwig III. von Arnstein zusammen mit seiner Frau Guda seine Burg an den jungen Reformorden der Prämonstratenser zur Gründung einer Niederlassung. Beide traten zudem ein, Guda als Inklusin, Ludwig als Laienbruder. Der Graf stiftete mindestens vier weitere Klöster des Ordens in Rheinhessen und der Pfalz, die an wichtigen Pilgerstrecken liegen. Seit 1919 wieder als Kloster genutzt, haben sich neben der Maria und Nikolaus geweihten Kirche aus der zweiten Hälfte des 12. Jh. noch einige Reste der mittelalterlichen Klosteranlage erhalten. Im Vorhof finden sich die Ruinen der Magdalenenkapelle, an die das Hospital angeschlossen war.

Der hochadelige Gründer sorgte dank seiner weitreichenden Verbindungen für einen bedeutenden Reliquienschatz, der jeden Pilger beeindruckte. Verehrt werden konnten hier ein Zahn des Apostels Andreas, ein Schulterblatt des Pestpatrons und Märtyrers Sebastian, in dem noch effektvoll eine Pfeilspitze steckte, eine Reliquie des ersten Märtyrers Stephanus sowie ein Kreuzpartikel. Den Gürtel der hl. Elisabeth von Thüringen erhielt Arnstein von ihrem Seelenführer Konrad von Marburg. Am eindrucksvollsten ist aber die allein noch erhaltene Schädeldecke des hl. Märtyrers Fabian. Sie ist mit Silberblech ausgekleidet sowie mit Griff und Ausguss versehen, da noch bis ins frühe 20. Jh. hinein am Festtag des Heiligen den Gläubigen aus ihr der Abendmahlswein gereicht wurde. Damit sollte das Heil unmittelbar auf die Pilger übergehen. Die Pfarrkirche des Stiftes, heute eine Ruine zu Füßen Arnsteins, besaß Reliquien von Antonius dem Einsiedler, dem als Patron gegen die Mutterkornvergiftung besondere Bedeutung zukam und dessen Grab zwischen Lyon und Vienne von Jakobspilgern ebenfalls besucht wurde.

▲ Die Lage des Prämonstratenser-Chorherrenstifts Arnstein hoch über der Lahn erinnert daran, dass das Kloster aus einer Burg entstanden ist.

Derartig gestärkt zogen die Pilger über Nassau, Dausenau und Ems nach **Lahnstein**, wo die Lahn in den Rhein mündet. Im Ortsteil Oberlahnstein, der wegen seines Silbervorkommens durch die Burgen Lahneck und Martinsburg als nördlichster Vorposten der Mainzer Erzbischöfe gesichert wurde, erinnert die Jakobus-Kapelle des 1330 erstmals erwähnten Hospitals an die hier durchziehenden Pilger. Der Bau des frühen 14. Jh. konnte dank des Engagements eines Förderkreises 1984 wiederhergestellt werden. Bei Ausgrabungen fand sich innerhalb der Kapelle eine Bestattung des 15./16. Jh., die aufgrund zweier beigegebener Jakobsmuscheln als einstiger Santiago-Pilger identifiziert werden konnte. 1480 entstand in Oberlahnstein eine Elenden-Bruderschaft, deren Mitglieder sich neben ihrem eigenen Seelenheil um Pilger und Reisende kümmerten.

Von hier aus konnten die Pilger entweder dem Rhein entlang über Koblenz nach Köln oder nach Süden folgen. Eine weitere mögliche Variante folgte annähernd der Mosel nach Trier, wobei aufgrund der extremen Schleifenbildung des Flusses wohl mehrere Abkürzungen über die Höhen und parallelen Täler eingeschlagen wurden. Nach dem Übersetzen von Oberlahnstein über den Rhein machten die Pilger entweder in Koblenz Station oder zogen hinauf zum 1131 gegründeten Prämonstratenser-Chorfrauenstift **Mariaroth**, um rasch das Moseltal bei Gondorf zu erreichen. Schon im benachbarten **Kobern** gab es wieder hochkarätige Pilger-Attraktionen: Unterhalb der Niederburg erinnern der allein erhaltene romanische Kirchturm von St. Lubentius und ein Armreliquiar an die Wirkungsstätte des schon in Dietkirchen besuchten Heiligen. Im Ort selbst wurde Pilgern die sogenannte Rizzenkammer als Teil des Hofes der Koblenzer Stadtpatronin Rizza gezeigt, Tochter Kaiser Ludwigs des Frommen. Die spätgotische Dreikönigskapelle bot Gelegenheit, diese Reisepatrone zu verehren. In den Ruinen der Oberburg barg der erhaltene frühgotische

Zentralbau der Burgkapelle, eine der schönsten und ungewöhnlichsten Sakralbauten des Rheinlandes, als überregionale Pilgerattraktion das Haupt des Apostels Matthias. Vielleicht brachte es der Burgherr Heinrich II. von Isenburg-Kobern im frühen 13. Jh. vom 4. Kreuzzug mit. Im 15. Jh. erwarb es der Trierer Erzbischof, um mit der Abtei St. Matthias zu konkurrieren, die seit dem 12. Jh. behauptete, im Besitz der Apostelgebeine zu sein.

Durch die fruchtbare Hochebene des Maifeldes zogen die Pilger vermutlich über das Augustiner-Chorherrenstift **Lonnig**, dessen Kirche einst ein romanischer Rundbau nach dem Vorbild der Grabeskirche war, nach **Münstermaifeld**. Dort ragt beherrschend die spätromanisch-frühgotische Stiftskirche St. Martin und Severus mit ihrem zinnenbewehrten Westbau auf. Vielleicht schon Ende des 6. Jh. als Urpfarrei gegründet, wurde das Stift 950/52 zu einem bedeutenden Wallfahrtsort, nachdem der Trierer Erzbischof Robert die bei einem Italienfeldzug erbeuteten Reliquien des hl. Severus hierher brachte. Auf den Pilgerbetrieb verweist das über acht Meter hohe Wandbild des hl. Christophorus, dessen Inschrift auf den Glauben Bezug nimmt, dass der Anblick vor einem unvorbereiteten Tod schützen könne. Ende des 13. Jh. entstanden, gehört es neben dem Christophorus im Wormser Dom zu dessen ältesten und größten Darstellungen in Deutschland. Zunächst fanden die Pilger im Stiftshospital Aufnahme, und nachdem Münstermaifeld im frühen 14. Jh. zur Trierer Oberamtsstadt erhoben worden war, entstand zusätzlich das noch erhaltene Heilig-Geist-Hospital nahe des westlichen Stadttores.

Anschließend führte der Weg wieder in das Moseltal nach **Karden**. Dort entstand aus der frühchristlichen Wirkungsstätte des Priesters Kastor ein Stift. Bis heute haben sich nicht nur die im späten 12. und frühen 13. Jh. errichtete Stiftskirche, sondern auch der 1238 entstandene Wohntrakt sowie das spätromanische Haus des Propstes aus der großen Zeit Kardens erhalten. Von besonderer Schönheit und Kostbarkeit ist auch der Hochaltar aus gebranntem Ton (1410/20), der mit der Anbetung der Könige diese Pilgerpatrone präsentiert. Entlang der Mosel wartete im Augustiner-Chorfrauenstift **Stuben**, heute eine malerische Ruine zwischen Flussufer und Weinbergen, eine besondere Kostbarkeit auf die Pilger. Heinrich von Ulmen schenkte 1208 das vier Jahre zuvor auf dem 4. Kreuzzug aus der Palastkapelle in Konstantinopel erbeutete byzantinische Kreuzreliquiar (Staurothek) seiner Schwester, die in Stuben Äbtissin war. Heute kann es im Limburger Domschatz bewundert werden. Im auf der anderen Moselseite gelegenen Dorf **Bremm** befand sich in der Pfarrkirche bis 1895 ein Jakobus-Altar des frühen 17. Jh., der damals an das Bonner Landesmuseum verkauft wurde. Das Steinretabel zeigt die ikonographisch ungewöhnliche Darstellung von Jakobus, der die Menschheit schützend unter seinen Mantel nimmt.

▲ Bei der Plünderung Konstantinopels durch den 4. Kreuzzug 1204 erbeutete Ritter Heinrich von Ulmen ein kostbares Kreuzreliquiar und schenkte es mitsamt seiner byzantinischen Einfassung seiner Schwester, die Äbtissin in Stuben an der Mosel war (heute Diözesanmuseum Limburg an der Lahn).

Unweit des Augustiner-Chorfrauenstiftes **Marienburg**, das beherrschend auf einem schmalen, von der Mosel umflossenen Bergrücken lag, bogen die Pilger bei Alf in das Alfbachtal in Richtung Wittlich ab, um etwas abzukürzen. Nach wenigen Kilometern erreichten sie das Augustiner-Chorherrenstift **Springiersbach**. Um 1110 entstand es als bedeutendes Zentrum der Kanonikerreform. Mit Ausnahme des wiederhergestellten romanischen Kapitelsaales erinnert im barocken Baubestand nichts mehr an diese große Blütezeit. Für Pilger waren die Gebeine des hl. Abrunculus von Interesse. Kurz vor der Mitte des 15. Jh. entstand in **Klausen** nahe Piesport der bedeutendste Marienwallfahrtsort der Erzdiözese Trier, hervorgegangen aus einem Bildstock, den ein einfacher Tagelöhner hier aufgestellt hatte. Da er sich später als Einsiedler an diesem Ort niederließ, entstand daraus der Name.

◄ Wie ein steinernes Reliquiar wirkt die spätromanische Kapelle der Oberburg in Kobern an der Mosel. Einst barg sie das Haupt des Apostels Matthias.

► Im Süden des Trierer Stadtgebiets erhebt sich die Benediktinerabtei St. Matthias, bis heute ein Wallfahrtsort zu den Gebeinen dieses Apostels, die die Mönche im 12. Jh. hier zufällig „entdeckten".

Von 1451 an bis zur Auflösung 1802 betreuten Augustiner-Chorherren der Windesheimer Kongregation, einer spätmittelalterlichen Reformbewegung, die aufstrebende Wallfahrt. Die ungewöhnlich große und prächtige spätgotische Kirche, die aus den reichen Gaben rasch errichtet werden konnte, ist noch heute Ziel vieler Wallfahrer. Der große Antwerpener Schnitzaltar, den um 1480 der aus Brabant stammende damalige Prior in seiner Heimat bestellte, blieb als wertvollstes Ausstattungsstück erhalten. Von hier aus zogen die Pilger nun über Schweich weiter ins Moseltal hinab, um schon bald mit Trier ein weiteres wichtiges Wallfahrtsziel zu erreichen.

Trier – Zum Grab des Apostels Matthias

Vorbei an **Pfalzel** mit dem Grab der hl. Adula, die um 700 in einem römischen Palast ein Nonnenkloster gegründet hatte, und **Biewer** mit seiner neuromanischen Jakobskirche nebst -brunnen und Jodokus-Spital, wo der Jakobsweg von Köln einmündete, gelangten die Wallfahrer über die Römerbrücke hinüber in die Stadt. **Trier** bot ihnen im Hinblick auf Reliquien Einzigartiges. Größter Anziehungspunkt war der Dombezirk mit seiner einmaligen Doppelkirchenanlage aus spätrömisch-romanischem Dom, der im Kern noch aus der Bischofskirche des 4. Jh. besteht, und frühgotischer Frauenkirche. Die am Dom noch deutlich sichtbaren Mauern eines antiken Ziegelbaus galten im Mittelalter als Haus der hl. Helena, der Mutter Konstantins des Großen. Sie hatte ihren Sohn zum Christentum bekehrt und ihren Palast in Trier in eine Kirche umgewandelt. Der Legende nach war Helena als erste große Pilgerin nach Jerusalem gewallfahrt und hatte dort das Kreuz Christi und dessen Tunika gefunden. Letztere brachte sie angeblich in die damalige Kaiserresidenz Trier. Doch erst im frühen 16. Jh., auf dem Höhepunkt des europäischen Wallfahrtswesens, begann auf Wunsch Kaiser Maximilians I. die öffentliche Zeigung des Heiligen Rocks. Bis heute ist er Ziel einer großen Wallfahrt, während die Überreste des Heiltumsschatzes der Kathedrale in der Domschatzkammer nur noch musealen Charakter haben. Die Klöster der erzbischöflichen Stadt überboten sich im Spätmittelalter mit ihren Reliquienschätzen gegenseitig. St. Paulin und St. Maximin erklärten die Gräber rund um ihre Titelheiligen zu jenen von Märtyrern. Die Porta Nigra, heute touristische Hauptsehenswürdigkeit, blieb nur dank der Umwandlung zur Kirche über dem Grab des hl. Einsiedlers Simeon erhalten. Doch alle übertraf die Abtei St. Matthias im südlichen Vorfeld der Stadt. Verehrten Pilger hier bisher die Gebeine der ersten beiden frühchristlichen Trierer Bischöfe Eucharius und Valerius, so versuchten die Mönche 1127 mit dem „Fund" der Überreste des Apostels Matthias ihr Kloster in die vorderste Reihe der Pilgerziele zu katapultieren. Denn hiermit besaß die Abtei plötzlich ein Apostelgrab und befand sich dadurch auf Augenhöhe mit Rom, Venedig und Santiago. Ähnlich wie in Santiago muss die Frage nach der historischen Echtheit nicht gestellt werden, zumal der Reliquienfund genau in die erste Blütezeit der Jakobus-Wallfahrt fällt, an deren (auch kommerziellem) Erfolg man teilhaben wollte. Im lokalen Rahmen blüht die Wallfahrt bis heute. Im späten 12. Jh. besaß Trier schon ein Jakobus-Hospital, das später von einer vornehmen Bruderschaft betreut wurde. Bei den vielen Klöstern bestand darüber hinaus ein großes Angebot an kostenlosen Unterkünften.

Von der Mosel bis in die Pyrenäen

Von Trier bis Metz

Von der Abtei St. Matthias in **Trier** folgten die Pilger der Römerstraße Trier-Metz, die weitgehend neben der Mosel verläuft, über Karthaus nach Perl. Im heute französischen **Cattenom** bestand nach Trier wieder eine Unterkunftsmöglichkeit – in der Deutschordenskomturei, die hier von Metz aus im frühen 14. Jh. anstelle einer Niederlassung der Templer gegründet worden war. Ein ungewöhnlicher romanischer Chorturm und ein gotisches Haus sind als Reste nach dem Abbruch im 19. Jh. erhalten geblieben. Auch in Thionville, das dank der durch Karl den Großen errichteten Pfalz schon früh gewisse Bedeutung besaß, gab es ein Unterkommen.

Auf der weiteren Strecke nach Metz war im Seitental der Orne das in der Französischen Revolution zerstörte Prämonstratenser-Chorherrenstift **Justemont** sicherlich auch aus diesem Grund Etappenziel, zumal

▼ Dank ihrer riesigen, größtenteils noch mittelalterlich verglasten Fenster wurde die Kathedrale von Metz auch „Laterne Gottes" genannt.

es zudem ein gotisches Gnadenbild Mariens besaß, das heute in der Kirche im nahen Vitry-sur-Orne steht. Auch am jenseitigen Moselufer fanden Pilger Aufnahme: in der Johanniterkomturei Bousse, deren schöne gotische Kirche erhalten blieb. In **Ennery** beeindruckt am Ortseingang bis heute ein 1469 errichtetes, von einem aufwendigen steinernen Baldachin geschütztes Feldkreuz, das die vorbeiziehenden Pilger zum Gebet für den Stifter motivieren sollte.

Im Spätmittelalter verleitete die damals mächtig aufblühende und von den lothringischen Herzögen geförderte Wallfahrt zur hl. Barbara manchen Pilger auf dem Weg nach Metz zu einem kleinen Umweg über **Sainte-Barbe**. 1516 wurde hier ein ambitionierter Neubau begonnen, der kostbar ausgestattet war – leider ließ die Französische Revolution nur einen Torso zurück. Wer den Abstecher zur hl. Barbara gewählt hatte, kam auch über Vigy, dessen Kapelle Notre-Dame de Rabas angeblich bereits durch Karl den Große erbaut worden sein soll. 1049 soll hier Papst Leo IX. einen Neubau geweiht haben. Grund für diese prominenten Namen war die älteste Marienwallfahrt im Umkreis von Metz, die hier bestand.

Metz war von der Kelten- über die Römerzeit bis ins späte Mittelalter die mit Abstand wichtigste Stadt Lothringens. Eindrucksvoll erhebt sich auf einem Plateau über dem Zusammenfluss von Mosel und Seille

Alle Wege führen nach Santiago

Pilgerrouten und Pilgerführer

Pilger gingen ihrem Ziel nicht auf eigens angelegten Wegen entgegen, wie es die heute markierten Jakobswege suggerieren. Vielmehr nutzten sie die schon vorhandenen Handelsstraßen mit ihrer guten Infrastruktur. Wer nach Santiago ziehen wollte, musste vor Reiseantritt zumindest eine grobe Vorstellung vom Verlauf der Route gewinnen. Zwar stammt der älteste erhaltene Pilgerführer, der *liber sancti jacobi*, schon aus der ersten Hälfte des 12. Jh. Doch nennt er nur in groben Zügen die vier französischen Hauptstrecken und die Strecke durch Nordspanien. Erst aus dem Spätmittelalter liegen uns einige Reisenotizen vor, die jedoch eher persönlicher Natur und nicht zur allgemeinen Verbreitung gedacht waren. Da sie von Adeligen und Fernkaufleuten verfasst wurden, zeigt sich bei ihnen die Verquickung der Wallfahrt mit anderen Interessen wie Handelsbeziehungen, Kavalierstour oder diplomatischer Mission.

Erst der Bericht des Hermann Künig von Vach, der 1495 erstmals im Druck erschien und noch mehrfach aufgelegt wurde, entspricht dem, was wir ansatzweise von einem Pilgerführer erwarten würden. Hermann war Mönch im Servitenkloster in Vacha an der Werra. Sein Werk beschreibt zwei unterschiedliche Routen (Ober- und Niederstraße) für den Hinweg, der im Marienwallfahrtsort Einsiedeln beginnt, und für den Rückweg, der im Marienwallfahrtsort Aachen endet. Er listet vor allem die Etappenorte auf dieser Strecke samt Entfernungsangaben auf. Zudem liefert er stellenweise weitere praktische Informationen wie gute Wirte und Hospitäler, Geldwechselmöglichkeiten oder bedeutende Reliquien. Abgesehen von diesem Werk macht das offensichtliche Fehlen schriftlicher Pilgerführer deutlich, dass die Vorbereitung einer Fernwallfahrt vor allem durch persönlichen Austausch mit zurückgekehrten Pilgern möglich war. Von ihnen erhielten potentielle Wallfahrer die ersten groben Informationen. Ganz wichtig war der Informationsaustausch unterwegs in den Pilgerhospitälern. Denn hier konnten die Hin- von den Rückreisenden die notwendigen Dinge für die nächsten Tage erfahren wie z. B. wo ist die nächste kostenlose oder vertrauenswürdige Unterkunft, wo unterwegs saubere Quellen oder Brunnen, wo lauern eventuell Räuberbanden, wo findet gerade eine militärische Auseinandersetzung oder Adelsfehde statt, wo sind Brücken und wo die nächsten Reliquienschätze oder Heiligengräber. Diese Informationen hatten den großen Vorteil, dass sie aktuell waren. Unterwegs schlossen sich Pilger oft zu Gruppen zusammen, was nicht nur die Sicherheit erhöhte – manchmal war auch einer darunter, der schon einmal nach Santiago gereist war und sich auskannte. Wer auf Nummer sicher gehen wollte, heuerte gleich in der Heimat einen Pilgerführer an, der als bezahlter Begleiter schon alles notwendige Wissen für die große Reise zum hl. Jakobus besaß.

Die heutige Rekonstruktion der europäischen Jakobswege kann sich nicht allein nur nach erhaltenen schriftlichen Reisenotizen mittelalterlicher Pilger richten, da die Angaben oft zu dürftig sind. Vielmehr dienen Indizien wie der Verlauf mittelalterlicher Fernstraßen, nachgewiesene Pilgerherbergen, Bruderschaften oder Patrozinien von Kirchen und Altären wie Jakobus und andere typische Pilgerheilige sowie Klöster und Wallfahrtsorte dazu, den Verlauf der Pilgerwege wieder herauszuarbeiten.

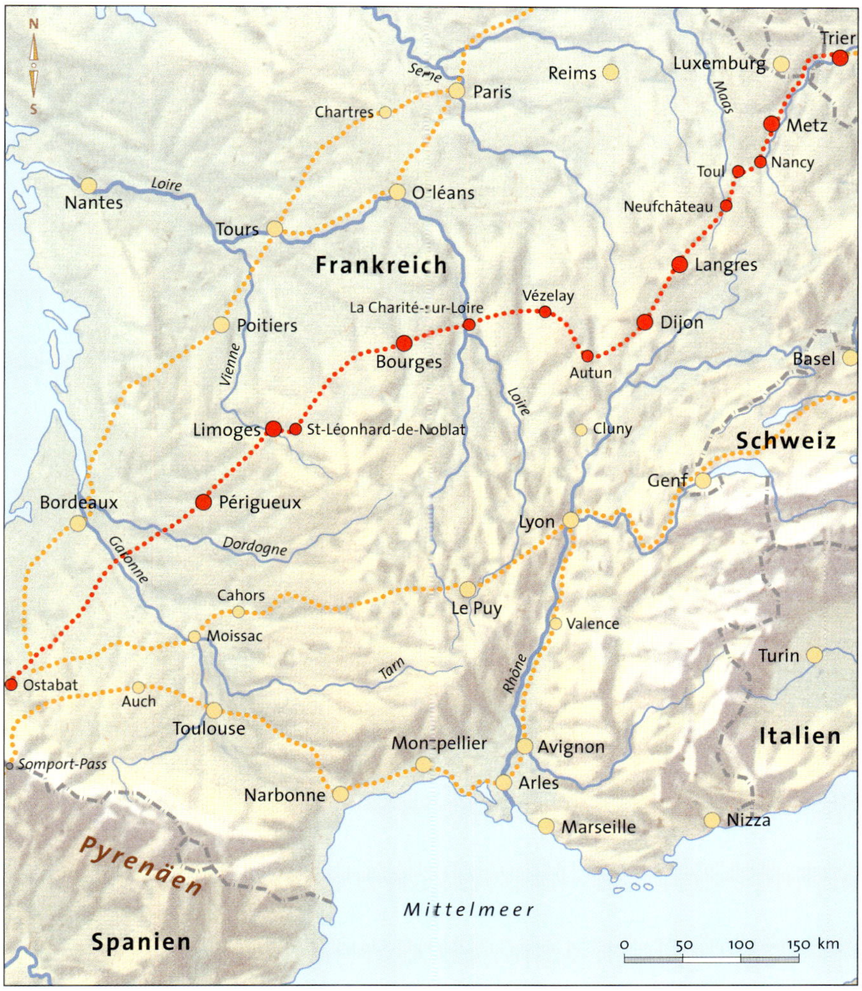

die überraschend großflächige Altstadt, überragt von der gotischen Kathedrale. Neben Köln war Metz die größte Stadt des Hochmittelalters im Deutschen Reich und besaß fast ebenso viele Kirchen und Klöster wie jenes, von denen aber nur ein Bruchteil erhalten blieb. Unmittelbar vor der gewaltigen Stadtmauer, von der allein noch die wehrhafte Porte des Allemands aufrecht steht, lag mit der Abtei Saint-Arnulfe ein wichtiges Pilgerziel. Hier befand sich das Grab des hl. Arnulf, des Stammvaters der Karolinger. Dank der Förderung durch diese Familie besaß das Benediktinerkloster einen bedeutenden Reliquienschatz. Nachdem Metz 1552 an Frankreich gefallen war, wurde die Abtei allerdings zugunsten eines freien Schussfeldes geopfert.

In den Kirchen der Stadt und in der Kathedrale befanden sich die Grabstätten Metzer Märtyrer, fränkischer Heiliger und verehrter Bischöfe der Frühzeit, doch blieb kein Heiligengrab bis heute erhalten. Die Kathedrale St-Etienne, an der von 1220 an dreihundert Jahre lang gebaut wurde, wird auch den weitgereisten Pilger noch in Erstaunen versetzt haben. Denn der aus goldgelben Sandsteinen errichtete Bau vereinte zwei Kirchen in einer – der quergerichtete Westteil diente als separate Marienstiftskirche. Wer das Innere betritt, den überraschen die selbst für gotische Verhältnisse ungewöhnlich steilen Proportionen. Nachdem die Französische Revolution von der Innenausstattung nichts übrig ließ, kommen die wunderbaren gotischen Glasmalereien in den riesigen Fenstern umso mehr zur Geltung, immerhin der größte erhaltene mittelalterliche Glasfensterbestand überhaupt. Der Jakobsplatz unweit der Kathedrale erinnert an das dem Heiligen geweihte Hospital samt Kapelle.

Unter den zahlreichen Unterkunftsmöglichkeiten blieb allein das große Nikolaus-Hospital bestehen, und auch von den Niederlassungen der um Pilger bemühten Ritterorden gibt nur noch die romanische Templerkapelle Zeugnis. Ihre achteckige Gestalt verweist auf den Felsendom in Jerusalem, den man damals für den Tempel Salomos hielt. Vorbei an der auf einer Moselinsel gelegenen Benediktinerabtei St-Vincent, deren große gotische Basilika noch besteht, überquerten die Pilger den Fluss und folgten nun dem jenseitigen Moselufer weiter nach Süden.

Durch Lothringen nach Dijon

Welche Erklärung man den Wallfahrern in **Ars-sur-Moselle** gab, wenn sie sich über die gewaltigen Bögen des römischen Aquädukts nach Metz wunderten, ist nicht bekannt. Die zu beiden Seiten des Flusses noch aufrecht stehenden Pfeiler und Bögen gehören nach dem Pont du Gard in der Provence zum bedeutendsten, was römische Ingenieurkunst in Frankreich hinterlassen hat. Nächstes Etappenziel in Richtung Nancy war **Gorze**, wo der bedeutendste Metzer Bischof, Chrodegang, 749 eine Benediktinerabtei gründete. Als Schutzheiligen gab er den Mönchen die Gebeine des hl. Gorgonius mit. Im 10. Jh. entwickelte sich das Kloster, parallel zu Cluny, zum Vorreiter einer monastischen Reformbewegung, während es im Hochmittelalter sogar zur gefürsteten Reichsabtei aufstieg und ein selbstständiger Klosterstaat war. Umso tiefer war der Verfall im Spätmittelalter, bis die Abtei Anfang des 17. Jh. abgerissen wurde. Nur noch die frühgotische Pfarrkirche des Klosterdorfes und der barocke Abtspalast blieben als schwacher Abglanz der reichen Geschichte erhalten.

Vorbei an der mächtigen Burg der lothringischen Herzöge in Prény gelangten die Pilger nach **Pont-à-Mousson**, das auf halber Strecke zwischen Metz und Nancy liegt. 1217 gründete hier der Krankenpflege-Orden der Antoniter neben der Moselbrücke eine Niederlassung. Ihre gotische Kirche St-Martin orientierte sich bei der Doppelturmfassade an der Kathedrale von Toul und ist insgesamt ein Bau, dessen aufwendige

Gestalt alle anderen Kirchen des Ordens übertrifft – dies hat seine Ursache in der im Mittelalter bestehenden Wallfahrt zu Reliquien des Patrons. Ein überaus kostbarer Rest der einst üppigen Innenausstattung ist das figurenreiche Heilige Grab, eine Spitzenleistung lothringischer Skulptur aus dem frühen 15. Jh. In der Barockzeit erhielt der Ort durch ein Prämonstratenser-Chorherrenstift und eine Jesuiten-Niederlassung mit Universität weitere Bedeutung.

Kurz vor Nancy verweist das Christophorus-Patrozinium des Benediktinerpriorates in **Lay-Saint-Christophe** auf den vorbeiziehenden Pilgerweg. Von der romanischen Kirche sind nur noch Ruinen vorhanden, doch bewahrt die neugotische Kirche im Ort eine große Skulptur des Reiseheiligen aus dem 14. Jh. auf. Wer auf schnellem Wege nach Toul gelangen wollte, konnte hier die Meurthe überqueren und erreichte als Zwischenstation zunächst **Liverdun**, zeitweise Residenz der Bischöfe von Toul. Die Stiftskirche aus dem 13. Jh. birgt das spätgotische Grabmal für den hl. Eucharius, der im 4. Jh. in Grand sein Martyrium erlitt. Da er der Legende nach wie der Nationalheilige Dionysius sein abgeschlagenes Haupt noch zu seinem Grab trug, ist er auch so dargestellt.

Nancy, nächste Station auf dem Weg nach Dijon, erhielt seine große Bedeutung erst im Spätmittelalter, denn nach dem Tod Karls des Kühnen 1477 in einer Schlacht vor den Toren der Stadt gewann Lothringen seine Selbstständigkeit wieder. Nun bauten die Herzöge die Stadt zu ihrer ständigen Residenz aus. Die außerordentliche barocke Ausgestaltung, die heutige Kunstpilger hierher lockt, verdankt die Stadt ihrer kurzzeitigen Funktion als Residenz des Schwiegervaters Ludwigs XV., Stanislas Leszczynski, polnischer Exkönig und Herzog von Lothringen. Südlich der Stadt bildete die Kirche Notre-Dame-de-Bon-Secours dank ihrer wundertätigen spätgotischen Schutzmantelmadonna ein Wallfahrtsziel. Die 1498 durch Herzog René auf dem ehemaligen Schlachtfeld als Siegeszeichen errichtete Kirche wurde von Stanislas zu Ehren der Muttergottes und als Grabkirche für sich und seine Gattin ab 1738 prachtvoll neu gebaut.

Von Nancy aus lockte ein kleiner Abstecher zum mit Abstand bedeutendsten Wallfahrtsort Lothringens, **Saint-Nicolas-de-Port**. Wie so oft im Mittelalter stand auch hier ein spektakulärer Reliquiendiebstahl am Beginn einer kometenhaften Entwicklung. 1087 hatten geschäftstüchtige italienische Kaufleute die Reliquien des hl. Bischofs Nikolaus aus Myra nach Bari gebracht. In Bari schifften sich auch die Teilnehmer des 1. Kreuzzugs ein, die vor ihrer Überfahrt den Heiligen um Schutz baten. Einer der Kreuzritter, ein Adeliger aus Varangéville, warf sich so inbrünstig über den Schrein, dass er einen Finger der rechten Hand des Heiligen

entwenden konnte. Nach seiner glücklichen Rückkehr, die man als Zustimmung des Heiligen zu diesem Ortswechsel deutete, setzte sofort eine Wallfahrt ein, zumal sich Nikolaus nach den Kreuzzügen zu einem der beliebtesten Heiligen des Mittelalters entwickelte. In rascher Folge lösten sich drei immer größere Kirchen am Ufer der Meurthe ab, da immer mehr Wallfahrer herbeiströmten. Vor der Entscheidungsschlacht gegen Karl den Kühnen 1477 betete hier Herzog René II. um Beistand, schrieb später seinen Sieg der Hilfe des hl. Nikolaus zu und ließ ihn sofort zum lothringischen Landespatron ausrufen. Aus Dankbarkeit ließ René 1481 außerdem mit dem Bau der größten spätgotischen Kirche Frankreichs beginnen, die 1551 vollendet war – die prächtigen Glasfenster des Chores zeigen in einer Scheibe auch den hl. Jakobus. Auf dem gegenüberliegenden Meurthe-Ufer steht mit der Kirche St-

Gorgon des Gorzer Benediktinerpriorates ebenfalls ein auffallend aufwendiger spätgotischer Bau: Während der Bauzeit von St-Nicolas wurde die Reliquie hier aufbewahrt und verehrt. An der Wallfahrtskirche von Saint-Nicolas-de-Port kamen auch diejenigen Pilger vorbei, die dem Jakobsweg aus dem Elsass durch die Vogesen gefolgt waren.

Toul entwickelte sich wie Metz aus einer bedeutenden Kelten- und Römerstadt zu einem mittelalterlichen Verkehrsknotenpunkt und Bischofssitz. Die gotische Kathedrale St-Etienne sowie die Stiftskirche St-Gengoult lockten mit ihren Reliquien, boten Pilgern in ihren Hospitälern aber auch angenehme Rast. Erkennbar in mittelalterliche Zeit gehen die erhaltenen Hospitäler St-Charles und Maison Dieu zurück. Vor den Toren der Stadt liegen die Reste der Abteien Saint-Evre und Saint-Mansuy, die mit den Gräbern der beiden gleichnamigen heiligen Touler Bischöfe ihre Mittelpunkte hatten.

Über Blénod-lès-Toul, dessen prächtige Kirche Anfang des 16. Jh. entstand, als die Touler Bischöfe ihre Residenz hierher verlegten, zogen die Pilger nun hinüber ins wenige Kilometer entfernte Tal der Maas. Flussaufwärts kamen sie bald durch **Domrémy-la-Pucelle**, wo ihnen im Spätmittelalter die wunderbare Lebensgeschichte der hier 1412 als Bauerntochter geborenen Jeanne d'Arc berichtet und das Geburtshaus gezeigt wurden. Am Ende des Hundertjährigen Krieges zog sie mit siebzehn Jahren, aufgefordert durch zu ihr sprechende Heilige, aus, die Engländer zurückzuschlagen und Charles VII. in Reims zum König von Frankreich krönen zu lassen. Da sie den Engländern schließlich in die Hände fiel und in Rouen auf dem Scheiterhaufen

▲ An den Chor der Abteikirche St-Bénigne in Dijon schloss sich einst ein monumentaler Rundbau als Nachbau der Jerusalemer Grabeskirche und des Pantheon in Rom an, von dem allein die romanische Krypta erhalten blieb.

verbrannt wurde, galt sie als Märtyrerin. Ihr Kult wurde in Frankreich durch die späte Heiligsprechung 1920 gewaltig gefördert. Damals entstand an jener Stelle, an der das Mädchen die Stimmen der Heiligen vernahm, die Wallfahrtskirche Basilique le Bois-Chenu.

Kurz vor Neufchâteau bot sich vor dem Weiterweg ein kurzer Abstecher nach **Soulosse-sous-Saint-Élophe** zu einer uralten Wallfahrtsstätte an. Hier erlitt Élophe zusammen mit seiner Schwester Libaire das Martyrium und wurde in der hoch über dem Maastal gelegenen Kirche bestattet, die das im 16. Jh. neu gestaltete Heiligengrabmal birgt. Wie der hl. Eucharius in Liverdun ist er mit seinem abgeschlagenen Haupt in den Händen dargestellt, das er von der Richtstätte getragen haben soll. In der Nähe befindet sich eine wundertätige Quelle, die auf den Heiligen zurückgeht; eine Kapelle im Tal markiert den Ort des Martyriums. **Neufchâteau** an der Mündung des Mauzon in die Maas war seit der Römerzeit ein wichtiger Verkehrsknotenpunkt. Dementsprechend sind die beiden mittelalterlichen Kirchen den Reiseheiligen Nikolaus und Christophorus geweiht. Von der gotischen Kirche des Heilig-Geist-Hospitals blieb nur der östliche Teil erhalten.

Auf dem Weiterweg in Richtung Dijon gelangten die Wallfahrer nach **Langres.** Dank ihrer exponierten Lage besaß die Stadt seit keltischer Zeit große Bedeutung. Die Römer bauten Langres großzügig aus, woran noch ein erhaltenes Stadttor erinnert, dessen Formen im Innern der romanischen Kathedrale ins Monumentale gesteigert wurden – ein lehrreiches Beispiel für die Vorbildfunktion römischer Bauten für romanische Kirchen. Die mittelalterliche Bischofskirche, die sich hinter einer monumentalen Barockfassade verbirgt, ist dem hl. Mammas geweiht, ein junger Hirte aus Kappadokien, der mit 15 Jahren als Märtyrer für seinen Glauben starb. 1075 gelangte das Domkapitel in den Besitz eines Armes und 1209 des Schädels als kostbarster Reliquie – das Haupt dürfte als Beute aus der Plünderung Konstantinopels beim 4. Kreuzzug hierher gelangt sein. Mit diesem seltenen Heiligen, der zudem von weit her geholt werden musste, antwortete das Domkapitel auf die Konkurrenz der Abtei St-Geosmes bei Langres. Denn dort hatte sich ein äußerst erfolgreicher Kult um die hl. Drillinge Speusippos, Eleusippos und Meleusippos etabliert, ebenfalls Märtyrer aus Kappodokien, die mit ihrer Großmutter Neonilla an diesem Ort in der heutigen Türkei hingerichtet wurden. Diese Heiligen lassen vermuten, dass von dort die Missionare kamen, die in frühchristlicher Zeit den neuen Glauben in die bedeutende Römerstadt Langres brachten.

Nahe Langres künden spärliche Ruinen von einem der wichtigsten Zisterzienserklöster Europas, der Abtei von **Morimond**. Diese entstand schon 1115 als dritte Gründung des Mutterklosters Cîteaux bei Dijon und nahm daher als eines von fünf Primarklöstern eine herausragende Position innerhalb der Ordensleitung ein. Auf Morimond, in dem besonders viele Angehörige des deutschen Hochadels eingetreten waren, gehen die meisten Niederlassungen der Zisterzienser in Deutschland und Osteuropa zurück. Schon der Gründungskonvent Morimonds wurde von einem Deutschen geleitet, der zudem ein Bruder des Erzbischofs Friedrich I. von Köln war, der wiederum 1123 mit Kamp am Niederrhein das erste deutsche Kloster des noch jungen Ordens ins Leben rief. Diese personelle Verbindung ins Rheinland erklärt auch das Vorhandensein von Reliquien der hl. Ursula und ihrer Elftausend Jungfrauen, die in Köln durch die Hunnen angeblich den Märtyrertod erlitten hatten. Die Ursulakapelle ist heute das einzige unzerstörte Gebäude im Klosterbereich. Von der einst imposanten Kirche steht nur noch eine Seitenschiffwand aufrecht. Für Pilger war hier dank eines riesigen Gästehauses bestens gesorgt.

Auch **Til-Châtel** bildete eine wichtige Zwischenetappe auf der seit römischer Zeit bestehenden Fernstraße Langres-Dijon. Schon früh sicherte eine Burg des Bischofs von Langres diesen Verkehrsknotenpunkt. Die Kirche St-Florent war dank des Grabes des Titelheiligen, eines hier enthaupteten frühchristlichen Märtyrers, auch für Pilger interessant. Doch nun lockte die burgundische Hauptstadt **Dijon**, die ihren politischen, wirtschaftlichen und kulturellen Höhepunkt im Jahrhundert unter den vier Herzögen aus dem Haus Valois (1361–1477) als Hauptstadt des flandrisch-burgundischen Staates erlebte. Bedeutendes Pilgerziel war die Abtei St-Bénigne mit dem Grab des um das Jahr 200 hingerichteten hl. Benignus. Der gotische Neubau der Klosterkirche ersetzte einen höchst ungewöhnlichen Vorgänger, denn im frühen 11. Jh. entstand hier eine monumentale Kirchenanlage aus einer fünfschiffigen Basilika, an die sich östlich eine kreisrunde sowie eine rechteckige Kapelle anschloss. Der Ostbau stellte eine Symbiose der Grabeskirche in Jerusalem mit dem Pantheon in Rom dar, einer wichtigen Marien- und Märtyrerkirche – leider blieb von diesem Bauensemble nur die Krypta erhalten. Als Mitglieder des Klosterverbandes von Cluny legten die Mönche größten Wert auf die Betreuung der Pilger.

Im nördlichen Vorfeld der Stadt wurden die Pilger durch die Burg in Fontaine-lès-Dijon daran erinnert, dass hier einer der umtriebigsten Heiligen des Mittelalters, Bernhard von Clairvaux, 1091 als Sohn einer Adelsfamilie geboren wurde. 1112 trat er mit 30 weiteren Verwandten und Freunden in das 1098 gegründete Kloster **Cîteaux** südlich von Dijon ein. Er sorgte durch seine Reise quer durch Europa und seine mitreißenden Predigten dafür, dass die Zisterzienser zum führenden Reformorden des 12. Jh. auf dem gesamten Kontinent wurden. Leider ließ die Französische Revolution kaum etwas von dem riesigen Mutterkloster übrig, in dem sich zum Fest Kreuzerhöhung am 14. September einmal jährlich alle Äbte des Ordens aus ganz Europa zum Generalkapitel einfinden mussten.

Durch das Burgund von Dijon nach Vézelay

Von Dijon aus konnten drei der wichtigsten Jakobswege durch Frankreich eingeschlagen werden. Entweder der Saône und der Rhône folgend nach Süden bis Arles und dann weiter über Toulouse, oder aber in Valence hinüber nach Le Puy und über Moissac nach Ostabat. Hier soll nun als dritte Route jene über Vézelay beschrieben werden, die von Dijon aus in Richtung Westen angesteuert wurde. Viele Pilger werden auf dem Hin- oder Rückweg sicherlich einen Umweg über **Autun** gewählt haben, um dem hl. Lazarus ihre Verehrung zu zeigen. Der Legende nach war er von den Juden zusammen mit seinen Schwestern Martha und Maria sowie mit Maria Magdalena und dem hl. Bischof Maximin, der sie alle getauft hatte, nebst dem hl. Trophime in einem Boot ohne Segel, Ruder und Steuer auf dem Mittelmeer ausgesetzt worden. Jesus ließ seine Freunde auf Erden aber nicht umkommen, sondern führte das Schiff rasch nach Marseille, wo die sechs sich trennten und ihre Missionstätigkeit in der Provence begannen. Lazarus blieb in Marseille und wirkte dort als erster Bischof. Angeblich wurden seine Gebeine im 11. Jh. in die Bischofsstadt Autun gebracht, die in den Ruinen einer einst wichtigen Römerstadt entstanden war und nun einen rasanten Aufstieg zu einem der bedeutendsten hochmittelalterlichen Wallfahrtsorte in Frankreich erlebte.

Die Bedeutung des Lazarus für Pilger liegt darin begründet, dass sich die beiden völlig verschiedenen Lazarus-Geschichten der Bibel im mittelalterlichen Glauben zu einer einzigen Person verbanden. Zum einen ist er ein Freund Jesu, an dem dieser das größtmögliche Wunder wirkt, indem er ihn von den Toten auferstehen lässt. Zum anderen auch jener Aussätzige, der vergebens vor der Tür des Reichen bettelt, aber dafür in den Himmel aufgenommen wird, während der Reiche in der Hölle schmoren muss. Seinen Gebeinen wurde deshalb höchste Wirkkraft zugesprochen, und da er wohl auch im Himmel in Jesu Nähe war, glaubten die Pilger, dass Lazarus ihre Bitten besser als andere Heilige weiterleiten konnte. Auch Aussätzige

Der aus Burgund stammende Zisterzienserorden veränderte die europäische Klosterlandschaft im 12. Jh. maßgeblich (französische Buchmalerei, 1500).

suchten hier Heilung. Der gleichzeitig aufblühende Magdalena-Kult im nahen Vézelay beflügelte den Pilgerstrom zu beiden Orten nur noch weiter. Heute bevölkern tagsüber vor allem moderne Kunstpilger das verschlafene Städtchen, um die Schönheit der romanischen Wallfahrtskirche zu genießen, die ab 1120 als verkleinerte Nachahmung der dritten Abteikirche von Cluny entstand. Vor allem die Bauplastik trägt zum kunsthistorischen Ruhm der Kirche bei. Leider fiel das bedeutendste Kunstwerk, das um 1170 errichtete, meterhohe Grabmal des Lazarus in der Apsis, barocken Umbauten zum Opfer.

Wichtigstes Etappenziel zwischen Dijon und Vézelay war das Ende des 12. Jh. gestiftete Benediktinerpriorat **Saint-Thibault**, das nach der Mitte des 13. Jh. durch die Übertragung von Reliquien des hl. Theobald aus Oberitalien zum neuen Stern unter den burgundischen Wallfahrtsorten aufstieg. Nachdem im 17. Jh.

▲ Die Kathedrale von Autun war dank der Reliquien des hl. Lazarus einst ein bedeutender Wallfahrtsort. Das berühmte romanische Tympanon des Hauptportals schildert eindrucksvoll das Jüngste Gericht.

das Langhaus eingestürzt und äußerst bescheiden wieder aufgebaut worden war, künden allein das Portal mit der Mittelfigur des hl. Theobald, die Ägidiuskapelle und vor allem der gotische Chor von den reichen Gaben der Wallfahrer. Wie ein steinerner Reliquienschrein ragt der äußerst feingliedrige und hohe Chor aus der Umgebung auf. Wenn auch die mittelalterlichen Glasmalereien der großen Fenster verloren gingen, blieben mit dem Altaraufbau, der das Leben Theobalds nach dem Vorbild des Lebens Christi schildert, und dem Reliquienschrein wichtige Ausstattungsstücke erhalten.

Vorbei an Préca-sous-Thil mit seiner Burg samt Stiftskirche kamen die Pilger nach **Sainte-Magnance**. Die gleichnamige Heilige, die angeblich im 6. Jh. an der Überführung der Gebeine des hl. Germanus von Ravenna nach Auxerre teilnahm, ruht noch in ihrem Grabmal des 12. Jh., an dem Szenen aus ihrem Leben dargestellt sind. Die Stirnseite zeigt sie als Pilgerin. Nun war es nicht mehr weit bis **Avallon**. Wer von Dijon aus den Umweg über Autun gescheut hatte, der konnte hier ebenfalls den hl. Lazarus verehren. Denn Ende des 11. Jh. übergab der Graf von Burgund das Haupt des Heiligen an die hiesige Stiftskirche. Die 1106 durch Papst Paul II. geweihte Kirche St-Lazare erhielt in Konkurrenz zum nahen Vézelay Mitte des 12. Jh. eine prachtvolle Portalanlage, deren Figuren leider in der Französischen Revolution schwer beschädigt wurden. Auf dem Weg ins nahe Vézelay bot die noch erhaltene Hospitaliter-Niederlassung Unterkunft, die Ende des 12. Jh. in **Pontaubert** an der Brücke über den Cousin entstand.

Vézelay – Dem Himmel ein Stück näher

Der Blick vom Tal hinauf zur romanischen Pilgerkirche von **Vézelay**, die lang hingestreckt auf einem Hügel thront, hat sich bis heute unverfälscht in seiner ganzen Schönheit erhalten. Die Hauptstraße des mittelalterlichen Städtchens, das einst vollständig und mehr als gut vom Wallfahrtsbetrieb lebte, führt direkt auf die Westfassade der Abteikirche St-Madeleine zu. Wie die Mönche des Klosters um die Mitte des 11. Jh. tat-

► Selten haben sich Darstellungen mittelalterlicher Pilgerinnen erhalten wie hier am Grab der hl. Magnance im gleichnamigen Ort.

sächlich dazu kamen zu behaupten, im Besitz der Gebeine der hl. Maria Magdalena zu sein, bleibt bis heute unbekannt. Die gewaltigen Ausmaße der romanischen Kirche führen aber noch eindrucksvoll vor Augen, dass ihrem geschäftstüchtig-frommen Schwindel enormer Erfolg beschieden war. Neben Tours mit dem Grab des hl. Martin ist Vézelay im 12. Jh. der Wallfahrtsort Frankreichs schlechthin. Hier sammelten sich die Pilger, um einem der vier Hauptwege nach Santiago zu folgen, und von hier aus starteten der zweite und dritte Kreuzzug. Am Ort, an dem der hl. Bernhard von Clairvaux Ostern 1146 eine riesige Menschenmenge samt Hochadel und Königspaar zum zweiten Kreuzzug aufrief, erhebt sich noch heute am nördlichen Hügelabhang eine romanische Kapelle zum Gedenken.

Ausgerechnet am Vorabend des Festtages Maria Magdalenas brannte 1120 die Kirche in Vézelay nieder. Dabei kamen mehr als Tausend Pilger zu Tode, die aus Platzmangel in dem völlig überfüllten Ort in der Kirche übernachtet hatten. Sofort begannen die Mönche mit einem noch größeren und schöneren Neubau, der Mitte des 12. Jh. vollendet war. Nach einem Brand in der Krypta 1165 wurde ein aufwendiger Chor nach dem Vorbild der gotischen Kathedralen des Kronlandes begonnen, nachdem sich die Abtei aus Abhängigkeiten des Bischofs von Nevers und der Abtei von Cluny gelöst sowie die Freiheitsbestrebungen der Stadt vor ihren Toren unterdrückt hatte. Denn alle wollten von den gewaltigen Wallfahrtseinnahmen profitieren. Die große Vorhalle mit ihren drei reich geschmückten Portalen gab den Pilgern schon einmal einen guten Vorgeschmack auf den ähnlich gestalteten Zugang der Kathedrale von Santiago. Das Hauptportal mit der alles beherrschenden Christusfigur zeigt die Aussendung der Apostel und die Ausgießung des Heiligen Geistes. Noch heute ist es ein unvergessliches Erlebnis, wenn sich die Türflügel öffnen und der Blick hinein in das über 100 Meter lange Mittelschiff gezogen wird. Wie in Autun sind auch hier die Kapitelle mit reichem Figurenschmuck versehen. Rekonstruiert man im Geiste die einstige Farbfassung der Architektur und ihre üppige Ausstattung, so muss die Wirkung des heute völlig leeren Raumes auf die mittelalterlichen Pilger überwältigend gewesen sein.

Doch schon Ende des 13. Jh. endete die ganz große Zeit Vézelays als Pilgerort: 1270 ließ Karl II. von Anjou in St-Maximin-la-Ste-Baume Ausgrabungen vornehmen und die freigelegte Gruft einer Römervilla kurzerhand zum Grab der hl. Maria Magdalena und des hl. Bischofs Maximin erklären, da das Haus Anjou, das gerade die Provence übernommen hatte, neue Hausheilige benötigte. Mit Unterstützung der wortmäch-

▲ Vézelay, dank der hier verwahrten Gebeine der hl. Maria Magdalena einst einer der bedeutendsten Wallfahrtsorte Frankreichs, wird bis heute dominiert von der großen romanischen Abtei- und Wallfahrtskirche auf der Spitze des Hügels.

tigen Dominikaner und einer durch politischen Druck erpressten Bestätigung des Papstes 1298 wurde nun das Grab Maria Magdalenas in der Provence zu ihrem einzig wahren erklärt. Der Neubau einer riesigen gotischen Kirche sollte dies für alle sichtbar bestätigen.

In **Clamecy**, das im frühen 13. Jh. nach dem Verlust des Heiligen Landes zum Sitz des Bistums Bethlehem aufgestiegen war, überquerten die Jakobspilger die Yonne. Einer der Grafen von Nevers hatte als Teilnehmer eines Kreuzzugs ein hier von seinen Vorfahren gegründetes Hospital samt reichem Besitz dem Bischof von Bethlehem geschenkt, um sich nahe der Geburtskirche begraben lassen zu können. Auf dem Weg zur Loire machten die Pilger in **Varzy** Halt, das sich dank der Reliquien der hl. Eugenia von Alexandrien und des hl. Bischofs Regnobert von Bayeux zu einem beachtlichen Wallfahrtsort entwickelt hatte. Auch wenn die Stiftskirche St-Eugènie weitgehend zerstört ist, lohnt auch heute noch ein Besuch des Ortes. Denn in der Schatzkammer der beachtlichen gotischen Pfarrkirche St-Pierre haben sich Arm- und Büstenreliquiare dieser beiden Heiligen erhalten, erlesene Goldschmiedearbeiten der Romanik – ein seltener Fall in den ansonsten völlig ausgeplünderten französischen Kirchen.

Das monumentale Hauptportal der Abteikirche in Vézelay, das in der schützenden Vorhalle hervorragend erhalten blieb, zieht bis heute die Besucher in seinen Bann.

Nächstes Etappenziel war **La Charité-sur-Loire**. Hier bestand eine der ältesten Tochtergründungen Clunys und eines der reichsten Klöster Frankreichs, so dass die Pilger des Mittelalters gut versorgt waren. Die Abtei leistete sich nach dem Vorbild des Mutterklosters in der ersten Hälfte des 12. Jh. einen 122 Meter langen Neubau, der der dritten Abteikirche von Cluny nur wenig nachstand. Da Cluny weitgehend zerstört ist, gibt das hier erhaltene Querhaus samt Chor einen guten Eindruck von den alle bisherigen Dimensionen sprengenden Kirchen des Klosterstaates. Ein Brand zerstörte 1559 das Langhaus, das aufgrund der Religionskriege, in denen die Hugenotten alle Mönche des Klosters ermordeten, nicht wieder aufgebaut wurde. Über die im frühen 16. Jh. in Stein erneuerte Brücke überquerten die Pilger anschließend die Loire.

Von der Loire ins Berry

Von hier aus zogen sie auf direktem Weg nach **Bourges**, der Hauptstadt des Berry, die als römische Provinzhauptstadt schon große Bedeutung hatte. In spätantiker und merowingischer Zeit ließen die Bischöfe, die ihren Ursprung auf den Apostelschüler Ursinus zurückführten, ihre Stadt mit einem Kranz aus Kirchen und Kapellen umgeben. Seit karolingischer Zeit waren sie als Erzbischöfe einer ganzen Zahl von Diözesen übergeordnet und führten den Titel eines Primas von Aquitanien. Bis ins Spätmittelalter war Bourges zudem ein bedeutendes Wirtschaftszentrum. Die alles überstrahlende Mitte der Stadt blieb bis heute die Kathedrale, die zu den eindrucksvollsten Zeugnissen französischer Gotik zählt. Um 1195 begonnen und nach einem halben Jahrhundert vollendet, verbindet sie technische Brillanz mit Schmuckfreude und Gliederungsreichtum. Der fünfschiffige Raum ist von großer Lichtfülle, da er von drei Fensterbändern umzogen wird. Aus ihnen leuchteten einst wie Edelsteine die Heiligen als Bewohner der Himmelsstadt auf die Pilger herab. Natürlich war darunter auch Jakobus

▲ Die fünfschiffige Kathedrale in Bourges gehört zu den eigenwilligsten Bauwerken französischer Gotik.

vertreten, da in Bourges eine große Pilgerbruderschaft bestand. Zudem soll die Jakobskirche der Stadt kein geringerer als Karl der Große erbaut haben.

Nachdem die Pilger in den zahlreichen Hospitälern von Bourges für die Nacht Unterkunft gefunden hatten, zogen sie am folgenden Tag über **Issoudun** nach **Châteauroux** als nächstem Etappenziel. Während Issoudun noch größere Reste seines mittelalterlichen Rochus-Hospitals bewahren konnte, erinnert in Châteauroux noch die Jakobsstraße an die hier durchziehenden Pilger. Über **Argenton-sur-Creuse** mit seiner Jakobskapelle an der romanischen Kirche St-Marcel gingen die Wallfahrer weiter nach **La Souterraine**. Der Ort ist nach der beeindruckend großen Krypta seiner Kirche benannt, deren weißer Turm die Ankommenden schon von weitem grüßte.

Eines der spätmittelalterlichen Glasfenster der Kathedrale in Bourges zeigt neben der Verkündigung auch den hl. Jakobus als Namenspatron des Stifters.

Nächstes Etappenziel in Richtung Pyrenäen war die Abtei **Bénévent**, die ihren Namen vom italienischen Herkunftsort des Gründungskonventes erhielt. Von dort hatten die Mönche als wichtigste Reliquie den Arm des Apostels Bartholomäus mitgebracht, der die Wallfahrer in Scharen anzog. Aus der Blütezeit des Pilgerwesens stammt daher die um 1150 entstandene Klosterkirche, die mit ausdrucksvollen Figurenkapitellen prunkt. Einen noch bedeutenderen Reliquienschatz besaß allerdings die Abtei **Grandmont**. Ihre Mönche zogen im 12. Jh. durch ganz Europa, um Gebeine wichtiger Heiliger zu sammeln. So kamen sie sogar bis Köln, wo ihnen die Stiftsdamen von St. Ursula einige Skelette aus der Schar der Elftausend Jungfrauen überließen. Die Pilger erwartete daher beim Besuch der Abteikirche der Anblick sieben reich verzierter Reliquienschreine in einem Aufbau hinter dem Hochaltar. Leider blieb von dem 1076 in bewusster Abgeschiedenheit gegründeten Kloster außer einer Kapelle nichts erhalten. Doch kann in der nahen Kirche von Ambazac noch einer der wertvollen Schreine besichtigt werden, der zudem die Leistungskraft der Goldschmiedewerkstätten von Limoges vor Augen führt.

Im Limousin und Périgord

Einen halben Tagesmarsch vor Limoges erreichten die Pilger in **St-Léonhard-de-Noblat** nach Vézelay den wichtigsten Kultort auf dieser Strecke. Hier verstarb am 6. November 559 der heilige Einsiedler Leonhard, der sich trotz seiner hochadeligen Herkunft für ein Leben in weltferner Einsamkeit entschieden hatte. Schon zu Lebzeiten galt er als großer Wunderheiler, weshalb ihn der merowingische König Theodebert zu Hilfe rufen ließ, als seine Gemahlin mit schweren Geburtsnöten kämpfte. Seinen Gebeten schrieb das Paar die glückliche Niederkunft mit einem Thronerben zu, weshalb Leonhard riesige Ländereien als Grundstock der späteren Abtei geschenkt bekam. Im Mittelalter galt er vor allem als Schutzpatron der Gefangenen. Daher finden sich in vielen dem Heiligen geweihten Kirchen Ketten als Zeichen für die Befreiung. Zugleich konnten diese Ketten auch ein Symbol für die Loslösung von einer schweren Sündenlast sein. Schließlich galt Leonhard auch als Schutzheiliger der Tiere, besonders der Pferde, woran noch die zahlreichen Leonhardi-Umritte im süddeutschen Raum an seinem Festtag erinnern. Die romanische Abteikirche entstand im 11. und 12. Jh. auf dem Höhepunkt des Pilgerwesens. Ihr Umgangschor mit seinen sieben Kapellen ist ganz auf die Durchleitung großer Wallfahrermassen ausgerichtet. Imposant ist auch der romanische Glockenturm.

Auch **Limoges** besaß mit dem Grab des hl. Martial ein bedeutendes Kultzentrum, das im Mittelalter zeitweise sogar mit Vézelay und Santiago konkurrieren konnte. Der Legende nach verteilte Martial als Kind Brot und Fische bei der wunderbaren Speisung der Fünftausend durch Jesus und war auch bei der Zubereitung des letzten Abendmahls aktiv. Zusammen mit Maria Magdalena und ihrer Schar war auch er angeblich an der Küste der Provence gelandet und als Missionar ins Limousin gezogen. In Limoges soll er den Haupttempel der römischen Stadt zur Kathedrale umgewandelt haben. Leider erwies sich auch hier die Zerstörungswut der Revolutionäre am Ende des 18. Jh. als besonders gründlich. So erinnert allein die 1960 beim Bau einer Tiefgarage wieder freigelegte Krypta an die bedeutende Abtei St-Martial mit ihrer gewaltigen Pilgerkirche. Sie entstand im späten 11. und frühen 12. Jh. zeitgleich mit der Kathedrale von Santiago, mit deren Größe und Aufwand sie wetteiferte. Der Reliquienschrein des Heiligen befindet sich heute in der benachbarten Kirche St-Michel-des-Lions. Neben dem Rhein-Maas-Gebiet war Limoges im Hochmittelalter das bedeutendste Zentrum romanischer Emailkunst in Europa. Zahlreiche Pilger werden wohl auf dem Rückweg in ihr Heimatland hier eingekauft haben, denn in fast allen Kirchenschätzen Europas findet sich ein Exemplar jener kleinen, aber feinen Arbeiten, die meist zerlegbar waren und daher besonders gut in die Pilgertaschen passten.

Wer über die beiden aus dem 12. und 13. Jh. stammenden Steinbrücken über die Vienne die Stadt betrat, erreichte noch vor St-Martial als erstes Pilgerziel die gotische Kathedrale St-Etienne. Deren Umgangschor war als Pilgerweg im Kleinen konzipiert, da in seinen Kapellen zahlreiche Reliquien aufgestellt waren. Hier verehrte man die hl. Valérie, die in römischer Zeit Christin geworden war, den Heiratsantrag des Statthalters ablehnte und daraufhin enthauptet wurde. Nach der Hinrichtung trug sie angeblich ihren Kopf bis zur heutigen mittleren Kapelle der Kathedrale, wo sie der hl. Martial empfing und segnete. Erst dann stieg ihre Seele zum Himmel auf, geleitet von Engeln.

◄ Das heute recht beschauliche Provinzstädtchen Limoges war im Mittelalter Etappenort des Jakobsweges, Wallfahrtsziel und Zentrum europaweit bekannter Goldschmiedewerkstätten.

Spezialist für Gefangenenbefreiung

Der liber sancti jacobi *(12. Jh.) zum hl. Leonhard:*

„Göttliche Milde verbreitete den Ruf des hl. Bekenners Leonhard von Limoges bereits weit und breit auf dem ganzen Erdkreis; seine Kraft führte schon unzählbare Tausende aus Gefängnissen. Zu Tausenden sind eiserne Fesseln in dessen Basilika vereint, die teilweise so fremdartig wirken, dass man sie kaum beschreiben kann. Man sieht sie rundherum, zur Rechten, zur Linken, innen und außen, als Zeugnis für die überaus zahlreichen Wunder des hl. Leonhard. Wenn du dort die Säulen mit so zahlreichen, ja unzähligen Eisenteilen beladen siehst, wirst du noch mehr staunen, als ich jetzt zu sagen vermag. Dort hängen nämlich eiserne Handfesseln, Halseisen, Ketten, Fußeisen, Fußfesseln, Brechstangen, Joche, Helme, Sicheln und verschiedene Instrumente, von denen der äußerst mächtige Bekenner Christi durch seine Stärke Gefangene befreit hat. Vor allem ist an ihm bewundernswert, dass er sichtbar, in menschlicher Gestalt, den Gefangenen in Kerkern zu erscheinen pflegt; sogar jenseits des Meeres, wie die von ihm durch Gottes Macht befreiten bezeugen."

(zitiert nach Herbers 1998)

▲ Dank einer etwas eigenwilligen Restaurierung im 19. Jh. hat der romanische Kuppelbau der Wallfahrtskirche zum hl. Frontus in Périgueux heute eine fast orientalische Wirkung.

Wenige Stunden Fußweg später erreichten die Wallfahrer die Abtei von **Solignac**. Deren Mönche konnten sich nicht nur des Gründers der Abtei im 7. Jh., des hl. Bischof Eligius von Noyon, rühmen. Seit 1157 besaßen sie auch eine Armreliquie dieses Heiligen als besondere Attraktion. Kurz zuvor war die noch erhaltene Abteikirche vollendet worden, die mit ihren großen Kuppeln keinem geringeren Vorbild als der Kathedrale von Périgueux folgt, dem nächsten größeren Etappenziel.

In **Périgueux**, das sich aus den Ruinen einer der bedeutendsten römischen Städte Galliens entwickelt hatte, wirkte in frühchristlicher Zeit der hl. Frontus als Missionar und Bischof. Die Legende beförderte ihn zum Jünger Christi und Schüler des hl. Petrus. Nachdem sein Gefährte, der Priester Georg, auf dem Weg ins Périgord überraschend verstorben war, erhielt Frontus von Petrus einen Stab, mit dem er den Toten wieder ins Leben zurückholen konnte – bis zur Französischen Revolution wurde den Pilgern dieser Wunderstab gezeigt. Begraben wurde der Heilige auf dem Hügel Puy St-Front außerhalb der Römerstadt, wo sich bald ein Benediktinerkloster entwickelte. Die 1047 geweihte Abteikirche genügte schon nach wenigen Jahrzehnten nicht mehr den immer stärker anschwellenden Pilgermassen, die hierher strömten oder auf dem Weg nach Santiago Station machten. Daher entschlossen sich die Mönche im frühen 12. Jh., östlich an den Chor ihrer Kirche den grandiosen Neubau einer Wallfahrtskirche anzufügen. Über dem Grundriss eines griechischen Kreuzes mit gleichlangen Armen entstand ein monumentales Bauwerk aus fünf großen Kuppeln nach dem Vorbild der Apostelkirche in Byzanz. Der mächtig aufragende Turm, der den Pilgern den Weg wies, erhebt sich über der Nahtstelle beider Kirchenteile und damit über dem Grab des hl. Frontus. Diese schönste und größte aller romanischen Kuppelkirchen des Périgord wurde erst im 17. Jh. zur Kathedrale erhoben, nachdem die Bischofskirche St-Etienne-de-la-Cité in den Religionskriegen erheblich zerstört worden war. Da die Ausstattung von St-Front vollständig zerstört ist, ragen vor dem heutigen Besucher im Innern die fünf Kuppeln in monumentaler Schönheit auf, während der Außenbau bei der Restaurierung Mitte des 19. Jh. allzu dekorativ wiederhergestellt wurde. Einst war auch das Grab des Heiligen mit einem reich verzierten, runden Aufbau geschmückt, das seinen gewünschten Eindruck auf die Pilger nicht verfehlt haben dürfte. Am Tour de Vésone, dem erhaltenen Rest eines römischen Rundtempels für die seit keltischer Zeit hier verehrte Stadt- und Quellgöttin Vesunna, wurde den Pilgern die Bresche im Mauerwerk als Tat des für seinen Glauben streitenden hl. Frontus erklärt.

Den Pyrenäen entgegen

Über die Zwischenstation Sainte-Foy-la-Grande, wo die Dordogne überquert werden musste, gelangten die Wallfahrer zur Abtei **La Réole**, die angeblich Karl der Große gegründet hatte. Hier konnten sie im Jakobus-Hospital übernachten und sich stärken, bevor sie die Garonne überschritten. Bald schon erreichten sie **Bazas**, deren etwas ramponierte Kathedrale noch an die einstige Bedeutung der Stadt erinnert. In deren Hospitälern oder in der nahen Komturei von **Beaulac** konnte dann wieder Rast eingelegt werden. Nun lag eine längere Wegstrecke durch die öde und siedlungsarme Gegend des Landes vor den Wallfahrern, wo es aber in Lugaut und Rochefort Hospitäler gab.

Erst die mächtige Abtei von **St-Sever**, die seit dem frühen 11. Jh. Cluny unterstand, bildete wieder ein größeres Etappenziel. Hier war nicht nur bestens für das leibliche Wohl gesorgt, sondern auch für das Seelenheil. Denn die Mönche hüteten die Gebeine des hl. Priesters Severus, den hier Anfang des 5. Jh. durchziehende Vandalen zum Märtyrer gemacht hatten. Reichtum und Bedeutung dokumentiert anschaulich die romanische Abteikirche aus der zweiten Hälfte des 11. Jh., die mit ihrem ausladenden, gestaffelten Chor mit sieben Apsiden dem Vorbild der zweiten Klosterkirche von Cluny folgt. Ihren kunsthistorischen Ruhm verdankt sie ihrem reichen und äußerst qualitätvollen Kapitellschmuck. Neben der Brücke über den Adour bot das Hospiz St-Michel Aufnahme. Auf dem Weiterweg in Richtung Pyrenäen kamen die Pilger durch **Hagetmau**, wo die Krypta der Kirche deutlich die Nähe zu St-Sever erkennen lässt.

Nächstbedeutender Etappenort nach St-Sever war **Orthez**, beherrscht von der Burg der Vizegrafen des Béarn. In der Vorstadt bei der alten Brücke über die Gave de Pau aus dem 13. Jh. empfing die Pilger ein Hospital der Heiliggeistbrüder von Montpellier. Hinter **Sauveterre-de-Béarn** vereinigten sich schließlich die Pilgerwege von Paris und Vézelay. Der Ort, der seinen mittelalterlichen Charakter bewahrt hat, bietet mit seiner romanischen Kirche St-André noch ein Bauwerk aus der Blütezeit des Jakobsweges. Das Hospital war dem hl. Jakobus geweiht. Kurz vor **Ostabat** kam noch der Pilgerweg von Le Puy hinzu, bevor nach **St-Jean-Pied-de-Port** der Aufstieg in die Pyrenäen begann.

Die Überquerung der Gebirgslandschaft der Pyrenäen war für die Pilger eine besondere Herausforderung (Die französischen Pyrenäen nahe dem Fôret d´Iraty).

Von Budapest nach Einsiedeln

Budapest

Die Stadt **Budapest** entwickelte sich zum Sammelbecken der ungarischen Pilger, die hier aus der östlichen großen Tiefebene zusammenströmten, um der Donau nach Westen zu folgen. Erst Stephan I. dem Heiligen (997–1038) war es gelungen, das heidnische Reitervolk der Ungarn, das noch in der ersten Hälfte des 10. Jh. durch seine Raubzüge in Angst und Schrecken versetzt hatte, in ein christliches Staatsgebilde umzuwandeln. Dank der ins Land gerufenen deutschen Siedler sowie der Orden der Zisterzienser und Prämonstratenser brach Mitte des 12. Jh. eine Blütezeit in dem Land an, die allerdings der Mongolensturm 1241/42 abrupt zunichte machte. Die zweite Hälfte des 13. Jh. war überwiegend vom Wiederaufbau gekennzeichnet. Eine fast dreihundertjährige Friedenszeit endete im Schicksalsjahr 1526 durch den Sieg der heranstürmenden Türken, die den größten Teil des Landes zur osmanischen Provinz degradierten. Erst durch die Rückeroberung Ende des 17. Jh. wurde Ungarn wieder christlich und Teil des Habsburgerreiches. Diese Zeitläufte hatten natürlich auch erhebliche Auswirkungen auf den Pilgerverkehr, der im späten 11. Jh. begann und nach 1526 fast ganz eingestellt wurde. Erst im 18. Jh. lebte er erneut auf, wie noch heute die ungarische Kapelle am Aachener Münster zeigt, denn dorthin waren ab dem 14. Jh. Hunderte ungarischer Pilger nicht einzeln, sondern als wohl größte mittelalterliche Wallfahrergruppe geschlossen quer durch Europa gezogen.

Wer heute die Hauptstadt Ungarns besucht, hat Mühe, mittelalterliche Pilgerspuren zu finden. Verantwortlich hierfür sind nicht nur die schrecklichen Zerstörungen durch Mongolen und Türken, sondern auch der Ausbau zur modernen Großstadt, dem „Paris des Ostens“, nach der Umwandlung des Habsburgerreiches 1867 in die Doppelmonarchie Österreich-Ungarn. Pilger des Mittelalters erlebten Budapest noch

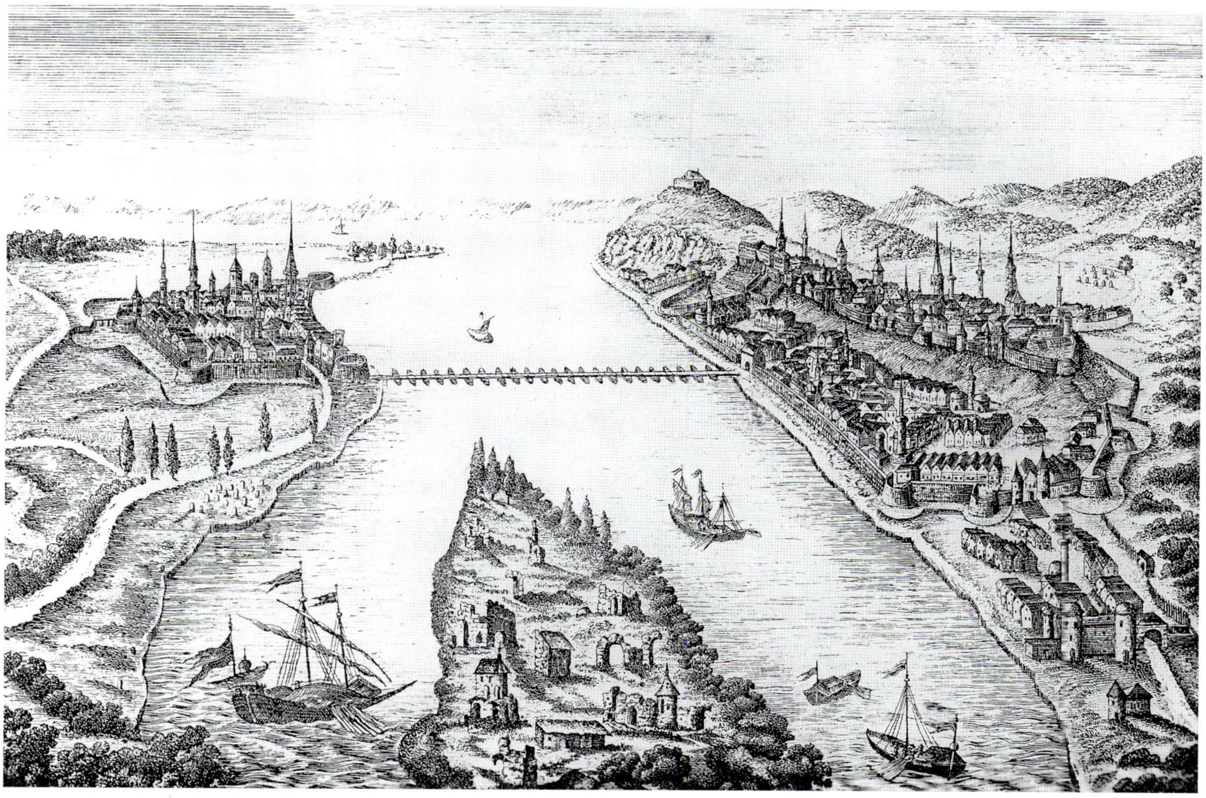

Von der mittelalterlichen Doppelstadt Buda und Pest, wie sie der Stich zeigt, blieb fast nichts erhalten. Im Vordergrund die Margaretheninsel mit den Ruinen ihrer Kirchen und Klöster.

als zwei selbständige Städte beiderseits der Donau. Während sich Pest dank der Förderung durch die ungarischen Könige zur prosperierenden Handelsstadt entwickelte, besaß Buda aufgrund seiner Klöster im Umkreis der schützenden Burganlage für Pilger eine größere Attraktivität. Südlich der Burg erhebt sich der Felsklotz des Gellért-Berges, der seinen Namen nach dem hl. Gellért trägt. König Stephan der Heilige hatte den Benediktinerabt als Erzieher seines Sohnes, des hl. Emmerich, an seinen Hof gerufen. Bei einem Heidenaufstand in den unruhigen Jahren nach Stephans Tod lynchte eine aufgebrachte Menge Gellért, indem sie ihn in einem Fass von diesem Felsen hinab zur Donau rollte. Der romanische Vorgängerbau der barocken Katharinenkirche am Flussufer war vor der Türkenzeit diesem Heiligen geweiht und wurde von Pilgern aufgesucht. Heute erinnert eine Bronzefigur oberhalb der Elisabeth-Brücke an diesen ersten ungarischen Märtyrer.

Ein weiterer Anziehungspunkt für die Wallfahrer war die Margaretheninsel inmitten der Donau. Dank ihrer Größe trug sie einst vier Klöster der Prämonstratenser, Dominikanerinnen, Johanniter und Franziskaner und bot so eine ausreichende Anlaufstelle zur Beherbergung der Pilger. Die Kirche des Dominikanerinnenklosters, heute eine malerische Ruine, besaß mit dem Grab der seligen Margarethe (1242–1271) auch ein spirituelles Zentrum. König Béla IV. gründete es eigens für seine Tochter, die hier dem Vorbild ihrer Tante, der hl. Elisabeth von Thüringen, nacheiferte. Bevor die Pilger über Alt-Buda, das noch bauliche Reste der Römerstadt aufwies, donauaufwärts zogen, erfrischten sich sicher manche noch in den heißen Quellbädern der Stadt.

Immer der Donau entlang

Über Szentendre, das seit dem späten 14. Jh. eine Kolonie geflüchteter griechisch-orthodoxer Serben war, erreichten die Wallfahrer **Visegrád**. Noch heute beeindrucken dort die gewaltigen Ruinen einer der größten mittelalterlichen Burg- und Palastanlagen des Landes. Anstelle der Oberburg befand sich zuerst eine Benediktinerabtei, bevor Béla IV. Mitte des 13. Jh. den Bau der Befestigung begann, die jahrhundertelang auch den ungarischen Kronschatz hütete. Nur noch wenige Kilometer entlang des Donautals, das ab hier nach Westen verläuft, mussten zurückgelegt werden, bis der Burgberg von **Esztergom** mit seiner Kathedrale machtvoll über der Donau aufragte. Hier wurde König Stephan der Heilige geboren, der in der Burg das für die westlichen Landesteile zuständige Erzbistum einrichtete. Die Kathedrale ließ er seinem Erzieher, dem hl. Adalbert von Prag, weihen. Die mittelalterliche Pracht verschwand allerdings während der Türkenzeit, und erst nach der Rückkehr des Erzbischofs im 18. Jh. begann ein bescheidener Wiederaufbau. 1856 wurde der heutige Dom geweiht, dessen machtvoll-

▲ In grandioser Lage erhebt sich über der Donau der einstige Bischofs- und Burgbezirk von Esztergom, eines der wichtigsten Zentren Ungarns im Mittelalter. Nach den Zerstörungen der Türkenzeit brachte der Wiederaufbau des 19. Jh. etwas vom alten Glanz zurück.

► Die ersten drei christlichen Könige Ungarns wurden im Mittelalter als Nationalheilige verehrt. Daran erinnert die spätgotische Reliquienbüste König Ladislaus I. in Győr.

klassizistische Erscheinung bis heute die Stadt prägt. Immerhin birgt die Schatzkammer noch einige Reste aus der mittelalterlichen Blütezeit, an die auch die Ruinen des benachbarten Burgpalastes erinnern.

Nächstes Etappenziel war die Bischofsstadt **Győr**. Ende des 16. Jh. ließen die Türken auch hier ein Trümmerfeld zurück, so dass sich das Stadtbild überwiegend barock präsentiert. Dem Wiederaufbau des 17. und 18. Jh. verdankt auch die Liebfrauen-Kathedrale ihre Gestalt, doch finden sich auch noch mittelalterliche Reste. Beeindruckend ist das gotische Büstenreliquiar für König Ladislaus I. (1077–1095), nach Stephan I. und dessen Sohn Emmerich der dritte Heilige unter Ungarns frühen Herrschern. Ursprünglich befand es sich im Dom von Großwardein (Várad). Nach den Zerstörungen der Türkenzeit ist es heute eines der ganz seltenen Beispiele für den auch in Ungarn blühenden Heiligen- und Reliquienkult.

Auf dem Weg in Richtung Preßburg findet sich mit der Jakobskirche in **Lébény** eines der wenigen erhaltenen, vor der Türkenzeit aber weit verbreiteten spätromanischen Bauwerke. Ein örtliches Grafengeschlecht schuf sich hier Ende des 12. Jh. ein Hauskloster, das von Benediktinern besiedelt wurde. Die Bauformen der querschifflosen, dreischiffigen Basilika folgen altbayerischen Vorbildern. Besondere Beachtung verdienen die Portale.

Über Wieselburg und Ungarisch Altenburg (heute zu Mosonmagyaróvár vereinigt), war **Bratislava (Pressburg)**, einst „Tor zu Ungarn" genannt, das nächste Etappenziel. Seit 1993 Hauptstadt der Slowakei, diente die Stadt seit der Eroberung Budapests durch die Türken als Ersatzhauptstadt des stark verkleinerten Ungarns. Die Stephanskrone auf dem Martinsdom erinnert daran, dass nachfolgend hier zahlreiche ungarische Könige gekrönt wurden. Die Burg war 1207 Geburtsort der hl. Elisabeth von Thüringen als ungarische Königstochter. Klöster und Spitäler boten Unterkunft, bevor die Pilger in Richtung Wien weiterzogen.

Nach dem Durchgang durch die Hainburger Pforte, vorbei an der Jakobskirche von **Wolfsthal**, breitete sich vor den Pilgern die weite Ebene des Wiener Beckens aus, durchflossen von der Donau, deren Auen sie weiter folgten. **Hainburg** wird bis heute von seiner wehrhaften Stadtmauer des 13. Jh. zu Füßen der Burg eingefasst. Mehrfach musste es sich als Bollwerk gegen die hier nach Wien stürmenden Türken bewähren, wobei im Schicksalsjahr 1683 die gesamte Bevölkerung niedergemetzelt wurde. Ein Gang auf den Friedhof führt zum spätromanischen Karner, der als Rundbau auf die Grabeskirche in Jerusalem verweist

Als seltenes Beispiel romanischer Baukunst in Ungarn überstand die Jakobskirche von Lébény Mongolenstürme und Türkenherrschaft.

▲ Seit seiner Vollendung im 15. Jh. ist der in gotischer Pracht emporstrebende Stephansturm des Domes Wahrzeichen von Wien.

– eine Bauform, die auf der Strecke noch öfter anzutreffen ist. Die gotische Lichtsäule, deren Ewiges Licht den Toten leuchtete, vervollständigt das mittelalterliche Ensemble. Die im Barock neu errichtete Pfarrkirche ist den Aposteln Philipp und Jakobus minor geweiht. Durch das Wienertor, eines der schönsten Stadttore des Landes, verließen die Pilger dann Hainburg und wandten sich in Richtung **Deutsch-Altenburg**. Dieses bot mit seinen seit der Antike genutzten Jodquellen auch erkrankten Wallfahrern Linderung. Wie im Nachbarort **Petronell** erhebt sich neben den romanischen Pfarrkirchen auch hier ein runder Karner ebenfalls aus romanischer Zeit. Beide Gemeinden entstanden aus den Ruinen des Legionslagers und der Römerstadt Carnuntum, die sich einst über zehn Quadratkilometer ausdehnte. Neben dem Heidentor sahen die mittelalterlichen Wallfahrer sicherlich noch mehr Ruinen aufrecht stehen, während seit dem späten 19. Jh. moderne Archäologie immer mehr Zeugnisse antiker Hochkultur zum Vorschein bringt. Die Patrozinien St. Nikolaus in **Wildungsmauer** und St. Jakobus in **Regelsbrunn** verweisen auf den hohen Reise- und Pilgerverkehr. Letzte Station vor Wien war **Schwechat**, das bis zur Zerstörung im Zweiten Weltkrieg eine im Kern romanische Jakobskirche besaß. Das barocke Deckengemälde zeigte den Titelheiligen als himmlischen Kämpfer gegen die Mauren, da man auch hier dieses Beistandes gegen die türkische Bedrohung bedurfte.

Wien

Schon von weitem konnten sich die Pilger schließlich am Wahrzeichen der Stadt **Wien**, dem Steffel, orientieren. Dieser 1433 vollendete Südturm des Stephansdomes, der vom ehrgeizigen Bürgertum zu einer bis dahin unerreichten Höhe getrieben worden war, ist neben dem Straßburger Münsterturm der einzige fertiggestellte zahlloser gigantischer Planungen in den Bauhütten der Kathedralen. Dem gotischen Stephansdom statteten sicherlich alle Pilger einen Besuch ab, denn er beeindruckte nicht nur als Bauwerk, sondern auch durch den Reichtum seines Reliquienschatzes, zusammengetragen durch die Habsburger. Besonders nachdem es Kaiser Friedrich 1469 gelungen war, die Kirche zur Kathedrale eines nach zähem Ringen mit dem Bischof von Passau neu gebildeten Bistums erheben zu lassen, erforderte das Prestige als Landes- und Hauptstadtkirche dies. Im Spätmittelalter fand an den Hauptwallfahrtstagen die Weisung der Reliquien von einem dauerhaft vor der romanischen Westfassade errichteten Heiltumsstuhl statt. Die Überreste dieses Schatzes sind heute im Dom- und Diözesanmuseum zu besichtigen. Im Bischofstor am nördlichen Seitenschiff konnte der hierher übertragene und dort eingemauerte Kolomanstein verehrt werden, über den das Blut des in Melk bestatteten Pilgerheiligen geflossen war.

Als Residenz der Habsburger und mittelalterliche Großstadt breitete sich in Wien vor den Jakobspilgern eine verwirrende Fülle von Plätzen, Gassen und Kirchen aus. Ein Ziel, das sie sicherlich trotz aller Eile angesteuert haben, war das Schottenstift am Rande des damaligen Stadtmauerrings. Nachdem Heinrich II. Jasomirgott 1155 das Herzogtum Bayern abgeben musste und dafür das im folgenden Jahr zum eigenständigen Herzogtum erhobene Österreich erhalten hatte, ließ er sich in Wien eine Pfalz errichten und holte aus seiner vormaligen Residenz Regensburg vom Kloster St. Jakob iroschottische Benediktinermönche zur Gründung einer weiteren Niederlassung. Diese nahmen sich ausdrücklich der durchreisenden Pilger an. Die 1200 vollendete romanische Kirche folgt dem Regensburger Vorbild, doch wird der heutige Eindruck bestimmt durch die Umgestaltung des 17. und 19. Jh. In der Krypta ruht der Stifter nebst Gemahlin. Auf dem Marienaltar befindet sich das älteste Wiener Gnadenbild der Muttergottes.

Falls die Pilger hier nicht mehr unterkommen konnten, bestanden genügend weitere kostenlose Beherbergungsmöglichkeiten. Um 1200 hatte Herzog Leopold VI. die Johanniter nach Wien gerufen, die mit seiner Unterstützung in der Annagasse Kirche, Kommende und ein Spital errichteten. Die namensgebende Annakirche in der gleichen Gasse geht auf die Kapelle einer Pilgerherberge zurück. Im Schatten des Stephansdomes erstreckt sich das ausgedehnte Areal einer Niederlassung des Deutschen Ritterordens, der zu Beginn des 13. Jh. ebenfalls von Leopold VI. in seine Hauptstadt gerufen wurde und Pilger beherbergte.

Von Wien nach Melk

Von Wien aus boten sich mehrere Wegvarianten an, um weiter nach Westen zu ziehen. Die heutige Markierung führt die Wanderer durch den Wienerwald über Purkersdorf bis nach Ried am Riederberg, dann weiter über Sieghartskirchen, Würmla, Herzogenburg und Stift Göttweig nach Mautern wieder an die Donau. Dabei wurden jedoch zwei wichtige mittelalterliche Heilsstationen einer schöneren Streckenführung geopfert. So werden viele Pilger der Vergangenheit Wien donauaufwärts verlassen haben, um bald schon **Klosterneuburg** zu erreichen, einen der landesgeschichtlich bedeutendsten Orte Österreichs. Wie der Name schon sagt, wurde hier eine weltliche in eine geistliche Burg umgewandelt. Initiator dieser Umwandlung war der Babenberger Herzog Leopold III., später heilig gesprochen und Landespatron. Er konnte 1106 seinem aufsteigenden Geschlecht durch die Heirat mit Agnes, Schwester Kaiser Heinrichs V. und Witwe des Schwabenherzogs Friedrich von Hohenstaufen, neues Prestige verleihen und schuf sich anschließend in Klosterneuburg einen neuen Herrschaftssitz, an dessen Palastkapelle er zunächst Kanoniker berief. 1133 wurden die Stiftsherren durch Augustiner-Chorherren abgelöst, da der Landesherr für sein Seelenheil eine repräsentative Grabstätte wünschte. Die mittelalterliche Klosterchronik verknüpft die Gründung mit der sogenannten Schleierlegende: Leopold machte mit seiner frisch angetrauten Gemahlin einen Ausflug auf die Höhen des Wienerwaldes. Dort ergriff ein Windstoß den Schleier der Fürstin und führte ihn davon. Angeblich fand Leopold ihn neun Jahre später bei einer Jagd unversehrt an einem Busch, was er als göttliches Zeichen zur Gründung des Chorherrenstiftes an der ihm so wunderbar aufgezeigten Stelle auffasste.

1136, kurz bevor Leopold starb, konnte die damals größte Kirche des Landes geweiht werden. Zwanzig Jahre später wurde die Residenz zwar ins nahe Wien verlegt, doch behielt das Stift seine Rolle als Nationalheiligtum, zumal Leopold bald als Heiliger verehrt wurde. Auf dem Höhepunkt mittelalterlichen Wall-

Das Augustiner-Chorherrenstift Klosterneuburg ist dank des Grabes des hl. Herzogs Leopold bis heute österreichisches Landesheiligtum.

fahrtswesens holten die Habsburger 1485 die offizielle Heiligsprechung durch den Papst nach und ließen die Gebeine in einen neuen Silberschrein umbetten. Von der immens prachtvollen romanischen Kirchenausstattung kündet noch der nach seinem Meister Nikolaus von Verdun benannte Verduner Altar. Wohl 1181 vollendet, schmückten die kostbaren Emailtafeln mit Szenen aus dem Alten und Neuen Testament einst das Lesepult vor dem Chor.

1730 begann Kaiser Karl VI. mit dem gewaltigen Neubauprojekt eines Klosterpalastes, der Klosterneuburg in einen österreichischen Escorial verwandeln sollte. Nur ein Viertel der geplanten Anlage konnte vollendet werden und erhebt sich heute östlich des mittelalterlichen Klosters. Als Zeichen des Gottesgnadentums und der unlösbaren Verbindung von Thron und Altar sollten die Kuppeln neben der Kaiserkrone die Kronen der österreichischen Länder tragen. Im Stiftshof findet sich noch eine Wand des romanischen Palas der Babenberger Herzöge. Leider wurde im 18. Jh. die daneben stehende Palastkapelle, ein Meisterwerk der Frühgotik mit reichem Reliquienschatz, abgerissen. Im Spätmittelalter entstanden im Schatten des Stiftes zwei Chorfrauenstifte, die durch ihre Patrozinien, Magdalena und Jakobus, ihren Bezug zum Pilgerverkehr erkennen lassen. Im Ort hat sich noch das Stiftshospital mit einer der hl. Gertrud von Nivelles geweihten Kapelle erhalten, das im Kern noch aus der Romanik stammt. Hier und in den zahlreichen Klosterhöfen der Stadt fanden Pilger Obdach.

Nächste Station flussaufwärts war **Tulln**, seit der Römerzeit ein wichtiger Donauübergang und -hafen. Die mittelalterliche Bedeutung der Stadt lässt sich noch an der romanischen Basilika des hl. Stephan, vor allem aber an der benachbarten, doppelgeschossigen Dreikönigenkapelle ablesen. Während das Untergeschoss als Karner diente, muss das den Reisepatronen geweihte Obergeschoss des Zentralbaus von erheblicher kultischer Bedeutung gewesen sein. Denn sonst hätte man hier nicht mit großem Aufwand das prachtvollste Portal der Spätromanik in Österreich angebracht. Leider verschwand nach seiner Auflösung Ende des 18. Jh. das dem Heiligen Kreuz geweihte Dominikanerinnenkloster. 1280 gründete es kein geringerer als König Rudolf von Habsburg zum Dank für den endgültigen Sieg über seinen erbitterten Gegner, König Ottokar von Böhmen, zwei Jahre zuvor in der Schlacht am Marchfeld. Rudolf stattete seine Stiftung wahrhaft königlich mit Reliquien aus, die viele Pilger anzogen. Der Schatz, der teils auf den Altären der Kirche, teils auf der Nonnenempore verwahrt wurde, bestand unter anderem aus über einhundert Schädeln der Elftausend Jungfrauen aus Köln. Visionen veranlassten die Nonnen, im Spätmittelalter die Häupter neu zu fassen, um deren Verehrung wieder anzukurbeln.

Über Erpersdorf und Traismauer zogen die Pilger zum **Stift Göttweig**, das bis heute als machtvolle Gottesburg das Donautal beherrscht. Nach einem Großbrand 1718 ergriff der damalige Abt tatkräftig die Gelegenheit, seinem Kloster durch ein gigantisches Neubauprojekt unter den bauwütigen Nachbarklöstern wieder Geltung zu verschaffen. Kein geringerer als der Wiener Hofarchitekt Johann Lukas von Hildebrandt entwarf die Pläne, die aber nur zu einem Teil vollendet werden konnten. Nur noch wenige Spuren wie die Erentrudiskapelle im weiten Stiftshof, vor allem aber die Krypta unter dem spätgotischen Chor der Abteikirche führen in die mittelalterliche Vergangenheit. In der Krypta werden bis heute das Göttweiger Gnadenbild, Maria mit ihrem toten Sohn auf dem Schoß, und die Reliquien des Gründers, des hl. Altmann, verehrt. Dieser wirkte im späten 11. Jh. als Reformbischof in Passau, bevor er als Anhänger des Papstes im Investiturstreit vom Kaiser vertrieben wurde. Im Ostteil seiner damals noch riesigen Diözese gründete er am Ort eines keltischen Heiligtums 1083 das Augustiner-Chorherrenstift Göttweig.

Auch mittelalterliche Pilger dürften den Weiterweg entlang der Donau durch die Kulturlandschaft der Wachau besonders genossen haben. Hierbei folgten sie dem südlichen Ufer nach Melk, einer der wichtigsten Stationen des Pilgerweges entlang der Donau. Sie kamen zunächst nach **Mautern**, wo schon der hl. Severin im späten 5. Jh. in einem wichtigen Römerort ein Kloster gründete und dort 482 starb. **Rossatz** besitzt eine Jakobskirche, die im Kern noch aus dem 13. Jh. stammt. Das große, spätgotische Christophorus-Fresko an der Außenwand der Kirche des Ortes **St. Johann im Mauertale** war als Reiseschutz für die durchziehenden Pilger und die vorbeifahrenden Schiffe gedacht. Kurz nachdem sie an der hoch über ihnen aufragenden Burg Aggstein vorbeikamen, heute eine der beeindruckendsten Ruinen des Landes, konnte die Kartause **Marienpforte** nahe Aggsbach-Dorf angesteuert werden. 1380 gegründet, bestand sie 400 Jahre lang bis zur Auflösung durch Joseph II. Die gut erhaltene Gesamtanlage vermittelt anschaulich die Besonderheiten eines Kartäuserklosters, einer Verbindung zwischen Gemeinschaftsleben und Eremitentum. Während die Mönche abgeschlossen von der Außenwelt in ihren Einzelhäuschen rund um den großen Kreuzgang lebten, konnten Pilger in dem der Welt zugewandten Bereich des von Brüdern betriebenen Wirtschaftshofes Verpflegung erhalten. Seit seiner Gründung 1666 bot dies auch das nahe Servitenkloster an, das als besondere Attraktion in seiner Kirche eine

Die mittelalterlichen Pilger konnten Stift Melk noch nicht in seiner barocken Pracht erleben. Sie wurden von den Reliquien des hl. Koloman angezogen, der als Pilger den Märtyrertod an der Donau erlitten hatte.

Nachbildung des Heiligen Grabes in Jerusalem verwahrt. Vorbei am wunderbar auf einem Felsen über der Donau gelegenen Schloss Schönbühel, das auf eine Gründung im 12. Jh. zurückgeht, bot sich bald der beeindruckende Blick auf das nächste Etappenziel.

Dem Ausspruch der Kaiserin Maria Theresia „Es hätte mich gereuet, so ich nit hier gewesen" kann wohl auch heute noch jeder Besucher von Stift **Melk** beipflichten. In unnachahmlicher Schönheit erhebt sich hier als krönender Abschluss der Wachau ein barocker Klosterpalast der Superlative auf einem Felsen über der Donau. Bereits 1089 wandelten die Babenberger ihre Burg in eine bis heute bestehende Benediktinerabtei um, da sie kurz zuvor ihre Residenz nach Klosterneuburg verlegt hatten. Hauptanziehungspunkt für die mittelalterlichen Pilger war das Grab des hl. Koloman in der Klosterkirche. Koloman, ein irischer Pilger, war 1012 auf dem Weg ins Heilige Land kurz vor Wien von der misstrauischen Bevölkerung in Stockerau gelyncht worden, da sie ihn für einen böhmischen Spion hielt. Erst als der Leichnam des Gehängten nicht verwesen wollte, kam man ins Grübeln. Das Wunder bewies Kolomans Unschuld, so dass das Volk ihn aus schlechtem Gewissen heraus kurzerhand zum Heiligen erklärte. Schon zwei Jahre nach seinem Tod ließ ihn der Babenberger Herzog Heinrich I. in seine Burg Melk überführen, wodurch Koloman seine Karriere als Landesheiliger begann. Dargestellt wird er in Pilgertracht, und nur der Strick unterscheidet ihn von den Pilgerheiligen Jakobus und Jodokus. Im 14. Jh. erhielt Koloman durch Herzog Rudolf IV. ein prachtvolles gotisches Hochgrab, das leider Anfang des 18. Jh. abgebrochen wurde, als Abt und Konvent den vollständigen Neubau von Kirche und Kloster durch den genialen Jakob Prandtauer in Auftrag gaben. Heute ruhen seine Gebeine in einem barocken Sarkophag auf einem Seitenaltar im Querhaus. Die Schatzkammer des Klosters enthält als wichtigste Reliquie einen Splitter vom Kreuz Christi, den Rudolf IV. kostbar fassen ließ.

Von Melk über St. Florian nach Salzburg

Von Melk aus folgten die Pilger weiter der Donau. Unterwegs boten in **Säusenstein** die im 14. Jh. vom mächtigen Geschlecht der Wallseer direkt am Flussufer errichtete Zisterzienserabtei Gottesthal oder aber das Spital in der Handelsstadt **Ybbs** Unterkunft und Verpflegung. Pilger der Barockzeit werden von Melk aus wohl auf der linken Donauseite weiter gereist sein, um dem Mitte des 17. Jh. mächtig aufblühenden Wallfahrtsort **Maria Taferl** einen Besuch abzustatten. Der Taferlstein neben der Kirche erinnert daran, dass der exponierte Ort vermutlich eine Vorgeschichte als keltisches Heiligtum hatte. Von Ybbs aus kamen die Pilger nach **Neustadtl Markt**, das seit der Mitte des 12. Jh. eine Jakobuskirche besitzt. Heute verlockt ihr schönes spätgotisches Gewölbe zu einem Besuch. Auf dem Weg zum nächsten Etappenziel, Stift Ardagger, kamen die Wallfahrer am **Kollmitzberg** vorbei, den wohl manche bestiegen. Eine Wallfahrtskapelle zur hl. Ottilie löste dort im Spätmittelalter einen heidnischen Kultplatz ab, an den Opfersteine und die 1000-jährige Eiche erinnern.

Stift Ardagger verdankt seine Entstehung 1049 dem Gelübde der tieffrommen Kaiserin Agnes von Poitou, Gemahlin Heinrichs III., die hier während eines Jagdaufenthalts ein gesundes Kind zur Welt brachte. Die spätromanische Kirche mit ihrer stimmungsvollen Krypta birgt als besondere Kostbarkeit ein vollständiges Glasfenster mit der Legende der hl. Märtyrerin Margarethe, das um 1230 entstand. Von Ardagger aus gingen die meisten Pilger wohl weiter donauaufwärts nach Enns. Doch bot sich auch eine attraktive, südliche Variante an, die bei Stift Lambach wieder in diesen Weg einmündet: Sie führt zum landschaftsbeherrschenden **Sonntagberg**, einem keltischen Kultplatz, an dem seit dem Spätmittelalter die Heilige Dreifaltigkeit verehrt wird, sowie über **Steyr**, dessen gotische Stadtpfarrkirche den Pilgerheiligen Ägidius und Koloman geweiht ist. Auf der Strecke lockten auch die beiden Benediktinerabteien **Seitenstetten** und **Kremsmünster** mit ihrer Gastlichkeit und ihren Reliquienschätzen. Nahe Kremsmünster liegt in **Weigersdorf** mit der spätgotischen Pfarrkirche St. Jakob eines seiner schönsten Heiligtümer.

Von Stift Ardagger aus kamen die Pilger über **Zeillern** mit einer im Kern noch romanischen Jakobskirche, die Benediktinerinnenabtei in **Erla** und **St. Pantaleon** mit gleichnamiger Kirche, in deren romanischer Krypta Reliquienpartikel dieses hochbedeutenden Märtyrers und heiligen Arztes verehrt wurden, nach **Enns**. Das wohl erhaltene Stadtbild erfreut bis heute. Neben dem Frauenturm bestand im Mittelalter eine Niederlassung der Johanniter, die in ihrem Hospiz Pilger betreuten. Das Patrozinium Maria Schnee der

Der hl. Florian gilt bis heute als Schutzpatron gegen Feuersbrunst. Auf dem spätgotischen Tafelgemälde aus dem Stift St. Florian löscht der Heilige mit einem Wasserkübel eine brennende Burg.

Unsichtbare Begleiter

Pilgerheilige und heilige Pilger

Da die Gefahren und Unwägbarkeiten einer Fernwallfahrt übergroß waren, kompensierten viele Pilger ihre Angst mit der Anrufung eines besonders geeigneten Heiligen, der selbst einmal als Wallfahrer unterwegs gewesen oder Patron eines berühmten Pilgerzieles war. Auch Heilige, die durch ein spektakuläres Wunder Wallfahrer aus Lebensgefahr gerettet hatten, wurden als Pilger-Heilige angesprochen. Die letzten beiden Kriterien erfüllte Jakobus der Ältere. Sein „Hühnerwunder" gehört zu den am häufigsten dargestellten Errettungswundern eines Pilgers im Mittelalter (s. Santo Domingo de la Calzada auf dem spanischen Jakobsweg). Obwohl Jakobus zu seinen Lebzeiten nicht als Pilger unterwegs war, wurde er, besonders im Spätmittelalter, fast ausschließlich in Pilgertracht dargestellt. Dadurch war eine direkte Identifikation der Pilger mit ihrem Patron möglich.

Zum Verwechseln ähnlich mit solchen Jakobus-Darstellungen sind jene des hl. Jodokus (Jost), der nur durch eine Krone zu seinen Füßen von Jakobus unterschieden werden kann. Der Legende nach war er ein schottischer Königssohn, der zugunsten eines Lebens als Pilger und Eremit auf alle weltlichen Würden verzichtete. Sein Wallfahrts- und Grabort ist St-Josse-sur-Mer in der Bretagne. Noch zwei weitere Heilige, Rochus und Wendelin, schafften es in die erste Liga der Pilgerheiligen und sind dementsprechend als Wallfahrer dargestellt. Immer wieder trafen Pilger unterwegs auch auf Verehrungsstätten lokaler heiliger Pilger, die zusätzlich angerufen werden konnten.

Für die Rekonstruktion mittelalterlicher Pilgerwege sind Patrozinien bestimmter Heiliger ein wichtiges Indiz. Denn neben den schon oben Genannten sind auch Maria Magdalena, Leonhard, Ägidius oder Antonius der Einsiedler Pilgerheilige, da sie den Schutz der Pilger auf der Reise zu ihren Hauptverehrungsorten garantierten, die alle auf den wichtigen französischen Jakobswegen lagen. Eine Sonderfunktion nimmt der hl. Christophorus ein. Der Legende nach trug der Riese nach langer Irrfahrt schließlich im Auftrag eines Einsiedlers Pilger durch eine gefährliche Furt, darunter einmal sogar das Christuskind, weshalb er neben Nikolaus besonders für gefährliche Flussübergänge als himmlischer Patron zuständig war. Daneben war er im Mittelalter der Schutzheilige gegen den sog. „schlechten Tod", also den plötzlichen Tod, vor dem der mittelalterliche Mensch – und insbesondere der Pilger – große Angst hatte. Denn so konnten die Sünden nicht mehr bereut sowie keine Absolution und keine Sterbesakramente empfangen werden. Dem mittelalterlichen Glauben nach sollte aber der Anblick einer Christophorus-Darstellung wenigstens für diesen Tag vor dem plötzlichen Tod schützen. Daher sind die Wandmalereien oder Figuren dieses Heiligen immer besonders groß und meist in Eingangsnähe an Kirchen angebracht, damit der Pilger sie nicht übersah. Die Christophorus-Plakette in manchen Autos ist ein letzter Rest dieser Vorstellung.

ehemaligen Minoritenkirche verweist auf die Gründungslegende von Maria Maggiore in Rom, einem der Hauptpilgerziele der Ewigen Stadt. Ein gotisches Kleinod ist die für die Familie der Wallseer angebaute Kapelle.

Auf dem Weiterweg in Richtung Salzburg gehörte ein Besuch des Augustiner-Chorherrenstiftes **St. Florian** zum absoluten „Muss". Dortiger Anziehungspunkt war das Grab des hl. Florian, des bis heute populärsten Heiligen Österreichs. Der Legende nach fiel Florian, ein römischer Offizier, der Christenverfolgung durch Kaiser Diokletian zum Opfer, als er gefangene Christen in Lorch bei Enns befreien wollte. Nachdem er auch unter Folter nicht von seinem Glauben abließ, wurde er schließlich mit einem Mühlstein in die Enns geworfen, wo eine christliche Frau namens Valeria wenig später seinen angespülten Leichnam fand und ihn würdig bestattete. Am häufigsten wird Florian bei der Löschung eines brennenden Hauses dargestellt – dies geht auf ein angebliches Wunder zurück, bei dem der Heilige nur durch sein Gebet einen Brand löschte. Hüteten wohl seit dem 8. Jh. Benediktiner sein Grab, wurden sie 1071 durch Augustiner-Chorherren abgelöst, die bis heute hier leben. Der Neubau (1686–1751) der riesigen Gesamtanlage, neben Klosterneuburg und Melk das dritte große klösterliche Gesamtkunstwerk des österreichischen Barock, war Ausdruck der gestiegenen Verehrung Florians. Denn nicht nur Maria, sondern auch seiner Fürbitte schrieb man den Sieg über die Türken vor Wien (1683) zu. So stattete Kaiser Leopold im folgenden Jahr dem Heiligen durch seinen Besuch persönlich Dank ab.

In St. Wolfgang am gleichnamigen See erinnert einer der prachtvollsten Altäre der Spätgotik daran, dass hier ein bedeutender Wallfahrtsort zu diesem heiligen Regensburger Bischof des 10. Jh. bestand.

Mittelalterliche Pilgerinnen werden zusätzlich das Grab der seligen Wilbirg aufgesucht und diese um Schutz für die gefährliche Reise gebeten haben, denn sie wallfahrte im frühen 13. Jh. zusammen mit ihrer Freundin Mathilde selbst nach Santiago. Nach ihrer Rückkehr zog sie sich als Inklusin nach St. Florian zurück, wo sie bis zu ihrem Tod eingemauert in einer Zelle neben der Kirche lebte. Nur kleine Öffnungen verbanden sie mit der Außenwelt und dem Gotteshaus, damit sie Nahrung erhalten und am Gottesdienst teilnehmen konnte. Heutiges Pilgerziel ist das Grab des Komponisten Anton Bruckner unter der von ihm so verehrten Barockorgel.

In St. Florian mussten die Pilger sich entscheiden, ob sie den nachfolgend beschriebenen Weg durch die Alpen gehen oder aber über Linz und die beiden Zisterzienserabteien Wilhering und Engelszell nach Passau ziehen wollten, um von dort dem oberbayerischen Jakobsweg zu folgen. In Richtung Alpen kamen die Wallfahrer von St. Florian aus auf ihrem Weg nach Wels zunächst an der kleinen gotischen Kirche St. Leonhard bei **Pucking** mit ihren schönen Fresken vorbei, deren Patrozinium auf den Pilgerweg verweist. **Wels** war in römischer Zeit Sitz eines Statthalters, und die verkehrsgünstige Lage sicherte auch im Mittelalter beträchtlichen Wohlstand, der sich noch an zahlreichen Bauten ablesen lässt. Hier boten Hospitäler Unterkunft.

Über die spätgotische Wallfahrtskirche Maria Schauersberg steuerten die Jakobspilger anschließend die Abtei **Lambach** an. Diese war nicht nur wegen der Gastfreundschaft der Benediktiner ein wichtiges Etappenziel: Das Kloster wartete auch mit einem Heiligengrab des Gründers Adalbero auf. 1056 hatte er nach seiner Ernennung zum Bischof von Würzburg durch den Kaiser die Stammburg seiner Familie, der Grafen von Wels-Lambach, in ein Kloster umgewandelt. Da er im Investiturstreit allerdings nicht auf Seiten des Kaisers, sondern des Papstes stand, musste er seinen Bischofsthron schließlich räumen und zog sich nach Lambach ins Exil zurück. Dort förderte er seine Stiftung tatkräftig und wurde 1090 in der gerade fertig gestellten Klosterkirche begraben. Als Dank für seine Treue und als Vorbild für die anderen deutschen Reichsbischöfe sprach der Papst seinen Anhänger heilig. Wer heute Stift Lambach besucht, kann inmitten der barocken Pracht noch ein überragendes Zeugnis aus der Zeit Adalberos finden, die romanischen Wandmalereien im erhaltenen Westchor. Ende des 11. Jh. entstanden, gehören sie zu den wichtigsten Zeugnissen romanischer Kirchenausmalung in Mitteleuropa. Beeindruckt schauten die Pilger zu den Schilderungen der Heilsgeschichte hinauf. Dass Herodes hier als Beispiel eines schlechten Herrschers so ausführlich vorkommt, geht wohl auf Anregung des enttäuschten Adalbero zurück.

Jakobspilger des 18. Jh. werden sicherlich auch die Wallfahrtskirche zur Allerheiligsten Dreifaltigkeit im Dorf **Stadl Paura** kurz hinter Lambach aufgesucht haben. Aufgrund eines Gelübdes bei Verschonung vor der Pest begann der Lambacher Abt Maximilian Pagl 1714 der Dreieinigkeit hier eine der schönsten Rokokokirchen Österreichs zu errichten.

In **Vöcklabruck** konnten die Pilger das namensgebende Flüsschen überqueren und im 1143 gegründeten St. Ägidius-Hospital übernachten, das dem Augustiner-Chorherrenstift St. Florian unterstand – der Titelheilige verweist deutlich auf die Fernwallfahrer, die hier Station machten. Im späten 17. Jh. wurden Kirche und Spital allerdings im Barockstil neu errichtet. Nach einem Neubau im ausgehenden 15. Jh. präsentiert sich demgegenüber die Remigiuskirche im benachbarten **Gampern** als ein wohlerhaltenes Gesamtkunstwerk der Spätgotik. Zahlreiche Pilger dürften schon den großen Schnitzaltar bewundert haben, der bis heute den Chor ausfüllt. Wie im Spätmittelalter üblich, wird auf ihm besonders die Gottesmutter verherrlicht, die hier von mehreren Heiligen begleitet ist. Über Frankenmarkt und Straßwalchen gelangten die Wallfahrer anschließend an den Wallersee, an dessen Ufer sie entlang zogen. Nur noch wenige Kilometer waren es von hier bis zur Metropole Salzburg. Unterwegs stießen sie in **Unzing** wieder auf eine Jakobskirche.

Mondsee und St. Wolfgang

Von Vöcklabruck bot sich eine attraktive Variante Richtung Salzburg an, der heute die A 1 folgt. Über St. Georgen im Attergau wurde auf dieser Route zunächst die altehrwürdige Benediktinerabtei **Mondsee** als Zwischenetappe angesteuert. Das 748 gegründete Kloster entwickelte sich im Hochmittelalter zu einem führenden monastischen Zentrum, doch als der spätgotische Neubau der Kirche in beeindruckender Größe entstand, hatte es seine Blütezeit allerdings schon hinter sich. Wer nun schon in Mondsee war, den lockte sicherlich ein Tagesabstecher zum bedeutendsten Kultort des Salzkammergutes, **St. Wolfgang**. Wolfgang (um 924–994) war Bischof von Regensburg, wo er auch begraben liegt. Als er aufgrund politischer Schwierigkeiten einige Zeit ins Kloster Mondsee ausweichen musste, soll er der Legende nach dort eine Kirche am Wolfgangsee errichtet haben, wo auf wundersame Weise eine von ihm geworfene Axt im Felsen

▾ Inmitten des barocken Prunks der Salzburger Altstadt vermittelt nur noch der Abteibezirk von St. Peter einen Einblick in die christlichen Anfänge der Domstadt, besonders die in die Felsen eingehauenen Kapellen am Friedhof.

stecken blieb. Wolfgang entwickelte sich im süddeutsch-österreichischen Raum zu einem der beliebtesten Heiligen des Mittelalters. Daher förderte die Abtei Mondsee den Wallfahrtsort am See, der sich zu seiner Hauptverehrungsstätte entwickelte, nach Kräften. Anziehungspunkt heutiger Kunstpilger ist der großartige Hochaltar, geschaffen 1471–1481 vom Maler und Bildhauer Michael Pacher. Das Hauptwerk mittelalterlicher Altarbaukunst in Österreich huldigt bei der Festtagsöffnung vorrangig der Gottesmutter, deren Krönung im Schrein neben den Figuren Wolfgangs und Benedikts gezeigt wird. An Werktagen, an denen der Altar zugeklappt war, konnten die Wallfahrer gemalte Szenen aus dem Leben Wolfgangs betrachten.

Salzburg war sicherlich auch schon für die mittelalterlichen Pilger ein Höhepunkt auf dem österreichischen Jakobsweg. Überragt von der Festung Hohensalzburg des erzbischöflichen Stadtherrn präsentierte sich damals aber das Stadtbild noch nicht in der barocken Prägung, die es heute auszeichnet. Im Mittelalter hatten die Pilger vor allem den gewaltigen fünfschiffigen und -türmigen Dom vor Augen, der wohl eines der bedeutendsten spätromanischen Bauwerke nördlich der Alpen war. Hier verehrten sie das Grab des hl. Virgil, erster Bischof und Erbauer des ersten Domes. 1598 wurde der mittelalterliche Prachtbau allerdings nach einem Brand abgerissen und in der heutigen Form neu errichtet. Das Dommuseum bewahrt mit Kreuz, Stab und Trinkflasche des hl. Rupert, des Begründers des christlichen Salzburg, einige Teile des einstigen Reliquienschatzes auf. Rupert kam Ende des 7. Jh. nach Salzburg, gründete die Benediktinerabtei St. Peter und bekehrte den Landesherrn zum christlichen Glauben. Seine Grabstätte und die des hl. Vitalis können in spätgotischer Form bis heute in der im Kern romanischen Klosterkirche besucht werden. Bis ins 10. Jh. hinein war der Erzbischof von Salzburg zugleich Abt von St. Peter. Von hier aus begann in karolingischer Zeit die Missionierung Österreichs und Westungarns.

Zu den eindrucksvollsten Erlebnissen auch eines heutigen Salzburgbesuches zählt ein Gang über den Petersfriedhof und die Katakomben in der darüber aufragenden Felswand des Mönchsberges. Die in den Stein gehauenen Kapellen aus der Frühzeit des Christentums in Salzburg wurden von Pilgern als Erinnerungsstätten an den hl. Rupert besucht. Die Maximuskapelle barg die Gebeine dieses Märtyrers. Darüber gelangte man in eine der ältesten dem hl. Thomas von Canterbury geweihten Kapellen auf dem Kontinent. Nach so vielen Heiligen können sich Besucher seit Jahrhunderten unter den romanischen Gewölben des Peterskellers stärken.

Wer auf Pilgerspuren in Salzburg wandelt, sollte von St. Peter hinauf zum Stift Nonnberg gehen, der ältesten noch bestehenden Benediktinerinnenabtei im deutschen Sprachraum. Dort hüten fromme Frauen bis heute das Grab ihrer Gründerin, der hl. Erentrudis, Nichte des hl. Rupert. Noch an einer anderen Stelle, der Kirche Unserer Lieben Frau, lässt sich inmitten der barocken Stadt ins Mittelalter eintauchen. Im Anschluss an das romanische Langhaus rahmt der großartige Hallenchor des 15. Jh. das spätgotische Gnadenbild der Muttergottes von Michael Pacher.

Durch das Inntal

Beim Aufbruch von Salzburg überquerten die Pilger zunächst die Salzach und mussten sich nun entscheiden, ob sie den bayerischen Jakobsweg durch das Voralpenland bis zum Bodensee einschlagen oder aber, wie nachfolgend beschrieben, die etwas kürzere Strecke durch die Tiroler Alpen nehmen wollten. Über **Gois** mit seiner gotischen Jakobskirche und Marzoll zogen sie zunächst nach **Bad Reichenhall**. Die bedeutende Salzstadt bot noch einmal Gelegenheit, sich vor der Wanderung durchs Gebirge seelisch und körperlich zu stärken. Anziehungspunkt war zunächst die romanische Basilika St. Zeno, deren Ausmaße allein schon beeindruckten. Die Pilger verehrten hier die Reliquien des Titelheiligen, die schon Anfang des 9. Jh. von Verona hierher gebracht worden waren. Erzbischof Konrad I. von Salzburg gründete an der Kirche 1131 ein Augustiner-Chorherrenstift, das sich natürlich auch der Wallfahrer annahm. Wer hier nicht unterkam, für den gab es noch das Spital St. Johann, dessen Kirche aus der Romanik ebenfalls noch erhalten ist. Der dritte romanische Sakralbau Reichenhalls, die Stadtpfarrkirche, ist dem Reisepatron Nikolaus geweiht.

Von Reichenhall aus folgten die Pilger der Saalach bis Lofer hinein ins Gebirge, nicht ohne in Unken wieder an einem Heiligtum ihres Patrons Halt zu machen. In Lofer mussten sie ins Strubtal abbiegen und folgten anschließend dem Weg bis **St. Johann in Tirol**, das aufgrund seiner geographischen Lage in einem breiten Talkessel zwischen dem Gebirgsmassiv des Wilden Kaisers und dem Kitzbüheler Horn schon seit jeher ein wichtiger Verkehrsknotenpunkt war. Die äußerlich unscheinbare Spitalkirche St. Nikolaus in der Weitau erinnert dort noch heute an die Pilger des Mittelalters. Sie birgt im Innern spätgotische Fresken und ein vollständig erhaltenes gotisches Kirchenfenster mit Heiligendarstellungen. Über Going, Scheffau und Söll erreichten die Pilger in Wörgl das breite Inntal, das aufgrund seiner Verkehrsbedeutung sowie der reichen Bergwerke und Salinen schon im Mittelalter zu den am dichtesten besiedelten Alpentälern gehörte. Vorbei an der schönen spätgotischen Wallfahrtskirche **St. Leonhard auf der Wiese** mit einem riesigen Außenfresko des hl. Christophorus folgten die Pilger dem Fluss dann bis **Rattenberg**. Durch seine Kupfererzgruben zu beträchtlichem Wohlstand gekommen, hat sich das prächtige Stadtbild bis heute gut bewahrt. Die spätgotische Pfarrkirche St. Virgil besitzt zwei Schiffe, da Knappen und Bürger zwei getrennte Gemeinschaften innerhalb der Stadt bildeten. Für die Pilgerversorgung war das Servitenkloster am Innufer zuständig.

▲ Oberhalb von Schwaz erhebt sich über dem Inntal die Wallfahrtskirche St. Georgenberg.

Zwischen Rattenberg und Schwaz, vorbei an der Jakobskirche in Strass im Zillertal, bildete die Grabstätte der hl. Notburga in **Eben am Achensee** eine eindrucksvolle Zwischenstation. Notburga war eine einfache Magd auf der benachbarten Rottenburg nahe dem Eingang ins Zillertal. Trotz ihrer geizigen Herrschaft zeigte sie sich gegenüber den Armen wohltätig. Als sie ihr Herr einmal mit einer vollen Schürze auf dem Weg zu den vor dem Tor wartenden Bettlern erwischte, verwandelte sich der Wein in Lauge und das Brot zu Sägespänen. Am häufigsten dargestellt ist allerdings das Sichelwunder: Der Legende nach sollte Notburga nach dem Läuten der Abendglocken weiterarbeiten, obwohl sie zur Messe wollte. Da hängte sie einfach ihre Sichel in die Luft, die dort wundersam stehen blieb. Nach ihrem Tod zog ein führerloses Ochsengespann den Leichnam nach Eben, eine interessante Parallele zur Jakobuslegende. In der Barockzeit fasste man Notburgas Gebeine in kostbare Klosterarbeiten und stellte sie in eine Vitrine auf den Altar. Fresken schildern das Leben der Patronin der Dienstboten. Auch in der Ruine der Rottenburg nahe Strass im Zillertal wurde eine Kapelle zu ihrem Gedenken eingerichtet.

▲ In der Nikolauskirche von Hall in Tirol hat sich in barocker Präsentation ein im Spätmittelalter zusammengetragener Heiltumsschatz erhalten.

Nächster Etappenort war **Schwaz**, das im Mittelalter eines der ertragreichsten Silberbergwerke in Europa besaß. Sichtbarstes Zeichen des damaligen Reichtums ist die Ende des 15. Jh. errichtete Stadtpfarrkirche, die wie in Rattenberg eigentlich aus zwei getrennten Kirchen für Knappen und Bürger besteht. Nur ein kurzer Weg führte die Pilger von dort hinauf nach **St. Georgenberg**, das auf einem Felsen nördlich der Stadt über der Wolfsklamm thront. Ende des 10. Jh. gegründet, entwickelte sich die Benediktinerabtei, die auch dem hl. Jakobus geweiht war, zum ältesten und bedeutendsten Wallfahrtsort Tirols. Etwas oberhalb des Klosters steht die im Kern romanische Marienwallfahrtskirche. Nach einem Brand Anfang des 18. Jh. verlegten die Mönche ihre Abtei ins mildere Inntal nach Fiecht, wo ein Neubau in den prächtigen Formen des Rokoko entstand.

Auf dem Weg von Schwaz nach Hall ist die 1654 vollendete Servitenkirche zum hl. Karl Borromäus in **Volders** bis heute ein Blick- und Anziehungspunkt. Der Gedanke der Dreieinigkeit durchzieht den eigenwilligen Bau bis hin zur Gestalt des Turms. Auch hier wurde sich der Pilger angenommen. Kurz vor Innsbruck machten die Wallfahrer schließlich in **Hall** Station, dessen wohlerhaltenes Stadtbild uns noch heute in die Zeit des Mittelalters zurückversetzt. Ihren Reichtum verdankte die Stadt, worauf schon der Name hinweist, der Salzgewinnung. Da der Inn bis hierher schiffbar war – was sicher auch manchem Pilger den Weg erleichterte – konnte das Salz leicht gehandelt werden. Folgerichtig ist die gotische Pfarrkirche im Zentrum der Stadt dem Patron der Schiffer, dem hl. Nikolaus, geweiht. In der Blütezeit des Wallfahrtswesens wurde sie ab dem Jahr 1500 zu einem hochrangigen Pilgerziel, denn damals übertrug der Ritter Florian Waldauf zu Waldenstein, einer der wichtigsten Berater Kaiser Maximilians, den von ihm zusammengetragenen Reliquienschatz hierhin – die wundersame Errettung aus Seenot war der Auslöser seiner frommen Sammelleidenschaft gewesen. In Köln hatten sich die Klöster und Stifte besonders freigiebig gezeigt, so dass sich unter den Überresten von über 500 Heiligen besonders viele der Elftausend Jungfrauen befinden. Auch wenn die kostbaren spätgotischen Metallfassungen in der Reformation verloren gingen, vermitteln die in einer Seitenkapelle der Kirche, der sog. Waldaufkapelle, in einer barocken Vitrine aufgereihten Schädel noch ein durchaus mittelalterliches Bild. Nahe der Kapelle findet sich noch ein Fresko mit Pilgerdarstellung. Östlich der Kirche erhebt sich die Magdalenenkapelle mit einem bedeutenden Weltgerichtsfresko über dem Karner, die ursprünglich dem hl. Jakobus geweiht war. Nahe dem Innufer erinnert gegenüber der Burg Hasegg die barocke Spitalkapelle an die durchziehenden Pilger. Etwas nördlich der Stadt gelegen, verlockte die spätgotische Marienwallfahrtskirche St. Michael in **Absam** vielleicht einige zu einem frommen Abstecher.

Nun war es nicht mehr weit bis zur bedeutendsten Stadt des Inntals, **Innsbruck**. Sie war nicht nur dank ihrer Lage am Aufstieg zum Brenner ein wichtiger Verkehrsknotenpunkt, sondern ab dem Spätmittelalter auch Hauptstadt Tirols. Auf ihre größte Blütezeit als Residenz Kaiser Maximilians verweisen die Hofhaltung mit dem Goldenen Dachl und das aufwendige Kaisergrab in der Hofkirche. An die Bedeutung als Pilgerstation erinnert das Patrozinium St. Jakob der barocken Domkirche, errichtet 1717–1724 vom Füssener Architekten Johann Jakob Herkomer. Kein geringerer als Cosmas Damian Asam verherrlichte mit den Deckenfresken den Kirchenpatron, der hier auch als Kämpfer gegen die Mauren dargestellt ist. Mittelpunkt des Hochaltares ist das Gnadenbild der Gottesmutter, gemalt von Lucas Cranach, das bis heute höchste Verehrung genießt. Die Maria-Theresien-Straße verbindet in barocker Pracht die Altstadt Innsbrucks mit Stift Wilten. Spitalkirche und Servitenkloster sind Zeugnisse des Pilgerbetriebs.

Das 1138 gegründete Prämonstratenser-Chorherrenstift **Wilten**, einst außerhalb der Stadt, war aus zweierlei Gründen ein Pilgerziel. Zum einen lockte die Gastfreundschaft der Chorherren, zum anderen die Wallfahrt zu Unserer Lieben Frau unter den vier Säulen. Das romanische Gästehaus und das Gnadenbild des 14. Jh. stammen noch aus der mittelalterlichen Blütezeit, während ansonsten barocke Pracht dominiert.

Auf ihrem Weg nach Westen zogen die Pilger wohl auf der alten Römerstraße am Nordufer des Inns entlang. An der Martinswand oberhalb von Zirl markiert bis heute ein Christusbild die Stelle, an der Kaiser Maximilian bei einem Jagdunfall gerettet wurde. In **Telfs**, wo sich einst eine Jakobskapelle befand, wechselte der Weg wieder auf das südliche Flussufer, wo die Zisterzienserabtei **Stams** willkommene Herberge bot. Die Lage der Klosteranlage inmitten des hier noch weiten Inntals hat bis heute nichts von ihrer Schönheit verloren. 1273 riefen Graf Meinhard von Görz-Tirol und seine Gemahlin Elisabeth von Wittelsbach Zisterzienser aus Kloster Kaisheim hierher, die zunächst die schon bestehende Wallfahrtskirche des hl. Johannes des Täufers nutzten, bis ihre Abteikirche fertig war. Während Graf Meinhard das Verwaltungsgeschick der Zisterzienser in seinem nördlichen Landesteil besonders schätzte, hatte seine Gemahlin allerdings religiösere Absichten bei der Gründung. Denn wenige Jahre zuvor war ihr Sohn aus erster Ehe, der letzte Staufer Konradin, in Neapel hingerichtet worden, und die Mönche sollten in Stams stetig für sein Seelenheil beten. Die romanische Klosterkirche wurde nach den Zerstörungen des Dreißigjährigen Krieges Ende des 17. Jh. barockisiert, ebenso die alte Johanneskirche.

Über **Silz** mit seinen beiden Jakobsbrunnen und **Haiming** mit einer ehemals St. Jakob geweihten Kirche zogen die Pilger weiter westwärts. Auf dem Weg nach Landeck bietet die spätgotische St. Vigil-Kirche in **Obsaurs** mit einem Pilgergrafitto von 1604 und dem Außenfresko des Reisepatrons Christophorus eine schöne Zwischenetappe. Wie das barocke Leinwandbild dreier zu christlichen Märtyrer-Jungfrauen umstilisierten keltischen Matronen innen über dem Portal vermuten lässt, ersetzt der Bau wohl eine vorchristliche Kultstätte. In Landeck, das von der mächtigen Burg der Grafen von Tirol überragt wird und in der Stadtpfarrkirche noch ein frühgotisches Gnadenbild der Muttergottes besitzt, verließen die Pilger schließlich das Inntal und folgten dem Flüsschen Rosanna in Richtung Arlberg. Ab Pettneu beherrscht nun eindeutig das Gebirge das immer enger werdende Tal. Vorher verweist St. Jakob am Arlberg mit seiner gleichnamigen Pfarrkirche samt Christophorus-Fresko an der Außenwand noch auf die hier durchziehenden Pilger. Heute dominieren nicht Kaufleute und Pilger das Tal, sondern massenhaft Skitouristen, die St. Anton lockt.

Hatten die Wallfahrer den **Arlbergpass** mit seinen 1800 Meter Höhe über einen steilen Saumpfad erklommen – immerhin der höchste Pass auf dem Weg nach Santiago – bot das dem Reisepatron Christophorus geweihte Hospiz Schutz, Unterkunft und Verpflegung. 1386 stiftete es der Kemptener Bürger Heinrich Findelkind, der als ehemaliger Hirte einer nahe gelegen Burg erlebte, wie erschöpfte Pilger hier Wind und Wetter schutzlos ausgesetzt waren. Das Hospiz mit

▼ Das Jakobspatrozinium der barocken Innsbrucker Domkirche verweist auf die Bedeutung der Stadt für den mittelalterlichen Pilgerverkehr nach Rom und Santiago.

▲ Der Arlbergpass stellte für die Pilger auf dem weiten Weg nach Santiago mit 1800 Meter den höchsten zu überquerenden Punkt dar. Ein Wintereinbruch konnte hier für sie fatale Folgen haben (Blick auf die Wildgrubenspitze).

seiner Kapelle besteht bis heute, allerdings nach einem Brand 1957 als Hotelneubau. Die Bruderschaft, die Heinrich zum Unterhalt gründete und die vor allem adelige Mitglieder hatte, wurde Anfang der 60er Jahre des 20. Jh. wieder begründet.

Vom Arlbergpass nach Feldkirch

Der Abstieg ins Klostertal erfolgte im Mittelalter wieder über einen kurvenreichen, steilen Saumpfad, dessen Spuren noch heute im Gelände erkennbar sind. Daher waren die Pilger sicher froh, in **Stuben** wieder auf eine menschliche Besiedlung zu treffen. Der Ortsname leitet sich ab von einer Wärmestube, die die Johanniter aus dem nahen Klösterle hier für die Reisenden unterhielten. Die seit dem 13. Jh. bezeugte Marienkirche bot zudem Gelegenheit, für den erfolgreichen Passübergang Dank abzustatten. Nur wenige Kilometer mussten die Pilger zurücklegen, bis sie in **Klösterle** Unterkunft und Verpflegung fanden. 1218 beauftragte Graf Hugo I. von Montfort die Johanniter aus Feldkirch, hier ein Hospiz zu errichten. Das Haus der Johanniter ist noch erhalten, während die dem hl. Johannes dem Täufer geweihte Kirche mit Ausnahme des Turmes einem Neubau weichen musste. Über Innerbraz mit seiner Pfarrkirche des Reisepatrons Nikolaus, Bings mit seiner Leonhardskapelle und Stallehr mit seiner Marienwallfahrtskirche erreichten die Pilger mit **Bludenz** das Ende des Klostertales. Die im 13. Jh. gegründete Stadt bot in einem bis heute mitsamt Kirche erhaltenen Spital Unterkunft, besaß aber auch ausreichend Gasthäuser. Das 1278 gegründete Dominikanerinnenkloster, das Anfang des 18. Jh. neu errichtet wurde, engagierte sich ebenfalls für die Pilger. Über Nüziders, das mit St. Vinerus vermutlich eine der ältesten Kirchen des Walgaus besitzt, führte der Weg hinauf zum Hängenden Stein, dem westlichsten Ausläufer der Lechtaler Alpen. In **Ludesch** ist die alte Pfarrkirche St. Martin dank ihrer in seltener Geschlossenheit erhaltenen mittelalterlichen Ausstattung ein Pilgerziel für Kunstfreunde. Die zweifache Darstellung des Reisepatrons Christophorus erinnert noch an die durchziehenden Wallfahrer. Von dort bot sich ein kurzer Abstecher ins Große Walsertal nach **St. Gerold** an, wo Pilger die Gebeine des hl. Gerold und die seiner beiden seligen Söhne Kuno und Ulrich verehren konnten. Angeblich war Gerold ein sächsischer Herzog, der bei Kaiser Otto I. in Ungnade gefallen war und auf Vermittlung des Abtes von Einsiedeln hier Mitte des 10. Jh. ein Büßerleben als Eremit führen durfte. Die Schweizer Benediktinerabtei errichtete hier eine Propstei, die ihr bis heute gehört und mittlerweile als Bildungshaus dient

Zurück auf dem Hauptweg nach Feldkirch wartet **Bludesch** mit einer dem hl. Jakobus geweihten baro-

Teufelswirte und Herbergsväter

Unterkunft und Verpflegung

Unser Wort „Pilger" kommt vom lateinischen Begriff „peregrinus" für Fremder. Im mittelalterlichen Deutsch meinte „Elender" das gleiche, dessen heutige Bedeutung einigermaßen zum Ausdruck bringt, wie man sich außerhalb der vertrauten Heimat fühlte. Für Pilger war die Zuwendung anderer Menschen in Form von Lebensmitteln und Unterkunft entlang ihres Weges lebensnotwendig, da sie nach dem Vorbild Christi in Armut unterwegs waren. Die Gebenden hatten ihrerseits auch etwas davon, denn damit übten sie Werke der Barmherzigkeit aus, was ihnen Pluspunkte beim Jüngsten Gericht verschaffte. Klöster waren ideale Anlaufstellen für Pilger – nicht nur wegen der Reliquien, die sie hier verehren konnten. Üblicherweise besaßen alle Klöster ein Gästehaus, wo Wallfahrer wie Christus selber aufgenommen werden mussten – so etwa die Forderung der Benediktsregel. Die Laienunterkünfte der Klöster lagen außerhalb der Klausur, um den streng geregelten Tagesablauf und die Ruhe der Mönche und Nonnen nicht zu stören. Meist befanden sie sich aus praktischen Gründen im vorgelagerten Wirtschaftshof nahe dem Eingangsbereich. In Städten bestand für Pilger ein von Ort zu Ort schwankendes Angebot an Hospitälern. Diese waren nicht systematisch nach dem tatsächlichen Bedarf an Pilgerbetten angelegt, sondern entstanden aus Privatinitiative vermögender geistlicher und weltlicher Stifter. In der Regel waren sie nicht allzu groß und boten häufig nur ein bis zwei Dutzend Pilgern Aufnahme, wobei Männer und Frauen getrennt schliefen, auch wenn sie verheiratet waren. Zwei Pilger oder Pilgerinnen mussten sich meist ein Bett teilen. Üblicherweise wurde nur eine Übernachtung gewährt, es sei denn, der Pilger war erkrankt. Vor dem Abendessen, das ausreichend, aber nicht allzu üppig war, mussten die Wallfahrer für das Seelenheil des Stifters ihrer Herberge beten. Für diesen rentierte sich seine Stiftung so über den Tod hinaus, da dem mittelalterlichen Glauben nach Gebete die noch im Fegefeuer schmorende Seele schneller aus diesem unerfreulichen Zustand befreien konnten. Die Pilger wurden in den Hospitälern meist von Heilig-Geist-Brüdern und -Schwestern betreut, aber auch von Beginen, weltlichen Angestellten oder Mitgliedern von Bruderschaften. Verantwortlich für die teilweise recht rigorose Durchsetzung der Disziplin waren Herbergsvater oder -mutter.

Wer weder im Hospital noch bei frommen Privatleuten unterkam, musste notgedrungen auf kommerzielle Herbergen ausweichen. Diese waren nicht nur teuer, sie hatten auch einen äußerst schlechten Ruf. Durch Trinkgelage, Fluchen, Prostitution und Kartenspiel geriet hier das Seelenheil des Pilgers schnell in Gefahr und damit der Erfolg der ganzen Wallfahrt. Immer wieder erzählten sich die Pilger Schauergeschichten von betrügerischen Wirten. Sie sorgten nicht nur für katastrophale hygienische Verhältnisse, sondern reichten ihren Gästen gepanschten Wein zu überteuerten Preisen. Manche Wallfahrer verstarben auffallend plötzlich in den Herbergen, da ihr mitgeführter Besitz nun dem Wirt zustand.

Schon der erste Pilgerführer nach Santiago, der *liber sancti jacobi* aus der ersten Hälfte des 12. Jh., lässt sich ausgiebig über den Missbrauch an Pilgern in den Wirtshäusern aus, die er dafür zur Hölle wünscht. „*Was soll ich aber von den schlechten Wirten erzählen, welche die Pilger mit zahllosen Betrügereien täuschen? Wie Judas die Strafe seiner Schuld und der Schächer den Lohn für sein Bekenntnis vom Herrn Jesu Christus während seiner Passion empfing, so werden die schlechten Gastgeber die Strafen für ihre Missetaten in der Hölle, die wahren Pilger jedoch den Lohn ihrer Werke und Mühen im Himmel ernten.*"
(zitiert nach Herbers 1998)

Anstelle eines keltischen Heiligtums erhebt sich die Wallfahrtskirche in Rankweil. Hier wirkte der hl. Fridolin einst ein spektakuläres Wunder.

cken Pfarrkirche auf, die Mitte des 17. Jh. der später berühmte Baumeister Michael Beer neu errichtete. Die Nikolauskapelle im Ortsteil Zitz, die heute wegen ihres freigelegten gotischen Weltgerichtsfreskos besucht wird, weist in ihrem Gestühl Zeichen durchziehender Jakobspilger auf. Im Schlinser Ortsteil **Frommengärsch** lockt heute die St. Annen-Kapelle mit ihren drei spätgotischen Altären. Im Schrein des Hochaltars von 1516 erinnert die Figur des Pilgerpatrons Jodokus an die Fernwallfahrer. Gleiches gilt für die St. Magnus-Kirche im nahen **Röns**. Hier begleiten im Schrein des spätgotischen Hochaltars aus dem frühen 16. Jh. Jodokus und Christophorus den Titelheiligen.

Die nächste Station war das Anfang des 13. Jh. gegründete **Feldkirch**, ein wichtiger mittelalterlicher Verkehrsknotenpunkt. Daraus erklärt sich auch die Weihe der spätgotischen Dompfarrkirche an den hl. Nikolaus, Patron der Reisenden und Schiffer, zumal Lastkähne über Bodensee, Rhein und Ill bis hierher fahren konnten. Pilger fanden Aufnahme in der 1218 vom Stadtherrn Graf Hugo I. gegründeten Johanniterkomturei, deren Kirche und Gebäude erhalten blieben. Unmittelbar benachbart lag die heute abgebrochene Pfarrkirche St. Leonhard, deren Patrozinium auf den Pilgerverkehr verweist. Gleiches gilt für die der hl. Maria Magdalena geweihte Spitalkirche außerhalb der Altstadt, die im 14. Jh. entstand. Über dem Portal schützt eine hölzerne Vorhalle gotische Fresken, die mit den Heiligen Drei Königen und Christophorus die wichtigsten Reisepatrone darstellen. Nebenan ist, als seltener Fall, noch das spätmittelalterliche Spitalgebäude zu sehen. Pilger der Barockzeit verehrten in der Kapuzinerkirche das Haupt des Märtyrers Fidelis von Sigmaringen, der hier im 17. Jh. segensreich wirkte und während seines Engagements in der Gegenreformation in Graubünden ermordet worden war.

Wenige Kilometer nordöstlich von Feldkirch lockte in **Rankweil** ein weiteres Pilgerziel. Auf einem markanten Felsen erhebt sich anstelle eines keltischen Heiligtums eine befestigte Marienkirche. Bis heute werden hier ein wundersam angeschwemmtes romanisches Kreuz und ein spätgotisches Mariengnadenbild verehrt. In der Eingangshalle schildern zwei Tafelgemälde weitere bedeutende Geschehnisse an diesem Ort. Zum einen soll der hl. Eusebius, ein irischer Einsiedler, hier oder im nahen Brederis im Frühmittelalter sein Martyrium erlitten haben, zum anderen wirkte der hl. Fridolin von Säckingen, Missionar der Alemannen, im 6. Jh. in Rankweil ein Wunder. Er holte den toten Grafen Ursus aus seinem Grab und erschien mit dem Skelett als Zeuge vor Gericht, damit der Tote seine einstige Schenkung beschwören konnte. In einer Kapelle am Treppenaufgang zur Kirche sind bis heute die angeblichen Kniespuren Fridolins im Fels zu sehen. Die Gebeine des Eusebius und das Haupt des hl. Viktor konnten im nahen **Viktorsberg** verehrt werden.

Von Flums nach Einsiedeln

Von Feldkirch aus folgten die Pilger dann weiter dem Rhein durch das heutige Fürstentum Lichtenstein. Als Zwischenstation bot sich in **Bendern** die Propstei des Prämonstratenser-Chorherrenstiftes St. Luzi in Chur an, von der sich aber nur geringe Reste erhalten haben. Nach Überquerung des Rheins zweigte der Weg bei **Sargans** ins breite Seeztal ab, das vom Rhein einen bequemen Zugang in das Innere der Schweiz ermöglichte. Die Burg der Grafen von Werdenberg-Sagans bot Geleitschutz. Vorbei an der über Berchis auf einem Felsen thronenden Kapelle St. Georg gelangten die Pilger nach **Flums**. Die gotische Pfarrkirche St. Justus lockte mit einem Jakobusreliquiar, dessen Kopie sich heute im gotischen Sakramentshaus befindet. Heute finden allerdings die freigelegten gotischen Wandmalereien sowie das beeindruckende Fastentuch des 17. Jh. mehr Bewunderer. Nicht weit von Flums erinnert die hoch gelegene Jakobskapelle an den Pilgerweg, deren romanischer Chor mit seinen freigelegten Fresken der Apostel mit Jakobus und der Muttergottes sowie der Kopie des ältesten Kirchenfensters der Schweiz sein mittelalterliches Erscheinungsbild bewahrt hat. Das spätgotische Langhaus besaß einst noch zwei Schnitzaltäre des späten 15. Jh., die leider ebenso wie das Fenster ins Schweizerische Landesmuseum nach Zürich gebracht wurden. Den Ausgang des Seeztales zum Walensee bewachte die Burg Gräpplang, die ursprünglich dem Bischof von Chur gehörte. Auch der rege Schiffsverkehr, Teil einer wichtigen Verkehrsverbindung von Zürich nach Chur bzw. Italien, war bis zur Reformation in geistlicher Hand, zunächst des Churer Bischofs, dann der Fürstäbtissin des Damenstiftes Säckingen. Daher dürften Pilger hier wohl kostenlos mit dem Schiff über den fjordartigen Walensee bis **Weesen** mitgenommen worden sein, das wegen seines wichtigen Umschlaghafens zahlreiche Gasthäuser besaß. Für Pilger war jedoch das im 13. Jh. gegründete Dominikanerinnenkloster Maria Zuflucht wichtige Station. Nach den Wirren der Reformation lebt in den barocken Bauten bis heute eine Schwesterngemeinschaft, die immer noch ein Gästehaus unterhält.

Am westlichen Ortsrand war die mittelalterliche Heiligkreuzkirche Station am Pilgerweg, der nach wenigen Kilometern das reichsfreie Damenstift **Schänis**

Die romanische Jakobskapelle in Flums mit ihrem Freskenschmuck aus der Erbauungszeit stammt aus der ersten großen Blütezeit des Jakobsweges im 12. Jh.

erreichte. 814 durch Hunfried, Markgraf von Istrien, gegründet, bestand es über eintausend Jahre lang. Die durchweg hochadeligen Stiftsdamen, die vor allem aus dem süddeutschen Raum stammten, hüteten äußert hochkarätige Reliquien. Denn der Stifter, der im Umfeld Karls des Großen wirkte, übergab ihnen einen Splitter vom Kreuzesholz sowie ein Onyxgefäß, das angeblich einige wenige Tropfen vom Blut Christi enthielt. In den folgenden Jahrhunderten sammelte sich rund um diese erstrangigen Reliquien ein ganzer Heiltumsschatz, den die durchziehenden Wallfahrer verehrten. Leider richtete ein Brand 1610 große Zerstörungen an, so dass von der romanischen Pracht der Stiftskirche St. Sebastian und St. Laurentius vor allem einige Steinmetzarbeiten in der rekonstruierten Krypta zu sehen sind. Die Kapitelle und Reliefs, die im 9. und 11. Jh. wohl von Bildhauern aus Como geschaffen wurden, zeigen, was sich die Damen leisten konnten.

Von Schänis aus steuerten die Pilger nach Überquerung des Flüsschens Linth nun das Südufer des Zürichsees an, dem sie einige Kilometer folgten. Eine Station war hier die **Annelikapelle** im Ried bei Tuggen. Die Fußspur rechts des Eingangs erinnert an ein Wunder, das hier im späten 16. Jh. geschah und auf Wandgemälden im Innern geschildert wird: Das an den Beinen gelähmte Mädchen Anneli gelobte, auf den Knien bis Einsiedeln zur Muttergottes zu kriechen und um Heilung zu flehen. Am Ort der späteren Kapelle begegnete sie einem weiß gekleideten Mann, der ihre Knie berührte, worauf sie geheilt war. Nun konnte sie ihre Wallfahrt zu Fuß fortsetzen. Die Wunderheilung erregte großes Aufsehen und führte 1584 zum Bau der Kapelle.

Beim Anstieg von der Linthebene hinauf zum Etzel markiert die dem Pilgerheiligen Jodokus geweihte Kapelle bei **Galgenen** den Weiterweg. Als Nebenpatrone treten mit Christophorus, Wendelin und Rochus weitere Pilgerheilige auf. Der gotische Bau wurde im frühen 17. Jh. erweitert und erhielt zwei große Wandmalereizyklen. Sie erzählen als Bildergeschichte Leben und Wunder der hll. Jodokus und Bruder Klaus. Damals ließ einer der Stifter eine Ansicht der Stadt Jerusalem als Erinnerung an seine Pilgerfahrt anbringen. Strahlender Mittelpunkt des kleinen Raumes ist der spätgotische Hochaltar, der in Malerei und Schnitzerei einen ganzen Heiligenhimmel für die Wallfahrer ausbreitet. Auch die Kapelle St. Johann in **Altendorf** ist dank dreier Altäre des späten 15. Jh. und frühen 16. Jh. ein wahres Schmuckstück. Während der Hochaltar den beiden Johannes und der Muttergottes gewidmet ist, schildern die Seitenaltäre das Leben der hll. Vitus und Wolfgang. Die urtümliche Kapelle erhebt sich auf den Resten einer früheren Burg der Herrn von Rapperswil.

Anschließend stiegen die Pilger zum Etzelpass auf, wo sie bei der Kapelle St. Meinrad auf den Schwabenweg von Konstanz nach Einsiedeln trafen.

Von Prag zum Bodensee

Prag

Seit dem Fall des Eisernen Vorhangs lockt die glanzvolle Moldaumetropole **Prag** von Jahr zu Jahr mehr Touristen an. Sie bewundern eine der größten und besterhaltenen Städte des Mittelalters, überformt durch Barock und Historismus bis hin zum Jugendstil. Der mit Dutzenden von Kirchen und Klöstern gespickten Alt- und Neustadt der Kaufleute und Handwerker antwortet am anderen Ufer die Kleinseite mit ihren prächtigen Adelspalais, bekrönt vom Burgpalast der böhmischen Könige und dem Nationalheiligtum des Veitsdomes. Eine der faszinierendsten Herrschergestalten der deutschen und böhmischen Geschichte, Kaiser Karl IV. (1346–1378) aus dem Haus der Luxemburger, verwandelte Prag in einem bis dahin noch nicht gekannten Bauboom von der Provinz- zur Weltstadt. Gleich nach seinem Amtsantritt als böhmischer Herrscher und der Wahl zum deutschen (Gegen)König 1346 begann er sein ehrgeiziges Programm, Prag nach dem Vorbild von Paris, wo er am französischen Königshof erzogen worden war, umzugestalten. Die Fläche der Altstadt wurde durch die sogenannte Neustadt um ein Vielfaches erweitert. Die Universitätsgründung 1348 machte Prag zum Zentrum der Wissenschaften. Im folgenden Jahr wurde Karl durch die Kurfürsten nun einstimmig zum deutschen Kaiser erhoben.

Karl verschaffte Prag nicht nur großen Glanz als erste wirkliche Hauptstadt des vom umherziehenden Kaiser bisher nur von den Königspfalzen aus regierten

▼ Über die mittelalterliche Karlsbrücke gelangten die Pilger einst hinauf zum Hradschin, dem Nationalheiligtum Böhmens.

Deutschen Reiches. Dank seiner tief verwurzelten Religiosität entwickelte der Kaiser sich zu einem der eifrigsten Reliquiensammler des Mittelalters. Daher wurde Prag nicht nur aufgrund seiner geografischen Lage, sondern vor allem durch seine Kirchenschätze zu einem bedeutenden Pilgerzentrum. Diese Glanzzeit Prags endete allerdings schon vier Jahrzehnte nach Karls Tod durch die Hussiten: Der böhmische Reformator Jan Hus, der gegen Reichtum, Macht und Sittenlosigkeit des Klerus wetterte, wurde 1415 trotz zugesagtem freien Geleit auf dem Konstanzer Konzil als Ketzer verbrannt. Die folgenden Unruhen in Böhmen führten zu den Hussitenkriegen, deren ungeheure Zerstörungen Einwohnerzahl und Wirtschaftskraft des Landes entscheidend schwächten. In den von Karl so prunkvoll erbauten und ausgestatteten Kirchen richteten die Glaubenseiferer 1419 entsetzliche Verwüstungen an. Genau zweihundert Jahre später, als der calvinistische Kurfürst Friedrich von der Pfalz 1619 zum böhmischen König gewählt worden war, was den Dreißigjährigen Krieg auslöste, kam es in den Kirchen zu einem erneuten Bildersturm. So kann, wer heute auf den mittelalterlichen Pilgerspuren Prags wandelt, nur noch an ganz wenigen Stellen etwas vom einstigen überbordenden Reliquienreichtum entdecken.

Jakobskirchen in Prag

Vor den Toren der Altstadt sind drei Kirchen dem hl. Jakobus geweiht, wovon die Zisterzienserabtei Zbraslav (Königssaal), einige Kilometer moldauaufwärts, die mit Abstand bedeutendste ist. König Wenzel II. hatte 1292 eine ältere Jakobskapelle sowie das benachbarte Jagdschloss König Ottokars II. in das neu errichtete Hauskloster seiner Dynastie integrieren lassen. Barocke Neubauten verschaffen der Anlage heute ein schlossartiges Aussehen, wobei die Kirche recht schlicht ausgefallen ist. An die Blütezeit erinnert allein noch das als Gnadenbild verehrte gotische Tafelgemälde der Muttergottes, das wohl Karl für die Grabeskirche seiner Mutter stiftete.

Auch die Prager Altstadt besitzt eine Jakobskirche. Der 1374 in Gegenwart Karls IV. geweihte Bau liegt inmitten des von deutschen Kaufleuten dominierten Viertels nahe der Teynkirche und ist nach einem Brand 1689 umfassend barockisiert worden.

Zentrum der oberen Neustadt ist der Karlsplatz, einer der größten mittelalterlichen Plätze überhaupt. Er diente als Viehmarkt, doch füllte er sich zu Karls Zeiten jährlich an Ostern mit Zehntausenden von Wallfahrern. Denn von der heute verschwundenen Fronleichnamskirche in der Platzmitte wurden den Pilgern Karls gewaltiger Reliquienschatz sowie die Reichskleinodien gezeigt. Vorbild war die Heiltumsweisung vom Turm des Aachener Münsters.

Karl füllte seine Hauptstadt mit einer Vielzahl an Kirchen, die er seinen Lieblingsheiligen weihen ließ, deren Bauten aber auch größere Bezüge zu seiner Herrschaftsvorstellung herstellen. Unter anderem entstand auf dem höchsten Punkt der Neustadt ein gotischer Nachbau des Aachener Münsters, der Grabkirche des im 12. Jh. heilig gesprochenen Karls des Großen. Hiermit betonte der Herrscher die Sakralität seines Königtums, zumal er sich programmatisch von Wenzel in Karl umbenannt hatte.

Klöster und Hospitäler

Pilgerziel war auch das Agneskloster in der nördlichen Altstadt mit dem Grab der hl. Agnes, Schwester des böhmischen Königs Wenzel I. Sie war fasziniert vom franziskanischen Armutsgedanken und stand brieflich in Kontakt zur hl. Klara. Die restaurierte Gesamtanlage, die zu den frühesten der Gotik in Böhmen zählt, birgt bis heute das Grab der Heiligen. Im Gästehaus des Doppelklosters und in den Hospitälern der beiden benachbarten Kirchen fanden Pilger Aufnahme.

Die beiden ältesten Hospitäler befanden sich nahe der Karlsbrücke, dem 1357 begonnenen steinernen Wunderwerk mittelalterlicher Ingenieurkunst. Sie hatte allerdings schon eine ebenfalls steinerne Vorgängerin, die um 1170 nach dem Vorbild der Regensburger Donaubrücke erbaute Judithbrücke. Schon die romanische Brücke erleichterte nicht nur den Waren-, sondern auch den Pilgerverkehr. Nahe dem Altstädter Brückenturm, der, ähnlich einem antiken Triumphbogen, die Herrschaft Karls IV. und seines Sohnes Wenzel verherrlicht, erhebt sich die barocke Kirche der Kreuzherren. Mitte des 13. Jh. hatte sich dieser Ritterorden, der aus einer Spitalbruderschaft am Agneskloster hervorgegangen war, an dieser verkehrsreichsten Stelle der Altstadt niedergelassen, um die über die Brücke ziehenden Pilger noch besser betreuen zu können. Zudem waren die Kreuzherren für den Erhalt der Brücke zuständig und durften daher Zoll- und Benutzungsgebühren kassieren, von denen die Wallfahrer aber freigestellt waren. Noch bedeutender war die als befestigter westlicher Brückenkopf auf der Kleinseite 1169 gegründete Johanniter-Niederlassung, die – wie der barocke Großprioratspalast zeigt – einst ein sehr großes Areal einnahm. An die mittelalterliche Blütezeit erinnert die gotische Doppelturmfassade der Johanniterkirche St. Maria unter der Kette. 1378 begann ein ehrgeiziger Neubau, der allerdings unvollendet blieb. Die Johanniter besaßen im Mittelalter wohl das größte Pilgerhospital in Prag.

Hradschin und Veitsdom

Von hier aus zogen die Wallfahrer hinauf zum Hradschin, um den wichtigsten böhmischen Staatsheiligen die Ehre zu erweisen, bevor sie nach Westen weitergingen. Inmitten der Prager Burg ragt als Herzstück der Veitsdom auf, dessen Bau 1344 ebenfalls unter dem späteren König Karl IV. begonnen wurde. Allerdings konnte das riesige Bauvorhaben durch die Hussitenkriege nur zur Hälfte beschlossen werden. Beim Tod des Architekten Peter Parler 1399 war immerhin schon der Chor vollendet, doch erst im späten 19. Jh. fügte man das 1929 fertig gestellte Langhaus an. Die Pilger des Mittelalters betraten den Dom daher durch die Goldene Pforte am südlichen Querhaus zwischen Turm und Wenzelskapelle. Aus Oberitalien hatte Karl IV. die Idee mitgebracht, die Vorhalle mit einem Glasmosaik zu schmücken, wo eine dramatische Darstellung des Jüngsten Gerichts die Pilger an den Sinn ihrer Wallfahrt erinnerte. Zugleich empfehlen sich hier die dargestellten böhmischen Landespatrone als Fürbitter, von denen einige in der Kathedrale und dem benachbarten Georgskloster ihre Grabstätte hatten und so von den Pilgern sogleich aufgesucht werden konnten.

Wenzelskapelle

Direkt neben dem Portal befindet sich eine der schönsten und faszinierenden Reliquienkapellen des Mittelalters überhaupt, die Karl IV. dem wichtigsten böhmischen Heiligen, dem hl. Wenzel, errichten ließ. Die Pilger, die hier eintraten, glaubten sich wohl in den Himmel versetzt! Der quadratische Grundriss sowie die kostbare und einmalige Wandverkleidung mit Halbedelsteinen, die in vergoldetem Stuck eingelassen sind, verweisen auf die Schilderung des Himmlischen Jerusalem in der Offenbarung des Johannes. Bis zum Hussitensturm waren der Reliquienschrein sowie das Kopfreliquiar des hl. Wenzel das Herzstück der Kapelle. Der Büste setzte Karl die böhmische Königskrone auf, um den himmlischen Patron als wahren Landesherrn zu ehren. Wenzel war ein böhmischer Herzog, der 929 von einer Adelsopposition rund um seinen Bruder ermordet wurde. Schon bald ereigneten sich an seinem Grab Wunder, besonders, nachdem man den Leichnam drei Jahre später nach Prag überführt hatte. Nun galt Wenzel als Märtyrer. Wandmalereien in der Kapelle schildern sein Leben als Idealbild eines christlichen Herrschers.

Das zweite hoch verehrte Heiligengrab galt Adalbert von Prag, dem Vetter des hl. Wenzel. Als zweiter Bischof der Hauptstadt missionierte er zunächst erfolgreich in Böhmen, bis ihn der Widerstand heidnischer Adeliger stoppte. Danach wirkte der Exilant unter den Preußen, wo er 997 den Märtyrertod fand. Einige Jahrzehnte später wurde sein Leichnam und der seiner fünf Gefährten in den Veitsdom gebracht. Das heute allerdings mit Abstand meistverehrte Grab gehört dem hl. Johannes Nepomuk. Er wirkte unter dem Sohn Karls IV., Wenzel, im 14. Jh. als Kanzler und wurde aufgrund politischer Intrigen in der Moldau ertränkt. Die Legende machte ihn als Hüter des Beichtgeheimnisses populär, da er angeblich hingerichtet wurde, weil er dem eifersüchtigen König nicht die Beichte von dessen Gemahlin verraten wollte. Der pompöse Aufbau seines Grabes entstand nach der Heiligsprechung 1729.

Von der reichen mittelalterlichen Ausstattung, mit der Karl seine Kathedrale schmückte, blieb nach der Erstürmung durch die Hussiten 1421 leider nichts übrig. Auch die Teile seines immensen Reliquienschatzes, die Karl im Dom verwahren ließ, wurden größtenteils zerstört. Im Veitsdom selbst erinnern nur noch die Gebeine des hl. burgundischen Königs Sigismund, die Karl 1365 hierher brachte, in der Scheitelkapelle des Chorumgangs an die Reliquien.

Von Prag nach Regensburg

Der Weg der Pilger nach Westen führte nun weiter den Hradschin hinauf. Zunächst kamen sie am Wallfahrtsbezirk von Loreto vorbei, der im 17. und 18. Jh. rund um den Nachbau des legendären Hauses Mariens entstand. Angeblich hatten Engel dieses vor den Sarazenen von Nazareth ins italienische Loreto geret-

▲ Herzstück der Kathedrale und des Palastbezirks auf dem Hradschin ist die mit Fresken und Halbedelsteinen überreich geschmückte Kapelle für den Landespatron Wenzel.

tet. Auf der Höhe bot das 1142 gegründete Prämonstratenser-Chorherrenstift Strahov wieder eine Anlaufstelle für Unterkunft und Verpflegung. Während heutige Besucher vor allem den riesigen Bibliothekssaal aus dem späten 18. Jh. bestaunen, galt das Interesse der mittelalterlichen Pilger den Reliquien der Abteikirche. Seit 1627 werden hier die Gebeine des hl. Norbert von Xanten, des Gründers des Prämonstratenser-Ordens, verehrt, wohin sie aus dem zerstörten Magdeburg geflüchtet worden waren.

Weiter nach Westen bildete die Benediktinerabtei **Bvřevnov**, das älteste Mönchskloster Böhmens, ein Etappenziel vor den Toren der Stadt. Herzog Boleslav II. hatte es zusammen mit dem hl. Prager Bischof Adalbert gegründet. Nachdem unmittelbar benachbart 1620 die Schlacht am Weißen Berg getobt hatte, an die die Wallfahrtskirche Maria vom Siege erinnert, war Brevnov ein Trümmerhaufen. So entstand im frühen 18. Jh. durch den Baumeister Christoph Dientzenhofer als ein Hauptwerk dieser genialen Prager Architektenfamilie ein völliger Neubau. Wallfahrer verehrten hier das Grab des hl. Günther. Er war der Legende nach ein thüringischer Hochadeliger, der sich aus der Welt zurückgezogen hatte, indem er zunächst als Laienbruder in verschiedenen Klöstern wirkte, bis er sein Leben 1045 als Eremit im tiefsten Böhmerwald beschloss. Da er in den Auseinandersetzungen zwischen Kaiser Heinrich II. und Herzog Bretislav I. vermittelt hatte, ließ Letzterer seine Gebeine nach Brevnov bringen.

Nachdem sich die Pilger im Hospital der Abtei gestärkt hatten, zogen sie weiter zur nächsten Zwischenstation, der königlichen Stadt **Beroun**, die neben ihren beiden Stadttoren auch die Pfarrkirche St. Jakobus aus dem 13. Jh. bewahren konnte. Nur wenige Kilometer entfernt erhebt sich, versteckt im schönen Tal der Berounka, Burg **Karlstein**. Wie kein zweites seiner vielen Bauprojekte verkörpert sie die unübertroffene Reliquiengläubigkeit und -sammelleidenschaft Karls IV. 1348 begonnen, diente sie in erster Linie der sicheren Aufbewahrung des von ihm zusammengetragenen Heiltumsschatzes in kostbar ausgestatteten Kapellen in den beiden Burgtürmen. In der Kreuzkapelle befanden sich damals für einige Zeit auch die Reichskleinodien, die aus wertvollsten Heiltümern wie der Heiligen Lanze mit dem eingearbeiteten Nagel vom Kreuz Christi und dem großen Reliquienkreuz bestanden. Doch selbst Krone, Reichsschwert und Krönungsgewänder galten als heilig, da sie dem damaligen Verständnis nach Karl der Große getragen hatte. Pilgern war die Burg aber nicht zugänglich. Sie diente ausschließlich der persönlichen Frömmigkeit Karls IV. Öffentlich zeigen ließ der Kaiser seinen Schatz jährlich auf dem Karlsplatz in Prag.

Nächstes Etappenziel nach Beroun war die Stadt **Žebrák** (Bettlern). Hier schützten gleich zwei aufwendige Burganlagen die Handels- und Pilgerstraße, die jeweils von Karl IV. und seinem Sohn Wenzel IV. großzügig ausgebaut und zeitweise bewohnt wurden. Die in der Barockzeit neu errichtete Pfarrkirche St. Laurentius birgt mit der Madonna von Žebrák nicht nur eines der schönsten Zeugnisse mittelalterlicher böhmischer Kunst, sondern auch ein verehrtes Gnadenbild. Die achteckige Rochuskapelle auf dem Friedhof erinnert an die vorbeiziehenden Pilger.

Die bedeutendste Stadt an der Straße zwischen Prag und Regensburg war **Pilsen**. Sie wurde im 13. Jh. von bayerischen Kaufleuten und Handwerkern planmäßig angelegt und besitzt den größten Marktplatz Böhmens. Auch die gotische Hauptpfarrkirche St. Bartholomäus, die sich hier erhebt, ist von beeindruckenden Ausmaßen. Die Kirche unterstand dem Deutschen Orden, der in Pilsen eine Komturei unterhielt. Leider vernichteten auch dort Hussiten die kostbare mittelalterliche Ausstattung, und nur das Gnadenbild der Pilsener Madonna konnte gerettet werden. Von Pilsen aus konnten Pilger auch der Handelsstraße nach Nürnberg folgen, deren Bedeutung im Spätmittelalter erheblich zunahm. Von Nürnberg aus zog diese Strecke über Rothenburg ob der Tauber und Speyer bis Metz. Die Pilger, die die Route nach Regensburg wählten, erreichten über Horšovský-Týn (Bischofteinitz), das aus einer Zollburg des Regensburger Bischofs hervorgegangen war und Mitte des 14. Jh. zur Stadt erhoben wurde, **Domažlice** (Taus). Auch diese Stadt geht auf eine Zollburg an der Straße Prag-Regensburg zurück. König Ottokar II. (1232–1278) ließ sie anlegen und zum Mittelpunkt der hier angesiedelten slavischen Choden ausbauen.

Ab der heutigen deutsch-tschechischen Grenze bot die Senke von Chambach und Regen eine ideale Durchquerungsmöglichkeit zwischen Oberpfälzer und Bayerischem Wald, die auch die Handelsstraße nutzte. **Furth im Wald** bildete seit dem 11. Jh. eine strategisch wichtige Grenzfeste, die im 14. Jh. zur Stadt erhoben wurde. Ein Spital bot hier Unterkunft. Entlang des Chambachs erreichten die Pilger dann **Chammünster**, wo die Regensburger Abtei St. Emmeram wohl schon um die Mitte des 8. Jh. einen Vorposten zur Missionierung gegründet hatte – allerdings verschwand das Kloster in den Ungarnstürmen des 10. Jh. Über dem Ort ragt der Lamberg auf, der eine barocke Kapelle der hl. Walburga trägt. Mindestens seit dem 15. Jh. fanden hierhin Wallfahrten statt. Das nahe **Cham** entstand zu Beginn des 13. Jh. als Gründung des ersten wittelsbachischen Herzogs von Bayern, um von der durchziehenden Handelsstraße zu profitieren. Die gotische Pfarrkirche St Jakobus, deren Deckenfresken die Taten des Kirchenpatrons verherrlichen, wurde Mitte des 18. Jh. barockisiert. Als weiteres Zeichen für den Pilgerverkehr blieb die spätgotische Spitalkirche Heilig Geist erhalten.

Über Roding, das bereits 844 als Königshof genannt wird, sowie die Wallfahrtskirche Heilbrünnl erreichte die Wegstrecke entlang des Regens in **Walderbach** das nächste Etappenziel. 1143 übernahmen die Zisterzienser hier ein kurz zuvor ins Leben gerufenes Augustiner-Chorherrenstift, das wie alle Klöster und Orte der Umgebung im Hussitenkrieg 1428 verwüstet wurde. Die Auflösung in der Reformation kurz nach der Mitte des 16. Jh. konnte allerdings rund ein Jahrhundert später im Zuge der Gegenreformation wieder rückgängig gemacht werden. Aus der mittelalterlichen Blütezeit blieb die Abteikirche aus der zweiten Hälfte des 12. Jh. erhalten. Sie ist ungewöhnlicherweise als romanische Hallenkirche errichtet, wohl nach Regensburger Vorbild. Ende des 19. Jh. konnte hier zudem ein seltenes Ausmalungsprogramm der Erbauungszeit freigelegt werden. Wer im Gästehaus der Zisterzienser nicht mehr unterkommen konnte, der musste nur drei Kilometer dem Regen folgen, bis über dem Fluss das burgartig befestigte Benediktinerkloster **Reichenbach** auftauchte. 1118 von den Markgrafen von Cham-Vohburg als Hauskloster gegründet, konn-

Kaiser Karl IV., der Prag zur europäischen Metropole machte, war ein leidenschaftlicher Reliquiensammler. Für seine Schätze und als Rückzugsort ließ er Burg Karlstein mit seinen beiden prächtig ausgestatteten Kapellen errichten.

Kurz vor der Mitte des 12. Jh. entstand die Steinerne Brücke, die seit dieser Zeit Fernkaufleute und Pilger sicher über die Donau in die mittelalterliche Metropole Regensburg brachte.

te auch Reichenbach nach dem Intermezzo der Reformation wiederbelebt werden, bis die allgemeine Klosterauflösung 1803 das endgültige Aus bedeutete. Die durch den Bildersturm ausgeräumte Kirche wurde im 18. Jh. durchgreifend barockisiert.

Regensburg

Von zahlreichen Burgen geschützt, folgten die Pilger nun weiter der Handelsstraße entlang des Regen, der nach einem Knick bei der Ruine Stockenfels direkt nach Süden zur mittelalterlichen Großstadt **Regensburg** fließt, wo er in die Donau mündet. Schon die Römer erkannten die besondere Lage des Ortes und errichteten hier 179 n. Chr. ein steinernes Legionslager; nach ihrem Abzug behielt der Ort dank Herzogs- und Bischofssitz weiter seine Bedeutung bei – im 12. und 13. Jh. war Regensburg wegen seiner Fernkaufleute die wichtigste Handelsstadt in Süddeutschland. Sichtbarste Zeichen dieser Blütezeit sind die 1135–1146 errichtete Steinerne Brücke über die Donau sowie die zahlreichen Geschlechtertürme der Patrizierpaläste aus dem 13. Jh. in der wohlerhaltenen Altstadt. Nachdem andere Handelsstädte im Spätmittelalter Regensburg von seiner Spitzenstellung verdrängt hatten, brachte wenigstens der ab 1663 ständig hier tagende Reichstag etwas Glanz zurück. Die eingetretene Armut konservierte das hochmittelalterliche Stadtbild in einer einmaligen Fülle, zumal auch der Zweite Weltkrieg hier nur geringe Zerstörungen anrichtete.

STADTAMHOF

Die Pilger, die der Handelsstraße entlang des Regen gefolgt waren, konnten zunächst in Stadtamhof eine Pause einlegen, das am nördlichen Ende der Steinernen Brücke liegt. Denn hier boten gleich zwei Institutionen Unterkunft: Noch während des Baus der Steinernen Brücke gründete 1138 ein reiches Mitglied des Domkapitels das Augustiner-Chorherrenstift St. Magnus, das nach der völligen Zerstörung im Dreißigjährigen Krieg in der ersten Hälfte des 18. Jh. als barocker Neubau wieder entstand. Und einst unmittelbar am nördlichen Brückenturm, der den Zugang zur Steinernen Brücke bis zu seinem Abbruch im frühen 19. Jh. sicherte, gelegen, befindet sich seit seiner Gründung um 1220 das Katharinenspital. Als Alters- und Pflegeheim dient es bis heute noch dem ursprünglichen Stiftungszweck und ist dank Brauerei nebst Biergarten auch ein höchst lebendiger Teil der heutigen Stadt. Die Spitalgründung, mit bis zu 400 Plätzen eine der größten Einrichtungen dieser Art, wurde von Bischof und Bürgern gemeinschaftlich vorgenommen und auch paritätisch verwaltet. Wie üblich kümmerte sich ein Laienkonvent aus Brüdern und Schwestern um Arme, Kranke und Pilger. Das mit einer Mauer umgebene Spitalgelände bot ausreichend Platz für mehrere Kapellen, Krankensaal, Friedhof, Badehaus, Mühle, Brauhaus sowie Wirtschafts-, Wohn- und Verwaltungsgebäude. Im Dreißigjährigen Krieg und später in den Napoleonischen Kriegen schwer beschädigt, finden sich bis heute noch wesentliche Teile der mittelalterlichen Anlage. Nachdem sich das Katharinenspital im Spätmittelalter immer mehr zum Altenheim wandelte, wurde 1458 neben der Kapelle eine eigens Pilgern vorbehaltene Unterkunft gestiftet.

DOM

Die Steinerne Brücke, die hinüber in die Reichsstadt führte, weckte sicherlich die Bewunderung der mittelalterlichen Pilger. Denn der einzig feste Donauübergang zwischen Ulm und Wien war eine der ersten Brücken, die nach dem Ende der Römerzeit nördlich der Alpen wieder in Stein errichtet worden war. Nach wenigen Metern erreichten die Wallfahrer den gotischen Dom, dessen im Mittelalter unvollendete Westfassade machtvoll vor ihnen aufragte. Das figurengeschmückte Hauptportal des frühen 15. Jh. wird von einer dreieckigen Vorhalle geschützt, zu deren Flachdach im Dominnern zwei Wendeltreppen hinaufführen – von hier wurde den Gläubigen zu bestimmten Festtagen der Reliquienschatz der Kathedrale gezeigt. Der heute zu besichtigende Domschatz stellt nur noch einen Bruchteil des einstigen Bestandes dar, da das Domkapitel große Teile zur Erstellung des silbernen und vergoldeten barocken Hochaltares einschmelzen ließ. Entlang der Domsüdseite gelangten die Pilger zur Kirche des gefürsteten Damenstiftes Niedermünster. Im Innern der dreischiffigen romanischen Basilika entgingen drei von gotischen Altarbaldachinen hervorgehobene Gräber der Barockisierung. Die beiden ersten zeigen die gotischen Liegefiguren des hl. Bischofs Erhard und seines Begleiters, des hl. Albert, die beide auch als Pilger unterwegs waren. Der Wanderbischof, dem im Elsass die Heilung der blinden Herzogstochter Odilia zugeschrieben wird, verstarb um 700 hier am agilofingischen Herzogshof und wurde in der Palastkapelle beigesetzt, die wohl König Ludwig der Deutsche, der bevorzugt in Regensburg residierte, in ein Damenstift umwandelte. Das dritte Grab birgt die Gebeine der seligen Kunigunde von Uttenhofen. Verehrung genoss auch die 985 als Äbtissin des Stiftes verstorbene Herzogin Judith, deren Überreste ein prunkvolles barockes Hochgrab birgt.

Um von hier zu einer weiteren Gnadenstätte zu gelangen, musste nur der Alte Kornmarkt überquert werden – vorbei an den Gebäuden der mittelalterlichen Herzogspfalz erreichten die Pilger nun die Alte Kapelle, um dort ein ikonenhaftes Marienbild des 13. Jh. zu verehren, das angeblich der Evangelist Lukas gemalt haben soll: Es befindet sich mittlerweile in einer Seitenkapelle.

Ganz in der Nähe entstand 1519 auf den Trümmern des zerstörten Judenghettos eine weitaus bedeutendere Marienwallfahrt, die aber durch den Übertritt der Stadt zur Reformation bald wieder in sich zusammenbrach.

▼ Am Nordufer der Steinernen Brücke entstand um 1220 als zentrale Einrichtung für Kranke und Pilger das bis heute bestehende Katharinenspital. Die Zeichnung zeigt die heute verschwundenen romanischen Hospitalgebäude direkt am Brückenturm als Ruinen nach 1809.

Wunderbare Reliquienver(m)ehrung

Wallfahrt als Wirtschaftsfaktor

Reliquien oder gar das Grab eines möglichst bedeutenden Heiligen zu besitzen war für eine Stadt oder ein Kloster nicht nur Garant himmlischen Schutzes, sondern diente auch dem Imagegewinn und war vor allem ein nicht zu unterschätzender Wirtschaftsfaktor. Wo Reliquien waren, sammelten sich Pilger, und wo Pilger waren, vermehrten sich die Reliquien. Denn unter den Städten, Klöstern und Wallfahrtsorten brach im Zuge der ab dem 11. Jh. aufblühenden Massenbewegung des Fernpilgerns ein wahrer Wettbewerb um die zahlreichsten und wirkungsmächtigsten Reliquien aus. Oft aus höchst dubiosen Quellen oder aus einem plötzlichen „Fund" stammend, signalisierte der Heilige aber durch ein Wunder, das er wirkte, deren Echtheit. Sogar ein Reliquiendiebstahl konnte erlaubt sein, da sich der Heilige ja hätte wehren können, wenn er etwas gegen den Ortswechsel gehabt hätte. Zusätzlich galt hierbei das Argument, dass die Reliquien und damit der Heilige am neuen Ort würdigere Verehrung und größere Aufmerksamkeit erhalte. Spektakuläre Reliquiendiebstähle wie die Übertragung der Markusgebeine nach Venedig oder des hl. Nikolaus von Myra nach Bari gingen von Kaufleuten aus, die so ihrer Heimatstadt eine zusätzliche Einnahmequelle verschafften. Ein wahrer Reliquienregen ergoss sich 1204 durch die Plünderung von Byzanz durch das Heer des 4. Kreuzzuges über das westliche Abendland. Doch auch Pilger, die genügend Finanzmittel besaßen, erwarben im Heiligen Land Reliquien von orientalischen Händlern, die sich ob der merkwürdigen Wünsche ihrer Kundschaft zu beachtlichen Lieferleistungen aufschwangen (z.B. Manna, Brot vom Brotwunder, Vorhaut Christi etc.).

Wallfahrten des Mittelalters waren absolute Massenereignisse, so dass sich an bestimmten Festtagen oft ein Vielfaches der Einwohnerschaft in Städten mit berühmten Reliquien aufhielt. Die Pilger gaben sehr viel Geld aus, sei es, um den Heiligen mit Geschenken gnädig zu stimmen, Messen und Kerzen zu stiften, Andenken zu erwerben, oder aber ganz profan für die Verpflegung. Im Konkurrenzkampf der Gnadenstätten musste der eigene Ort immer wieder neu positioniert werden, indem man z. B. Wunderberichte herausgab, einen spektakulären Neubau errichtete, die Reliquien kostbar fasste oder sich gegen reichlich Gebühr von Bischöfen und Kardinälen Ablässe ausstellen ließ. Wo besonders großzügige Ablässe der Sünden zu erhalten waren, dorthin strömten auch die meisten Pilger. Zudem förderte auch eine möglichst eindrucksvolle Reliquienzeigung, noch dazu in besonderen Rhythmen, den Zulauf und das Staunen der Gläubigen von Nah und Fern. Oft waren Heiligenfeste auch mit Jahrmärkten verbunden, so dass sich Sakrales und Profanes höchst erfolgreich mischten.

St. Emmeram

Im Süden der Altstadt galt es für die Pilger mit der Benediktinerabtei St. Emmeram, einem der bedeutendsten Klöster in Deutschland überhaupt, noch ein weiteres wichtiges Ziel anzusteuern. Die zur Feier des Tausendjährigen Bestehens 1731 durch die Brüder Asam glanzvoll im Innern erneuerte romanische Basilika birgt gleich eine ganze Fülle von Herrscher- und Heiligengräbern. Hier fand im späten 7. Jh. der aus Poitiers stammende Wanderbischof Emmeram als Märtyrer sein Grab, nachdem er in Kleinhelfendorf südlich von München vom Sohn des Herzogs ermordet worden war. Angeblich soll Emmeram die Tochter des Herzogs geschwängert haben bzw. sich vordergründig dazu bekannt haben, um diese zu schützen, doch hatte der Mord wohl eher politische Gründe. Während heute die Gebeine in einem spätgotischen Reliquienschrein im Hochaltar ruhen, verehrten die Pilger des Hochmittelalters diese ursprünglich in der Confessio unter dem Altar. Eine Ringkrypta, die noch aus karolingischer Zeit stammt, führte sie im Einbahnsystem daran vorbei. Im südlichen Seitenchor konnte dann die erste Grabstätte des Heiligen verehrt werden, die von der höchst eindrucksvollen gotischen Liegefigur Emmerams im Bischofsornat eingenommen wird. Der Westchor aus der Mitte des 11. Jh., der nicht barockisiert wurde, birgt in seiner Hallenkrypta das Grab eines der populärsten Heiligen Süddeutschlands, des hl. Wolfgang (um 924–994). Dieser war der mit Abstand bedeutendste Bischof von Regensburg. Als reformorientierter Bischof, der zuvor Missionar in Ungarn gewesen war, beendete er die Personalunion von Bischofs- und Abtsamt, ließ sich aber dennoch hier und nicht im Dom begraben. Seine Reliquien wurden erst im frühen 17. Jh. in die Westkrypta überführt – an seine ursprüngliche Grablege erinnert sein gotisches Hochgrab im südlichen Seitenschiff. Dort

► Die Regensburger Jakobskirche ist dank ihrer strengen Gliederung und des prachtvollen Nordportals eines der herausragendsten romanischen Bauwerke Süddeutschlands. Als Klosterkirche eines iroschottischen Konventes, der sich hauptsächlich der Pilgerbetreuung widmete, war sie für Fernwallfahrer wohl die wichtigste Anlaufstelle der Stadt.

ECCE·THRONVS·MAGNI·FVLGESCIT·REGIS·ET·AGNI

befindet sich auch das Grab des sel. Abtes Tuto, während der sel. Ramwold, erster Reformabt der Abtei, in der Außenkrypta verehrt wurde. Im nördlichen Seitenschiff bzw. Nebenchor finden wir zwei der schönsten mittelalterlichen Frauengrabmäler des Landes, die ebenfalls zwei Seligen gesetzt wurden.

Das romanische Hauptportal aus der Mitte des 11. Jh., das zu den ältesten deutschen Figurenportalen gehört, verweist auf einen dreisten Reliquienbetrug der Abtei. Denn neben Christus ist hier nicht nur der Hausheilige Emmeram dargestellt, sondern auch der hl. Dionysius, der als westfränkischer, also französischer Staatsheiliger aber schon ein Grab in St-Denis bei Paris besitzt. Mitte des 11. Jh. fälschte die Abtei St. Emmeram gegen jede Logik Urkunden, um zu beweisen, dass man hier sein Grab entdeckt hätte. Damit wollte man das Kloster gewaltig aufwerten und politische Macht gewinnen.

In einer so bedeutenden Stadt wie Regensburg waren natürlich gleich beide Ritterorden mit einer Niederlassung vertreten, die Pilgern Unterkunft bot. Nicht weit von St. Emmeram erhielten im 13. Jh. die Deutschherren wohl die Gebäude einer funktionslos gewordenen Königspfalz zur Errichtung einer Komturei. Das Patrozinium St. Ägidius der gotischen Kirche erinnert an den Pilgerweg nach Santiago. Gleiches gilt für die romanische Hallenkirche St. Leonhard in der westlichen Altstadt, bei der die Johanniter sich niedergelassen hatten, und für die dem hl. Pilger Oswald geweihte gotische Spitalkirche am Flussufer.

Schottenkloster

Unmittelbar am westlichen Stadttor erhebt sich mit dem Schottenkloster und der zugehörigen Kirche St. Jakob die wohl wichtigste Anlaufstelle für Pilger. Schon die rätselhafte, reich mit Figuren geschmückte romanische Portalwand verweist mit ihrem für deutsche Verhältnisse einzigartigen Aufwand auf Kirchen des Poitou am französischen Jakobsweg. Vermutlich ist hier die Wiederkehr Christi beim Jüngsten Gericht sowie die Scheidung der Welt in Gut und Böse dargestellt. Vom Bogenfeld des Portals blickt Jakobus neben Christus und seinem Bruder Johannes auf die Pilger herab, die sein Heiligtum betreten. Die Säulenbasilika, die mit Ausnahme der älteren Türme in der zweiten Hälfte des 12. Jh. als anspruchsvoller Quaderbau neu errichtet wurde, gehört mit ihrem Bauschmuck und dem hochstrebenden Innenraum zu den eindrucksvollsten romanischen Kirchen Süddeutschlands. Vermutlich konnten im Obergeschoss des Westbaus Pilger übernachten. Der Kirchenpatron findet sich hier nochmals in einer gotischen Steinskulptur am Eingang des Chores.

Die Regensburger Schottenabtei entwickelte sich im 12. Jh. zum Mutterkloster eines eigenständigen Verbandes mit Tochterklöstern in Wien, Kiew, Erfurt, Nürnberg, Würzburg, Konstanz, Eichstätt, Memmingen, Kehlheim sowie zwei Prioraten in Irland. Die Lage in diesen wichtigen Handels- und Pilgerstädten zeigt anschaulich den Anspruch dieser Benediktiner, sich ganz besonders der Pilger anzunehmen. Denn die irischen Mönche, die seit dem 6. Jh. in verschiedenen Phasen aufs Festland zogen, verstanden ihr Leben als gottgewollte Heimatlosigkeit und ewige Pilgerschaft auf Erden in der Nachfolge Christi und seiner Apostel. Um 1040 kam der irische Wandermönch Mercherdach nach einigen Pilgerfahrten nach Regensburg, wo er einige Jahrzehnte später die nach Rom pilgernden Iren um ihren Anführer Marianus überzeugen konnte, sich ebenfalls in der Donaustadt Regensburg niederzulassen. 1515 übernahmen schottische Benediktiner die Abtei, in der sie bis zur Auflösung 1862 lebten. Die Jakobsmuschel, die vor wenigen Jahren zufällig in einem Grab auf dem ehemaligen Friedhof vor der Apsis der Schottenkirche gefunden wurde, belegt exemplarisch die Bedeutung der Abtei für den Pilgerverkehr. Ihre abgebrochene Pfarrkirche, die parallel zur Klosterkirche an der Straße stand, war dem Reiseheiligen Nikolaus geweiht.

Von Regensburg nach Eichstätt

Durch das Jakobstor unmittelbar westlich des Schottenklosters, von dem nur noch die Seitentürme erhalten blieben, verließen die Pilger die Stadt. Auf dem Weg nach Westen kamen sie bald in den Vorort **Prüfening**, wo die dortige Benediktinerabtei, die 1109 vom heiligen Bamberger Bischof Otto I. gegründet worden war, ein Märtyrergrab besaß – seine eigenen Mönche erschlugen 1121 den ersten Abt Erminold, der als Anhänger der Hirsauer Klosterreform wohl ein zu strenges Regiment ausgeübt hatte. So verwerflich die Tat, so schön fiel das Grabmal aus, das im späten 13. Jh. zur dauerhaften Mahnung an die Mönche errichtet wurde. Ein in Frankreich geschulter, am Dombau beteiligter Bildhauer schuf hier eine äußerst ausdrucksvolle, gotische Grabfigur des Abtes. Heutige Kunstpilger bewundern allerdings vor allem die fast vollständige, farbenfrohe romanische Ausmalung des Chores. Zwar Ende des 19. Jh. durchgreifend restauriert, ist sie doch eines der am besten erhaltenen Beispiele einer Kirchenausmalung dieser Zeit und führt exemplarisch vor Augen, wie bunt romanische Kirchen und wie facettenreich das theologische Programm ihrer Fresken

Mittelalterliche Welterfahrung

Kulturtransfer durch Pilgerwege

So wie die ersten Touristenströme der Wirtschaftswunderzeit aus ihrem Urlaubsland Italien etwa die Vorliebe für mediterrane Gerichte wie Pizza und Pasta nach Deutschland brachten, so wanderten auch auf den Pilgerwegen quer durch Europa vielerlei Erfahrungen mit ins Heimatland der Pilger. Zunächst erweiterte sich der europäische Heiligenhimmel durch den Besuch der vielen Kultstätten auf dem Weg nach Santiago. Besonders wichtigen Heiligen des Pilgerwegs weihte manch dankbarer Rückkehrer dann auch in der Heimat ein Gotteshaus oder einen Altar. Manchmal konnten sogar Reliquien erworben werden, wenn auch zumeist Berührungsreliquien wie Erde oder Stoffe. In Limoges erstanden viele Pilger die hier als Massenprodukt hergestellten, praktischerweise zerlegbaren Emailreliquiare, die in der Tasche bequem bis nach Hause transportiert werden konnten – so gibt es heute fast keinen Kirchenschatz, der nicht ein Reliquiar aus Limoges enthält. Doch auch ganze Architektursysteme oder Bildhauerformen wanderten auf Pilgerstraßen durch Europa, wo sie ganz punktuell auftauchen konnten. Denn künftige kirchliche und weltliche Bauherren, die auf ihrer Pilgerfahrt unzählige bedeutende Baustellen antrafen, konnten hier Architekten und Bildhauer für das in ihrer Heimat geplante Projekt anwerben und für die nächste Saison verpflichten.

Pilger lernten unterwegs neue Weinsorten und Gerichte, modische Kleidung, aber auch Lieder und Legenden kennen, die sie mit in ihre Heimat brachten. Sie waren auch gute Informanten über aktuelle politische und militärische Entwicklungen in den verschiedenen Ländern, die sie durchquerten.

waren. Neben der erhaltenen Pfarrkirche St. Andreas lag im Klostergelände das Hospital. Das Dorf Prüfening lebte jedoch weniger vom Kloster als vielmehr von der bedeutenden Handelsstraße Regensburg–Nürnberg, die hier mittels Fährbetrieb die Donau überquerte. Heiligtümer zu beiden Seiten des Flusses boten himmlischen Schutz und entwickelten sich zu lokalen Wallfahrtsstätten. In Prüfening war es die Kapelle St. Anna, während sich gegenüber, beim Zusammenfluss von Naab und Donau, die Kapelle **Maria Ort** befindet. Der Legende nach war ein Marienbild auf einem Wacholderstrauch wundersam entgegen der Strömung von Byzanz donauaufwärts bis hierher getragen worden. Die barocke Kapelle birgt allerdings nur eine gotische Madonna, die in Regensburg entstanden ist. Eine weitere Kapelle des 18. Jh. enthält einen Nachbau der Heiligen Treppe, über die einst Jesus im Palast des Pilatus geschritten sein soll. Sie wurde später nach Rom versetzt, dort neben der Lateranskirche wiederaufgebaut und ist, wie ihre zahllosen Kopien, bis heute ein Wallfahrtsziel.

Von Prüfening aus folgten die Pilger dem Nordufer der Donau weiter bis zum nächsten Etappenziel Kelheim. Kurz vor der Stadt erinnert die mittelalterliche Chorturmkirche St. Jakob in Kelheimwinzer, deren barocker Altar mit einer spätgotischen Jakobsfigur mittlerweile in die moderne Jakobskirche übertragen wurde, an den Pilgerbetrieb. **Kelheim** besaß durch seine Lage am Zusammenfluss von Altmühl und Donau und den beiden den Flüssen folgenden Fernhandelsstraßen für die bayerischen Herzöge besondere Bedeutung, und so gründeten sie hier neben ihrer Burg eine planmäßig angelegte Stadt. Hölzerne Brücken erleichterten den Handels- und Pilgerverkehr. Beim Donautor wurde 1231 der erste bayerische Herzog Ludwig I. aus dem Haus der Wittelsbacher ermordet. Zum Gedächtnis an die Bluttat stiftete sein Sohn Otto II. die Johanneskapelle, die mit einem Spital und einer Filiale des Regensburger Schottenklosters verbunden war. Im Altmühltal erinnert die barocke Wallfahrtskirche in **Griesstetten** bei Dietfurt an drei irische Wandermönche, die sich hier im 12. Jh. niedergelassen hatten. In der Kirche sind bis heute die Gebeine der drei sogenannten Elenden (fremden) Heiligen Marinus, Vimius und Zimius zu sehen.

Zwischen Kelheim und Weltenburg erstreckt sich einer der schönsten Flusslandschaften Mitteleuropas, der berühmte Donaudurchbruch durch die Weltenburger Enge. Während heutige Besucher Weltenburgs die Felsenkulisse vom Schiff aus genießen können, werden die mittelalterlichen Pilger wohl über die Höhen das Kloster erreicht haben. Der Legende nach ist **Weltenburg** das älteste bayerische Kloster, gegründet im frühen 7. Jh. Damals soll der hl. Rupert auf der Höhe oberhalb des Klosters, die schon seit Kelten- und Römerzeit befestigt war, einen Minervatempel in die heutige Marienkapelle umgewandelt haben , wo sich bis heute das gotische Gnadenbild der Muttergottes befindet. In der ersten Hälfte des 18. Jh. wich die mittelalterliche Klosterkirche einem Wunderwerk bayerischen Barocks. Geprägt von ihren Eindrücken des römischen Hochbarocks schufen die Brüder Asam hier

▲ Die Liebfrauenkirche der bayerischen Herzogsstadt Ingolstadt zeichnet sich durch fantastische spätgotische Gewölbe in den Seitenkapellen aus, die jeder Statik zu widersprechen scheinen.

► Die romanische Krypta der einstigen Benediktinerinnenabtei in Bergen war dank einer Kreuzreliquie ein stark frequentiertes Pilgerziel. Ein Brunnen spendete zusätzlich heilkräftiges Wasser.

ein illusionistisches Meisterwerk aus Licht und Farbe – ein wahrer Himmel auf Erden.

Weiter der Straße entlang des südlichen Donauufers erreichten die Wallfahrer bald Neustadt an der Donau, wie Kelheim eine planmäßig gegründete Stadt zum Schutz der Donaustraße. Vorbei an der herzoglichen Vohburg kam bald das nächste Etappenziel, **Ingolstadt**, in Sicht. Vom Interesse der bayerischen Herzöge an einer ihrer wichtigsten Städte zeugen hier nicht nur Altes und Neues Schloss zur Donau hin, die zeitweise als Residenz dienten. Auch die Liebfrauenkirche, ein mächtiger spätgotischer Backsteinbau, sowie zahlreiche Klöster sind Zeugen der Blütezeit. Die Liebfrauenkirche besaß bis zu dessen Zerstörung Anfang des 19. Jh. das mit Abstand materiell wertvollste bayerische Gnadenbild, das 1438 Herzog Ludwig der Gebartete der Hauptkirche seiner Residenzstadt schenkte, kurz „Die Gnad" genannt. Es zeigte in kostbarer Goldemailarbeit, ähnlich dem Goldenen Rössl in Altötting, die Muttergottes in der Laube, verehrt von den Stifterfiguren König Karls VI. von Frankreich und seiner Gemahlin Isabeau samt ihren Kindern. Die Königin war die Schwester Herzog Ludwigs, der sich lange Jahre am französischen Hof aufhielt und das kostbare Marienbild von ihr geschenkt bekam. Die Seitenkapellen der 1425 von Ludwig begonnenen und 1520 vollendeten Hallenkirche gehören durch die Kunstfertigkeit ihrer spätgotischen Gewölbe zu den schönsten Leistungen dieser Zeit und dürften dank ihrer kühnen Luftrippen nach der Fertigstellung viel bestaunt gewesen sein. Auf der Nordseite erinnern die Patrozinien der Jakobs-, Christophorus- und Dreikönigskapellen, betreut von gleichnamigen Bruderschaften, an die durchziehenden Pilger. Der hl. Jakobus erscheint nochmals in einem der schönen spätgotischen Fenster, die im Chorumgang erhalten sind.

Unterkunft und Verpflegung bot das von König Ludwig dem Bayern gestiftete Spital nahe der Donaubrücke, das um 1460 eine neue Hallenkirche erhielt. Ursprünglich diente auch der gotische Bau der Hohen Schule als Spital, bevor er 1472 zur Universität umgewandelt wurde.

Von Ingolstadt war es nicht weit bis **Neuburg an der Donau**. Die Oberstadt gehört zu den kleinsten, aber auch schönsten Residenzstädtchen Bayerns, einst Sitz des Herzogtums Pfalz-Neuburg. Das ganze Ensemble ist heute durch Renaissance und Barock geprägt, das die nicht geringe mittelalterliche Bedeutung des Ortes überdeckt. Mittelalterliche Pilger dürften hier die 1002 von Kaiser Heinrich II. gegründete Benediktinerinnenabtei mit ihren Reliquien aufgesucht haben – anstelle der in der Reformation zerstörten Anlage erhebt sich heute die Hofkirche. Zudem gab es hier ein Heilig-Geist-Spital, das im frühen 18. Jh. neu errichtet wurde. Die Peterskirche befindet sich auf dem Areal einer spätrömischen Festung. Hier befand sich einst ein frühmittelalterlicher Bischofssitz, der zugunsten Augsburgs Anfang des 9. Jh. aufgegeben wurde. Damals unterhielten die bayerischen Herzöge dort auch eine Pfalz, die Heinrich II. in das Nonnenkloster umwandelte.

Von Neuburg aus lohnte sich für Pilger ein Umweg von wenigen Kilometern ins nordwestlich gelegene **Bergen**. Ziel war hier eine im späten 10. Jh. durch die bayerische Herzogswitwe Wiltrud (Biltrud) gegründete Benediktinerinnenabtei, die bis zur Reformation bestand. Das Kloster konnte mit einer Kreuzreliquie aufwarten, die angeblich durch eine Verwandte der Stifterin bei einer Pilgerfahrt ins Heilige Land erworben und hierher geschenkt worden war. In der Zeit der Gegenreformation übernahmen Jesuiten das aufgelöste Kloster samt Reliquie und kurbelten die Wallfahrt kräftig an. Um noch mehr Pilger anzulocken, errichteten sie anstelle der romanischen Abteikirche kurz nach der Mitte des 18. Jh. einen aufwendigen Neubau, der zu den schönsten des Rokoko im bayerischen Donauraum gezählt werden kann. Die farbenfrohen Fresken sowie die Altarausstattung sind ganz auf die Kreuzverehrung abgestimmt. Aus dem späten 12. Jh. sind noch die drei Apsiden mit ihren geheimnisvollen Köpfen, vor allem aber die Krypta unter dem Chor erhalten. Hier wird heute wieder die Kreuzreliquie in ihrer gotischen Fassung verehrt. Zudem findet sich dort in einem Seitenraum ein mittelalterlicher Ziehbrunnen, aus dem die Pilger heilkräftiges Wasser schöpften. Ein großer Holzklotz in Form eines Zahns diente angeblich dazu, die Reliquie in Kriegszeiten im

Die Verehrung der hl. Walburga ist in Eichstätt in der gleichnamigen Benediktinerinnenabtei, die ihre Gebeine hütet, bis heute lebendig geblieben.

Brunnen zu verstecken. Die Wallfahrer nahmen sich einen Splitter dieser Berührungsreliquie zur Kurierung von Zahnweh mit. Eine seltene romanische Grabplatte, leider ohne jede Beschriftung, zeigt unter einem Kreuz eine Frau im Nonnengewand mit Pilgerstab. Es dürfte sich hier um die Stifterin von Kloster und Reliquie, die selige Wiltrud, handeln.

Eichstätt

Abtei St. Walburga

Wer als Pilger entlang der Donau unterwegs war, den lockte sicherlich auf der Strecke zwischen Ingolstadt und Neuburg ein Abstecher nach **Eichstätt**, um dort das Grab einer der meistverehrten deutschen Heiligen des Mittelalters, der hl. Walburga (um 710–779), zu besuchen. Zudem bot die Bischofsstadt für Wallfahrer eine gute Infrastruktur. Nach der fast völligen Zerstörung im Dreißigjährigen Krieg prägt allerdings heute der barocke Wiederaufbau das wohlerhaltene, ins Altmühltal geschmiegte Stadtbild, und so zeigt sich auch die Abtei St. Walburg zunächst in Formen des 17. und 18. Jh. Doch ein Besuch der doppelgeschossigen Walburga-Gruft führt mitten hinein ins Mittelalter. Walburga, angeblich Tochter des angelsächsischen Königspaares Richard und Wuna, kam mit ihren Brüdern Willibald und Wunibald unter Bonifatius zur Missionierung nach Deutschland. Während Willibald 741 erster Bischof von Eichstätt wurde, leiteten seine Geschwister das Doppelkloster Heidenheim am Hahnenkamm als Missionsstation. Rund einhundert Jahre nach Walburgas Tod 779 wurden ihre Gebeine nach Eichstätt überführt, wo seit 1035 Benediktinerinnen sie hüten. Damit ist St. Walburg neben Frauenchiemsee das älteste noch bestehende Nonnenkloster in Deutschland. Noch heute überreichen die Nonnen Pilgern an der Pforte das sogenannte Walburgis-Öl, das seit dem Mittelalter als heilkräftig galt. Es besteht aus Kondenswasser, das sich an der Kalkplatte unterhalb des Walburgis-Reliquienschreins absetzt, und wird von den Nonnen aufgefangen und für die Wallfahrer mit Weihwasser gemischt, damit möglichst viele Fläschchen gefüllt werden können. Die Gruft, die zu den eindrucksvollsten Verehrungsstätten eines Heiligen gehört, zeigt die tote Walburga als Relief an der spätgotischen Umfassung ihres Grabschachtes unter dem Hochaltar. Darüber finden sich, wohl aus dem ehemaligen Hochaltar stammend, die äußerst qualitätvollen spätgotischen Figuren Walburgas und ihrer heiligen Familie. Walburga ist als Benediktineräbtissin mit Stab und Buch dargestellt. Während die Krone an ihre königliche Herkunft erinnert, verweist das Fläschchen auf das wunderbare Walburgis-Öl. Den hohen Raum schmückt bis zur Decke eine Überfülle von Votivbildern und -gaben.

Dom

Von hier aus zogen die Pilger zum Dom, um auch das Grab ihres Bruders Willibald zu verehren. Nach der Erhebung seiner Gebeine wurde eigens ein frühgotischer Westchor als Pilgerstätte angebaut, der von einem eigenen Stift betreut wurde. Ein frühgotischer, steinerner Schrein in Gestalt eines Kirchenchores steht heute leer an der Seite, denn die Reliquien ruhen jetzt auf einem spätbarocken Altaraufbau, den zum Langhaus hin die lebensgroße Figur des greisen Bischofs schmückt. 1514 schuf sie der aus Augsburg berufene Bildhauer Loy Hering als wohl schönste Skulptur deutscher Renaissance. Der neugotische Hochaltar zeigt Willibald, wie in St. Walburg, im Kreis seiner heiligen Familie. Die lebensgroßen Schnitzfiguren stammen wie dort aus der Spätgotik.

Heiliges Grab

Nur wenige Schritte vom Domwestchor erreichten die Pilger über die Altmühlbrücke das Spital. Eine weitere Unterkunft bestand unmittelbar östlich vor der Stadt im Schottenkloster, das im 12. Jh. gegründet wurde und sich den Statuten nach bis zur Auflösung 1567 bevorzugt um Pilger kümmerte. Im 17. Jh. ließen sich hier Kapuziner nieder, die in ihren schlichten Kirchenneubau einen romanischen Nachbau des Heiligen Grabes in Jerusalem integrierten. Es ist die älteste und vollständigste erhaltene Kopie dieser Gnadenstätte, die mit einem eigenen Ablass versehen war. Der Rundbau, dessen Bekrönung im 19. Jh. erneuert wurde, birgt im Innern die enge Grabkammer in den originalen Abmessungen, während der Vorraum, in dem der Engel den drei Marien an Ostern die Auferstehung verkündigte, durch drei Eingänge betreten werden kann. Um 1148 stiftete der Eichstätter Dompropst Walbrun, wohl nach Rückkehr vom Kreuzzug ins Heilige Land, nicht nur diesen Nachbau des Heiligen Grabes, sondern auch einen groß angelegten runden Zentralbau als Kopie der Grabeskirche in Jerusalem, in dessen Mitte das Eichstätter Heilige Grab einst stand. Leider wurde dieser höchst bedeutende romanische Kirchenbau im 17. Jh. vollständig abgebrochen, während das Heilige Grab sorgfältig Stein für Stein durchnummeriert und für den späteren Wiederaufbau eingelagert worden war.

Die Pilger, die nicht auf dem gleichen Weg zur Donau zurückkehren wollten, folgten dem schönen Altmühltal noch etwas nach Westen. Sobald sie die Berg-

zunge mit der bischöflichen Willibaldsburg umrundet hatten, boten zwei Klöster Unterkunft und Verpflegung: das Mitte des 12. Jh. gegründete Augustiner-Chorherrenstift **Rebdorf** und sein weiblicher Ableger Marienstein. Während von letzterem wenig erhalten blieb, beeindruckt in Rebdorf die romanische Basilika in ihrem barocken Gewand bis heute. Wer nicht schon in Dollnstein abbog, zog weiter durchs Tal bis nach **Solnhofen**. Denn hier konnte noch das Grab des hl. Sola aufgesucht werden, der sich als angelsächsischer Missionar an diesem Ort niedergelassen hatte und Ende des 8. Jh. verstarb. Die weit entfernte Reichsabtei Fulda errichtete hier ein Filialkloster, das bis zur Reformation bestand. Einige Arkaden der karolingischen Kirche des frühen 9. Jh. sind als Ruine neben der evangelischen Kirche erhalten und schützen bis heute das Grab Solas. Nach diesem kurzen Abstecher konnten die Pilger anschließend über die Benediktinerinnenabtei **Monheim**, die Ende des 9. Jh. bedeutende Anteile an den Reliquien der hl. Walburga bei ihrer Überführung nach Eichstätt erhalten hatte, sowie über die Zisterzienserabtei **Kaisheim** nach Donauwörth wieder zur Hauptstrecke zurückkehren.

Die Reichsstadt **Donauwörth** wurde durch ihre Lage am Kreuzungspunkt der Donaustraße mit dem Handelsweg Nürnberg-Augsburg, der nach Italien weiterführte, sowohl von Rom- als auch Santiagopilgern stark frequentiert. Daher bestand hier neben der über Wörnitz und Donau führenden Holzbrücke eine der ältesten Niederlassungen des Deutschen Ordens. 1214 übergab ihm König Friedrich II. eine schon bestehende Kapelle nebst Gelände und Besitzungen, damit eine Komturei mit Spital errichtet werden konnte. Die heutige Anlage prägen Umbauten des 18. Jh. Die leider in den letzten Tagen des Zweiten Weltkrieges zerstörte prachtvolle Reichsstraße hinauf gelangten die Pilger zur Benediktinerabtei Heilig-Kreuz, die dank einer Kreuzreliquie ein bedeutender Wallfahrtsort war. Graf Mangold I. erhielt sie als kostbares Geschenk 1028 vom byzantinischen Kaiser als Leiter einer Gesandtschaft Kaiser Konrads II. Zur Verehrung gründete er ein Frauenkloster mit seiner Tochter an der Spitze, das von Papst Leo IX. 1051 auf dessen Deutschlandreise eingeweiht wurde. Fünfzig Jahre später wurde das Kloster jedoch Benediktinern übergeben. Die in der ersten Hälfte des 18. Jh. prachtvoll neu errichtete Abteikirche, ein Musterbeispiel der sogenannten Wessobrunner Schule, birgt in einer Seitenkapelle bis heute die romanische Metalltafel mit dem Kreuzpartikel und weiteren Reliquien. Gleich daneben avancierte ein eindrucksvolles Vesperbild aus dem frühen 16. Jh. dank zahlreicher Wunder zum Gnadenbild, das zusammen mit dem Kreuz verehrt wurde. Votivtafeln schildern die Gebetserhörungen.

◄ Dank einer byzantinischen Kreuzreliquie stieg die Abtei Heilig-Kreuz in Donauwörth zum Wallfahrtsziel auf.

Durch das Donauried

Von Donauwörth aus verlief die Straße nach Ulm am nördlichen Rand des weiten Donaurieds entlang, das vor den Flussregulierungen im 19. Jh. eine sumpfige Ebene mit zahlreichen Nebenarmen war. Im nördlichen Hügelland finden sich nur wenige Kilometer abseits der Straße einige bedeutende Wallfahrtsstätten. So wurde in **Buggenhofen** im späten 15. Jh. unter Gestrüpp ein Altar samt vergrabenem, aber wohlerhaltenem Marienbild gefunden, heute gerahmt von strahlender Rokokopracht. Die Benediktinerabtei in **Unterliezheim** war dem hl. Leonhard geweiht, dessen Patrozinium auf die Fernpilger verweist und zu dem hier eine große Wallfahrt bestand. Die Kirche des 1026 gegründeten Klosters ist dank ihrer Scheffler-Fresken noch ein Geheimtipp für Kunstpilger. Schließlich entwickelte sich auch das Dominikanerinnenkloster **Maria Mödingen** zur Gnadenstätte. Denn hier lebte im 14. Jh. mit Margarethe Ebner eine der bedeutendsten Mystikerinnen ihrer Zeit. Als Selige verehrt, wurden ihre Gebeine in eine prächtige, für die Wallfahrer errichtete Seitenkapelle umgebettet. Ihre gotische Grabplatte zeigt sie mit dem von ihr verehrten Kreuz, dessen Original zusammen mit einem Jesuskind aus ihrem Besitz im Altar eingelassen ist. Heutige Besucher fasziniert aber mehr die Klosterkirche als ein Frühwerk Dominikus Zimmermanns, die im Umkreis

◄ Eichstätts barocke Kapuzinerkirche birgt einen der ältesten Nachbauten des Heiligen Grabes in Jerusalem.

des berühmten Ulmer Bildschnitzers Hans Multscher entstandene spätgotische Madonna sowie der interessante Grablegungschristus aus dem 13. Jh., einst Teil der klösterlichen Osterliturgie.

Wer jedoch aus Zeitgründen stets auf der Straße Donauwörth-Ulm blieb, dem boten zahlreiche wohlhabende Städte mit ihren Spitälern, meist betreut von Heilig-Geist-Bruderschaften, ein leichtes Unterkommen. So in Höchstädt, Dillingen, Lauingen und Gundelfingen. Besonders Dillingen und Lauingen beeindrucken bis in die Gegenwart durch ihre wohlerhaltenen prächtigen Altstadtkerne. Während **Dillingen** heute mit dem Prunk seines Jesuitenkollegs samt Studienkirche und ehemaliger Universität lockt, waren mittelalterliche Pilger am schon 1257 gegründeten Spital interessiert, dessen barockisierte Kirche erhalten blieb. Vor der Stadt empfing sie die romanische Kapelle St. Leonhard im Feld, die Ziel einer lokalen Wallfahrt war. Auch vor den Mauern des nahen **Lauingen**, südlich der Donaubrücke, besteht bis heute eine Wallfahrtskirche für diesen Heiligen. Die reiche Handelsstadt, die im späten 12. Jh. von den Staufern

← Das riesige Ulmer Münster kündet bis heute vom hohen Selbstbewusstsein und dem Reichtum der Fernhändler und Patrizier.

gegründet worden war, besaß nahe der hölzernen Donaubrücke ein Spital, von dem noch mittelalterliche Reste in die spätere Dreiflügelanlage einbezogen wurden. Die Spitalkirche St. Alban wurde zwar im 19. Jh. zugunsten eines Neubaus abgerissen, doch blieb die Krypta mit der wundertätigen Quelle bestehen. **Günzburg**, das jahrhundertelang zu Österreich gehört hatte, lockt heute mit der Frauenkirche, einem Meisterwerk Dominikus Zimmermanns. Pilger fanden unterhalb des Schlosses im Spital Unterkunft, dessen spätgotische Kirche erhalten blieb. Über Leipheim erreichten die Wallfahrer mit **Ulm** ein wichtiges Etappenziel. Schon von weitem war das riesige Münster zu sehen, das auch ohne den erst Ende des 19. Jh. vollendeten Turmaufbau die mittelalterliche Großstadt dominierte. In voller Pracht präsentierte sich der gotische Großbau, der den Reichtum der Handelsstadt zur Schau trug, beim Donauübergang vom heutigen Neu-Ulm aus. Die wohlhabenden Kaufleute stifteten als Zeichen ihres Erfolges und zum himmlischen Dank allein über 60 Altäre ins Münster, die leider im Bildersturm 1531 vernichtet oder aber von den Stiftern auf ihre ländlichen Besitzungen gebracht wurden. Daher ist die Qualität der zahlreichen in Ulm arbeitenden Maler und Bildschnitzer vor allem außerhalb der Stadt zu erleben, am schönsten am Hochaltar des Klosters Blaubeuren westlich der Stadt. Damals ließ der Rat der Stadt unter anderem auch die Jakobskapelle auf dem Markt zerstören, die ihm zeitweise als Gebetsraum gedient hatte. Im Münster besaßen vier Altäre Jakobus als Mitpatron. Unterkunft boten neben den städtischen Spitälern das Augustiner-Chorherrenstift St. Michael sowie die Deutschordenskomturei.

In Richtung Bodensee

In Ulm trafen sich die Pilger entlang des Donauwegs mit jenen aus Nürnberg und Mainfranken. Von hier aus konnten sie nun der Handelsstraße über Biberach und Ravensburg bis Konstanz folgen oder aber, wie nachfolgend beschrieben, bis Mengen weiter donauaufwärts ziehen, um dort erst über Pfullendorf zum Bodensee zu gelangen.

Vorbei am Klarissenkloster im Ulmer Vorort Söflingen und der spätgotischen Leonhardskapelle führte die Straße entlang des nördlichen Donauufers zum nächsten Etappenziel **Ehingen**. Die im 13. Jh. anstelle einer älteren Siedlung planmäßig angelegte Stadt gehörte jahrhundertelang zu Österreich. Gut erhalten sind die spätmittelalterlichen Fachwerkgebäude des Spitals zum Heiligen Geist samt Kirche, die als Heimatmuseum zugänglich sind. Daneben boten auch einige Stadthöfe umliegender Klöster Unterkunft. Vor dem Aufbruch werden viele sicherlich noch kurz die Liebfrauenkirche mit ihrem Gnadenbild einer spätgotischen Ulmer Muttergottes besucht haben, bevor sie weiter nach **Munderkingen** zogen. Diese ebenfalls österreichische Stadt hat wie Ehingen ihr spätmittelalterliches Spital bewahren können, und ebenso gab es hier eine, wenn auch kleinere, Marienwallfahrt zur Frauenbergkirche.

Nach wenigen weiteren Kilometern präsentierte sich hoch über der Donau auf einem Kalksteinfelsen

In Überlingens Jodokuskapelle findet sich eine ausführliche spätgotische Darstellung des Hühnerwunders, das der hl. Jakobus an einem Pilger gewirkt hatte.

das Prämonstratenser-Chorherrenstift **Obermarchtal**. Schon im 8. Jh. war hier eine Burganlage in ein Kloster umgewandelt worden, bis es nach einer Zwischenphase als Stift 1171 an den neuen Reformorden übergeben wurde. Ursprünglich Doppelkloster, mussten die Frauen im späten 13. Jh. weichen. Ende des 17. Jh. begannen die Chorherren ihren schlossartigen Klosterneubau in beeindruckenden Dimensionen (100 x 120 Meter) samt Kirche, ein Musterbau der gerade modern werdenden Vorarlberger Wandpfeilerkirchen. In kurzer Zeit erreichten die Pilger von hier aus mit der 1089 gegründeten Benediktinerabtei **Zwiefalten** eine weitere Unterkunftsmöglichkeit in einem Seitental der Donau. Auch dort blieben durch einen vollständigen Neubau des 18. Jh. keine mittelalterlichen Pilgerspuren mehr erhalten. Allein das spätgotische Gnadenbild der Muttergottes kündet noch von der langen Klostergeschichte. Die gewaltige Kirche gehört dank des kongenialen Zusammenwirkens des Baumeisters Johann Michael Fischer, des Stuckkateurs Johann Michael Feuchtmayer und des Freskenmalers Franz Joseph Spiegler zu den hochrangigsten Gesamtkunstwerken des süddeutschen Rokoko.

Über **Riedlingen** mit seinem erhaltenen spätgotischen Spital und Altheim konnten Pilger wenige Kilometer Umweg in Kauf nehmen, um im Gästehaus der Zisterzienserinnenabtei **Heiligkreuztal** unterzukommen. Die heute von der Stephanus-Gemeinschaft adäquat genutzte spätgotische Gesamtanlage gehört zu den am besten erhaltenen mittelalterlichen Nonnenklöstern in Deutschland.

In Mengen verließen die Pilger die Donau, um als nächstes Etappenziel die Reichsstadt **Pfullendorf** anzusteuern. Die spätgotische Stadtpfarrkirche St. Jakobus ging aus einer den Pilgerheiligen Jakobus und Christophorus geweihten Burgkapelle hervor. Mitte des 18. Jh. erhielt der Bau seine Deckenfresken, die dem Kirchenpatron huldigen. Aus dieser Zeit stammt auch eine Reliquienbüste des hl. Jakobus. Mit dem Heilig-Geist-Spital samt Kapelle sowie dem Gästehaus des Dominikanerinnenklosters Maria zu den Engeln, beide Mitte des 13. Jh. gegründet, war für Unterkunft gesorgt. Die Wallfahrtskirche Maria Schray sowie die Leonhardskapelle, beide aus dem Spätmittelalter, bedienten das Seelenheil. Vorbei an einer heute verschwundenen Jodokus-Kapelle steuerten die Pilger nun die Reichsstadt **Überlingen** am Bodensee an. Die hier noch erhaltene Jodokus-Kapelle bietet mit ihren schönen spätgotischen Fresken eine ausführliche Darstellung des Hühnerwunders, das der hl. Jakobus an rheinischen Pilgern auf dem spanischen Jakobsweg gewirkt hatte. In einem Pilgerhospiz vor den Mauern konnte übernachtet werden, bevor am nächsten Tag Konstanz per Schiff oder zu Fuß erreicht wurde.

Von Konstanz über Einsiedeln nach Lyon

In Meersburg, dessen Stadtsilhouette bis heute von der mittelalterlichen Burg und dem Barockschloss der Konstanzer Fürstbischöfe beherrscht wird, konnte mit der Überfahrt über den Bodensee ein erheblicher Umweg vermieden werden – von der Anlegestelle am anderen Ufer war es nur noch ein kurzer Weg bis nach **Konstanz**.

Nahe der Reichsabtei Petershausen, die im Mittelalter Jakobus-Reliquien erworben hatte, um vom vorbeiziehenden Pilgerstrom zu profitieren, führte die Rheinbrücke hinüber in die Handels- und Bischofsstadt. Das mächtige romanische Münster, das leider im reformatorischen Bildersturm 1529 seine wertvolle mittelalterliche Ausstattung verlor, lockte mit zwei Heiligengräbern in der Krypta: Im 10. Jh. wurden aus Rom die Gebeine des hl. Pelagius herbeigeführt, und im frühen 12. Jh. erfolgte die Heiligsprechung des bedeutendsten Konstanzer Bischofs, Konrad I. (934–975), der zum Patron des größten deutschen Bistums aufstieg. Tatkräftig hatte dieser sich nicht nur um die Armen gekümmert, sondern seine Stadt durch zahlreiche Kirchenbauten in ein symbolisches Abbild Roms

In Meersburg am Bodensee überragt die Burg der Konstanzer Fürstbischöfe das Schwäbische Meer.

Vom frühgotischen Heiligen Grab am Kreuzgang des Konstanzer Münsters grüßt der hl. Jakobus die Pilger, für die die Figur noch Pilgerstäbe und -taschen bereit hält.

verwandelt. Nachdem er zum zweiten Mal ins Heilige Land gepilgert war, ließ er östlich des Münsters einen Nachbau der Heilig-Grab-Kirche in Jerusalem erbauen. In gotischen Formen erneuert, birgt diese Kapelle ein um 1260 errichtetes Heiliges Grab in Form eines figurengeschmückten Baldachins. Auf die Santiagofahrer nimmt die Skulptur des Jakobus Bezug. Er hält mehrere Pilgerstäbe und -taschen mit Muscheln bereit und fordert die Betrachtenden durch diese seltene Geste dazu auf, zu seinem Grab zu ziehen.

Eine weitere wichtige Anlaufstelle für die Pilger bestand im 1142 gegründeten Schottenkloster nordwestlich vor der Stadt, dessen Kirche dem hl. Jakobus geweiht war. Während der Reformation aufgelöst und abgerissen, erinnert heute nur noch die im späten 16. Jh. errichtete Jakobskapelle an diesen für den Pilgerbetrieb bedeutsamen Ort. Von den verschiedenen Hospitälern in Konstanz blieben einzig die gotischen Kapellen des Heilig-Geist-Hospitals und des Seelhauses, letztere dem Pilgerheiligen Jodokus geweiht, erhalten.

In Richtung Innerschweiz

Das Augustiner-Chorherrenstift **Kreuzlingen** entstand im frühen 12. Jh. vor dem südlichen Stadttor von Konstanz. Ihm war ein Hospital angeschlossen, das auch Pilgern Unterschlupf bot. Nach seiner Zerstörung im Dreißigjährigen Krieg musste das Stift aus fortifikatorischen Gründen weiter entfernt von der Stadtbefestigung wieder aufgebaut werden, daher präsentiert es sich heute als einheitliche Barockanlage. Erst 1848 wurde es von den Stiftsherren verlassen.

Nachdem hinter Kreuzlingen die erste Anhöhe erklommen war, präsentierte sich den Pilgern vor der Heiligkreuzkapelle in **Bernrain** der Bodensee in all seiner Schönheit. Doch auch das Gotteshaus selber lud zum Verweilen ein, denn im Hochaltar befindet sich bis heute ein wundertätiges gotisches Kreuz. Ein Barockbild schildert die zugehörige Legende: Nachdem er ein Wegekreuz verspottet hatte, blieb die Hand eines Taugenichtes am Kreuz haften, rasch verstummte sein loses Mundwerk und großes Gejammer machte sich breit. Erst als seine Mutter sieben Sühnewallfahrten nach Einsiedeln gelobt hatte, konnte er sich lösen. Am Ort des wunderbaren Geschehens wurde danach die gotische Kapelle errichtet.

In **Märstetten** beeindruckt an der Chorwand der Jakobskirche das große spätgotische Fresko des Weltgerichts als ständige Mahnung an die nach dem Tod fällige Gesamtabrechnung des Sündenkontos. Erst im frühen 18. Jh. sicherte ein Brückenbau in der Nähe des Ortes den für Pilger nicht ungefährlichen Übergang über die Thur. Den Weiterweg nach Süden markierten die Jakobskirchen in Kaltenbrunnen und Lommis, bevor die Johanniterkomturei in **Tobel** wieder ein wichtiges Etappenziel bildete. Die Toggenburger Grafen stifteten sie 1228 als Sühneleistung für einen innerhalb der Familie begangenen Mord und bauten hierfür eine schon bestehende Burganlage entsprechend um. Bis zur Auflösung der Komturei zu Beginn des 19. Jh. betreuten Brüder und Schwestern die durchziehenden Pilger. Mit Ausnahme des zum Kirchturm umgenutzten Bergfrieds der Burg entstanden Komturei und Kirche im 18. Jh. vollständig neu.

Das wohl wichtigste Pilgerziel zwischen Konstanz und Einsiedeln, die Abtei Fischingen mit dem Grab der hl. Idda, kündigte sich im Vorfeld schon durch zwei Kapellen an, die von diesem Kloster errichtet wurden. In **St. Margarethen** ließ der Fischinger Abt 1642 die Margarethenkapelle neu erbauen und ausstatten. Der rechte Seitenaltar zeigt die hl. Idda, während der linke den Vierzehn Nothelfern gewidmet ist. Die Pilger hinterließen in dem durch eine Holzschranke abgetrennten hinteren Bereich zahlreiche interessante

Rötel-Kritzeleien. Die Kapelle St. Martinsberg in **Oberwangen** fällt schon durch ihre Hügellage auf. Sie entstand als Sühnekapelle.

Der Weiterweg zur Benediktinerabtei **Fischingen** im Murgtal wird gesäumt von Bildstöcken und Wegkreuzen. Die Abtei wurde 1138 durch den Konstanzer Bischof Ulrich II. gegründet, der Mönche aus Kloster Petershausen hierher sandte. Neben dem Mönchskloster bestand bis ins 13. Jh. eine Nonnenklause, der sich die hl. Idda in ihren letzten Lebensjahren anschloss. Sie war Gattin eines Grafen von Toggenburg und wurde unschuldig Opfer eines Eifersuchtsdramas. Der Legende nach hatte ein Rabe ihren nur kurz abgelegten Ehering gestohlen, welcher später von einem Diener im Nest des Vogels gefunden wurde. Als Iddas Ehemann den Ring an der Hand des Dieners bemerkte, bezichtigte er sie der Untreue und ließ, vor Zorn rasend, den Diener sofort grausam hinrichten, stürmte zu seiner Ehefrau und warf sie über die Burgmauer hinab in eine tiefe Schlucht. Idda rief während ihres Sturzes Gott um Hilfe an und bat um ihre Rettung; zum Dank wollte sie ihm lebenslang dienen. Auf wundersame Weise landete Idda daraufhin unversehrt am Boden und zog sich ans Ende der Schlucht zurück, um hier versteckt als Einsiedlerin zu leben. Bei einer Jagd entdeckte der Graf seine vermeintlich tote Gattin und gelobte Reue. Idda aber ließ ihm mitteilen, dass sie nun ganz Christus gehöre.

Auf ihren Wunsch hin errichtete der Graf eine Klause für sie, von wo Idda jeden Morgen nach Fischingen zur Messe ging. Der Legende nach leuchtete ihr dabei ein Hirsch mit zwölf Kerzen auf dem Geweih täglich voran. Die Bitte der Fischinger Nonnen, doch bei ihnen zu wohnen, schlug Idda zunächst aus und willigte erst ein, nachdem ihr das Leben als Inklusin zugestanden worden war. Nur ein Fensterchen diente fortan als Verbindung der freiwillig Eingemauerten zur Außenwelt. Der Teufel soll versucht haben, sie zum Fluchen zu verleiten, indem er ihr Licht auslöschte, sobald sie in der Heiligen Schrift lesen wollte. Entnervt soll sie schließlich ihren inzwischen verstorbenen Ehemann, der nahe der Klause begraben war, kurzzeitig zum Leben erweckt haben, damit er ihr Feuer bringe. Da musste selbst der Teufel klein beigeben.

Iddas Grab in der Klosterkirche fand rasch große Verehrung, weshalb die Mönche eine eigene Kapelle an die Abteikirche anfügen ließen. Diese stammt in ihrer heutigen Form als aufwendiger Zentralbau aus dem frühen 18. Jh., als die Abtei die Verehrung ihrer Hausheiligen erneut kräftig steigerte. Hier findet sich das spätgotische Hochgrab Iddas, das sie als Liegefigur im Nonnengewand zeigt. Eine Öffnung ermöglichte den Pilgern, am unteren Ende ihre Füße hineinzustrecken, um so von ihren Leiden geheilt zu werden.

Damals waren die Gebeine Iddas schon entnommen und wurden den Pilgern in den kostbaren Umhüllungen eines Kopfreliquiars und eines Schreins präsentiert.

Auf ihrem Weiterweg nach Süden gelangten die Pilger in **Au** zu einer weiteren Verehrungsstätte Iddas. Bei der Pfarrkirche St. Anna und St. Idda soll sie die erste Klause von ihrem Gatten erhalten haben. Ein Bildstock am Wegesrand war als letzter Gruß an die Pilger gedacht, da nun das Fischinger Klosterland verlassen wurde.

Von Fischingen nach Rapperswil am Zürichsee bot sich den Pilgern als Zwischenetappe das im frühen 13. Jh. gegründete Prämonstratenser-Chorherrenstift **Rüti** an. Da es bei den umliegenden Adelsfamilien als Grablege begehrt war, sammelten sich hier erhebliche Reichtümer an. Allerdings erinnert nur noch der spätromanische Chor der Stiftskirche an die einstige Blütezeit, da die Chorherren in der Reformation vertrieben wurden. Die Johanniter im nahen **Bubikon** konnten damals die Auflösung ihrer Komturei durch die Züricher verhindern, so dass hier die Pilger weiterhin Unterkunft und Verpflegung fanden. Schon im 12. Jh. durch die Toggenburger gestiftet, haben sich im Gebäudekomplex des sogenannten Ritterhauses große Teile des mittelalterlichen Baubestandes erhalten.

In **Rapperswil**, das malerisch auf einer Halbinsel im Zürichsee liegt, konnten die Pilger im Heilig-Geist-Hospital Station machen. 1840 trat ein klassizistischer Neubau an die Stelle der mittelalterlichen Gebäude, der als Altersheim seine Funktion bis heute beibehalten hat. Da die Stadt katholisch blieb, diente sie weiterhin als Etappenort des Pilgerverkehrs. Den Zürichsee überquerten die Wallfahrer auf einem anderthalb

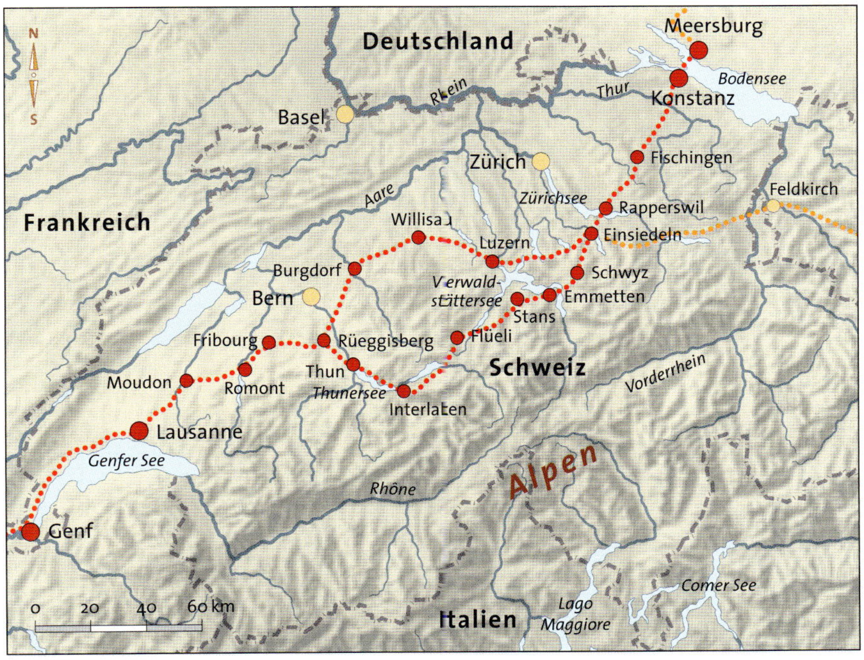

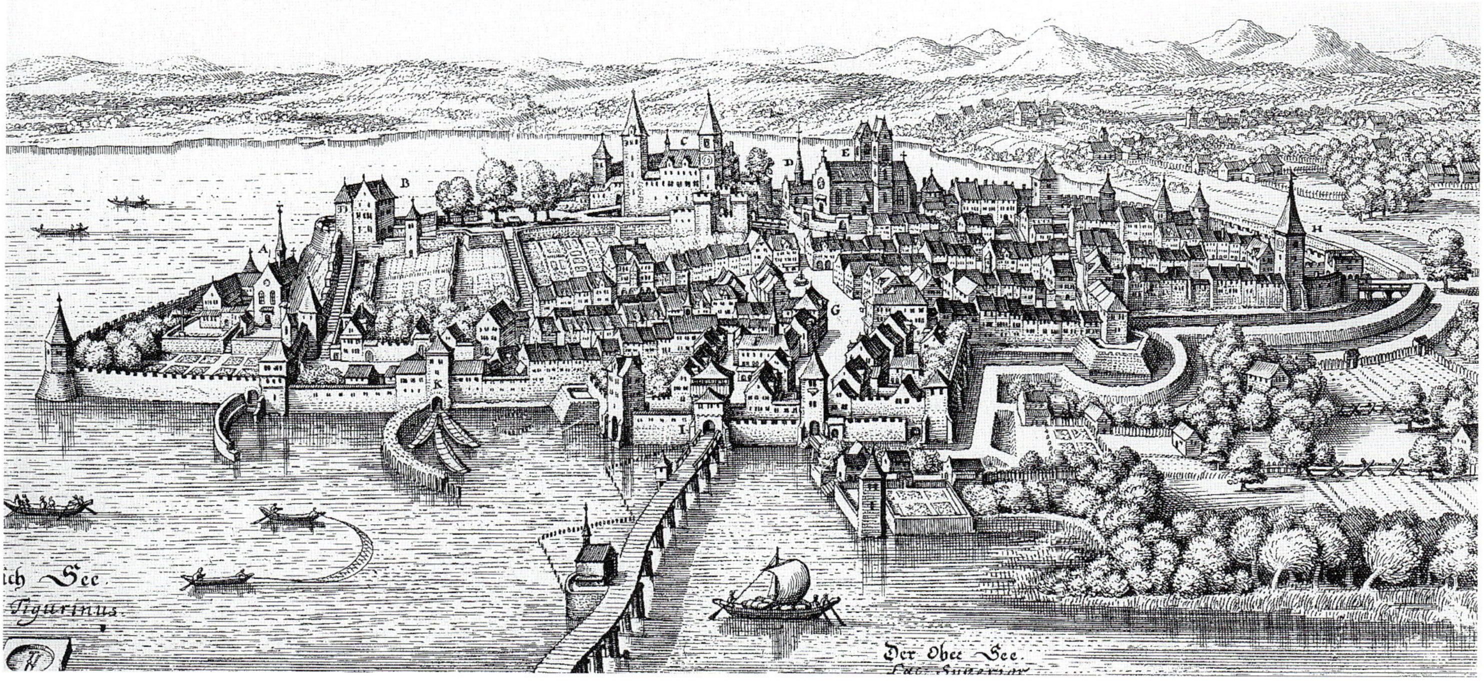

Kilometer langen Holzsteg, den 1358 der neue Stadtherr Erzherzog Rudolf IV. von Österreich hatte erbauen lassen. Da es kein Geländer gab und die Planken nur lose auflagen, tat man gut daran, am noch erhaltenen Heilighüsli neben dem Stegbeginn um himmlischen Beistand zu bitten. Auch am jenseitigen Ufer in Hurden konnten ursprünglich drei Kapellen aufgesucht werden, wovon eine die Zeiten bis heute überdauerte. Erst der Bau eines Straßendamms 1878 beendete die wackelige Angelegenheit. Seit einigen Jahren gibt es für Fußgänger auch wieder eine Holzbrücke als stimmungsvollere Variante, den See zu überqueren.

Vor dem Bau des Holzstegs brachten dem Kloster Einsiedeln gehörende Nachen die Pilger im Fährbetrieb über den See. Manche werden die Überfahrt unterbrochen haben, um der kleinen **Insel Ufenau** mit ihren Heiligtümern einen Besuch abzustatten. Das auch heute noch idyllische Eiland ist eines der ältesten christlichen Zentren des Umlandes. Anstelle eines römischen Tempels entstand wohl schon im 7. Jh. durch die irischen Missionare Gallus und Kolumban eine erste Kirche. Hier ließ sich im 10. Jh. der hl. Adalrich als Einsiedler nieder, bevor er später seine an Aussatz leidende Mutter Reginlinde, Herzogin von Schwaben und Äbtissin des Züricher Damenstiftes, zu sich holte. Die spätgotischen Figuren dieser beiden Lokalheiligen schmücken die romanische Kirche St. Peter und Paul. Ein großes Fresko des hl. Christophorus über ihrem Südportal erinnert noch an den Pilgerbetrieb. Anstelle der bescheidenen Klause der Reginlinde erhebt sich die romanische Martinskapelle inmitten von Weinreben.

Einsiedeln

Gehörte schon die Ufenau dem Kloster Einsiedeln, so kündigten im weiteren Wegverlauf nun immer mehr Bauwerke und Bildstöcke das nahe Heiligtum an. Vorbei an der befestigten Einsiedeler Stiftsstatthalterei am Seeufer führte der Weg nach Süden bald hinauf zur Kapelle **St. Meinrad** auf dem Etzelpass. Hier vereinigte sich der Schwabenweg, dem wir bisher gefolgt sind, mit einem weiteren Jakobsweg aus dem östlichen Bodenseeraum über St. Gallen sowie dem österreichischen Jakobsweg. Der barocke Bau der Meinrad-Kapelle greift die Formen der Einsiedler Gnadenkapelle auf. Im Innern schildern Deckenbilder das Leben des hl. Meinrad, der hier einige Jahre lebte und dessen Eingeweide dort begraben wurden. Meinrad war aus adeligem Hause und wurde Mönch in der Benediktinerabtei Reichenau im Bodensee. Nach einer kurzen Zwischenstation als Leiter der Klosterschule in Benken zog er sich 828 als Einsiedler auf den Etzelpass zurück, von wo aus er einige Jahre später an den Ort des künftigen Klosters Einsiedeln umsiedelte, da sein heiliger Lebenswandel viele Rat Suchende und Bewunderer anzog. 861 wurde Meinrad, durch Zuwendungen reich geworden, von Räubern überfallen und ermordet. Zwei krächzende Raben verfolgten die Täter jedoch, so dass sie gefasst und hingerichtet werden konnten. Den Leichnam des bald als Heiligen verehrten ließ der Abt der Reichenau auf die Bodensee-Insel holen.

Kurz vor **Einsiedeln** galt es noch die Sihlschlucht zu überwinden, was durch eine bereits im 12. Jh. erstmals

▲ Ein Stich des 17. Jh. zeigt noch das mittelalterliche Stadtbild von Rapperswil mitsamt dem geländerlosen, wackeligen Holzsteg über den Zürichsee.

◄ Die barocke Abteikirche Fischingen birgt in der kuppelbekrönten Seitenkapelle das Grab der hl. Idda, die durch mehrere Wunder besonders ausgezeichnet ist.

durch die Abtei errichtete Brücke sehr erleichtert wurde. In ihrer heutigen Form geht die Teufelsbrücke auf das späte 18. Jh. zurück und kann wohl als eine der schönsten historischen Brücken auf diesem Pilgerweg gelten. Schon in Sichtweite der Abtei begrüßten einige Kapellen die ankommenden Pilger, von denen allein noch St. Gangulf erhalten blieb, deren Mauerwerk wohl noch aus dem 11. Jh. stammt.

Nach dem Tod des hl. Meinrad blieb die Einsiedelei einige Jahrzehnte unbewohnt, bis 906 Benno sein Wohlleben als Kanoniker am Straßburger Domstift aufgab, um hier in der Abgeschiedenheit ganz Gott zu dienen. 934 folgte seinem Beispiel ein Verwandter namens Eberhard, der in Straßburg sogar Dompropst gewesen war. Dieser wandelte die lose Eremitengemeinschaft in eine Benediktinerabtei um, die bis heute besteht.

Die Weihe der ersten Klosterkirche 948 zu Ehren der Gottesmutter soll Christus selbst vorgenommen haben, assistiert von Engeln und einigen prominenten Heiligen – eine Legende, die sich dank der internationalen Verbindungen der reichen und mächtigen Reformabtei weit über das Umland hinaus in ganz Mitteleuropa verbreitete. Besonders im Spätmittelalter entwickelte sich der Jahrestag der sogenannten Engelweihe am 14. September zu einem „Muss" unter den Fernwallfahrern. So strömten etwa im Jahr 1466 allein mehr als 130 000 Pilger (Zahl der verkauften Pilgerzeichen) in Einsiedeln zusammen, obwohl im Jahr zuvor ein Großbrand schwere Schäden verursacht hatte. Gleichzeitig entwickelte sich die Abtei zu einem der wichtigsten Marienwallfahrtsorte im süddeutsch-schweizerischen Raum. Bis heute ist die Engelweihe, vor allem aber die Verehrung der spätgotischen Muttergottesfigur, lebendig.

Nach glücklich überstandenen Krisenzeiten entschlossen sich Abt und Konvent 1702 zu einem vollständigen Neubau von Kloster und Kirche in wahrhaft monumentalen Ausmaßen, der bis zur Jahrhundertmitte abgeschlossen war. So empfangen den Pilger heute zwei nach dem Vorbild des Petersplatzes in Rom gestaltete Arkadengänge, die ihn zur mächtig aufragenden Fassade der Abteikirche führen. Beim Eintreten glaubt man sich in einen Himmel auf Erden versetzt. Denn mit allen Mitteln barocker Prachtentfaltung, geschaffen von den fähigsten Künstlern der damali-

Seit dem Spätmittelalter war die Benediktinerabtei Einsiedeln ein europaweit bedeutendes Marienwallfahrtsziel. Heute empfängt den Besucher barocke Prachtentfaltung des frühen 18. Jh.

Andenken bis ins Grab

Pilgerzeichen

So wie heutige Touristen zur Erinnerung an ein paar schöne Wochen Andenken erwerben oder ihren Lieben etwas Schönes als Beweis für den erfolgreichen Urlaub mitbringen, so wollten auch Pilger etwas mit zurück in die Heimat nehmen. Aus diesem Wunsch entwickelte sich in allen Wallfahrtsorten ein einträgliches Geschäft: Rund um die Kirche mit den verehrten Reliquien gab es zahlreiche Buden, in denen neben anderem Pilgerbedarf auch Pilgerzeichen angeboten wurden – die ersten Massenartikel des Mittelalters, denn um diese für jeden erschwinglich zu halten, bestanden die Plaketten oder Gittergüsse, auf denen in grober Form der Heilige des jeweiligen Pilgerzieles dargestellt war, aus einer blechartig dünnen Blei-Zinn-Legierung. Die Plaketten waren geweiht oder sogar durch Berührung mit den Reliquien mit der Kraft des Heiligen „aufgeladen" worden. Ösen ermöglichten die Anbringung der Plakette am Hut des Pilgers, so dass er zusätzlich zur speziellen Tracht für jeden als Pilger erkennbar war, was ihm einen gewissen Schutz verlieh. Das bekannteste Pilgerzeichen ist bis heute die Jakobsmuschel, die in Santiago erworben wurde. Durch den jüngsten enormen Aufschwung des Jakobsweges erlebt auch sie erneut eine unverhoffte Verbreitung.

Nach der Rückkehr diente das Pilgerzeichen als Beglaubigung der absolvierten Wallfahrt, Andenken und Talisman. Starb ein ehemaliger Pilger, so wurde ihm die Plakette mit ins Grab gelegt, damit er beim Jüngsten Gericht gleich als solcher zu erkennen war – Pilgerzeichen waren somit quasi eine Eintrittskarte in den Himmel. Im Gegensatz zu den robusten Jakobsmuscheln blieben die Plaketten zwar in Gräbern weniger gut erhalten, doch durch den weit verbreiteten Brauch, sie auf wächserne Glockengussformen aufzulegen, wodurch sie auf dem Guss als Relief erschienen, sind zahlreiche Zeichen überliefert. Pilgerzeichen auf mittelalterlichen Glocken sollten deren Schutzwirkung noch verstärken, wenn sie gegen ein heraufziehendes Unwetter geläutet wurden.

gen Zeit, umfängt ein Zentralraum die kleine Gnadenkapelle mit der hoch verehrten Marienfigur. Einsiedeln ist bis heute ein lebendiger Wallfahrtsort geblieben, ersichtlich schon an den vielen Devotionalienläden, deren Vorgänger schon die mittelalterlichen Pilger mit Andenken versorgten.

Von Einsiedeln nach Rüeggisberg

Vorbei an der Benediktinerinnenabtei in der Au, die aus einer Frauenklause am Kloster Einsiedeln hervorging, zogen die Pilger hinauf zur **Haggenegg**, wo im Spätmittelalter eine Herberge für sie belegt ist. Die neugotische Marienkapelle, die etwas westlich der Passhöhe steht, erinnert daran, dass in der Nähe beim Einmarsch der Französischen Revolutionstruppen 1798 das Einsiedler Gnadenbild versteckt wurde. Von hier begann der Abstieg in Richtung **Schwyz**, dem namensgebenden Ort für das heutige Land. Unterwegs bot die Fridolinkapelle, die im späten 18. Jh. aufgrund der Hochwassergefahr etwas höher neu errichtet wurde, Möglichkeit zum Gebet und Gedenken an den alemannischen Glaubensboten in Säckingen. In Schwyz besaß der Vorgängerbau der spätbarocken Pfarrkirche St. Nikolaus einen Jakobsaltar mit zugehöriger Bruderschaft. Über Ingenbohl mit seiner Leonhardskapelle wurde in Brunnen das Ufer des Vierwaldstättersees erreicht. Mit dem Schiff gelangten die Pilger hinüber nach **Treib**, von wo sie einen Abstecher hinauf zur Wallfahrtskirche Maria Sonnenberg einlegen konnten. Im späten 16. Jh. besaß die Kapelle als Nebenpatrone die Pilgerheiligen Maria Magdalena und Jakobus. Von Treib aus folgten die Pilger dem Südufer über **Emmetten**, das schon im Mittelalter eine Jakobskapelle besaß, und **Beckenried** mit der Grabplatte eines Jakobspilgers in der Vorhalle der Kirche bis Buochs. Die Pfarrkirche St. Peter und Paul in **Stans** hatte Jakobus als Mitpatron ihres Hochaltares und bot im linken Seitenschiff, das noch dem romanischen Bau angehört, ein gotisches Gnadenbild der Muttergottes. In **Ennetmoos** fanden die Wallfahrer wieder ein uraltes Jakobus-Heiligtum vor, das der Legende nach schon in römischer Zeit gegründet worden war. Nach der Zerstörung durch französische Revolutionstruppen wurde die heutige Kapelle zu Beginn des 19. Jh. neu errichtet.

Vorbei an der gotischen Kapelle in **St. Niklausen**, die das Leben dieses Reisepatrons in mittelalterlichen Fresken schildert, steuerten die Pilger nun Klause und Grabstätte des berühmtesten Schweizer Heiligen,

► In Flüeli hat sich das Wohnhaus des Schweizer Nationalheiligen Nikolaus von der Flüe erhalten.

Bruder Klaus (1417–1487), an. In **Ranft** konnten sie Zelle und Kapelle des Einsiedlers besuchen, in **Flüeli** sein Geburtshaus und schließlich seit seiner Seligsprechung im späten 17. Jh. seine Gebeine im benachbarten **Sachseln**. Aufgrund der früh einsetzenden Verehrung blieb sein Geburtshaus unverändert und ist heute eines der ältesten erhaltenen Holzhäuser der Schweiz. Auch seine Zelle hat ihren spätmittelalterlichen Zustand bewahrt. Nikolaus von der Flüe, so sein eigentlicher Name, war ein einfacher Bergbauer mit großer Familie. Doch 1467 beschloss er plötzlich, Haus und Hof zu verlassen, um sich als Einsiedler ganz Gott zu widmen. Ursprünglich wollte er weit fort ziehen, errichtete seine Klause dann aber doch in der Nähe seines Hofes. Er zählt zu den letzten spätmittelalterlichen Mystikern. Wundergeschichten wie etwa seine angeblich ausschließliche Ernährung durch die Eucharistie verbreiteten rasch seinen Ruhm. Als gefragter Berater in geistlichen und weltlichen Angelegenheiten besaß er große Autorität. 1481 rief ihn die Eidgenossenschaft als Schlichter ins nahe Stans, wo er die Spaltung des Bundes verhindern konnte. Dies machte ihn endgültig zum Nationalheiligen.

Entlang des Sarner und des Brienzer Sees führte der Weg nach **Interlaken**, dessen Name sich aus der Lage zwischen zwei Seen erklärt. Hier bot bis zu seiner Auflösung 1528 ein Augustiner-Chorherrenstift Unterkunft und Verpflegung. Nun galt es ein lokales Heiligtum in der Nähe anzusteuern, die **Beatushöhlen** oberhalb des Thuner Sees. Der Legende nach kam Beatus mit seinem Gefährten Justus als erster Apostel in die Schweiz, nachdem er in Britannien sein Vermögen verschenkt und in Rom vom Apostel Petrus getauft worden war. Beatus vertrieb mit einem Kreuz einen fürchterlichen Drachen, der die Menschen plagte, aus den Höhlen am See und richtete sich hier eine Einsiedelei ein. Später fand er nach einem langen Leben auch sein Grab an diesem Ort. Höchst eindrucksvoll schmiegt sich die Anlage, zu der Treppen hinaufführen, in den Fels. Gegen große Widerstände wurde diese Pilgerstätte in der Reformation geschlossen, doch die katholisch gebliebenen Orte errichteten ihrem Apostel in Obsee bei Lungern 1567 ein Ersatzheiligtum.

Der Weiterweg führte nun zunächst am Nordufer des Thuner Sees entlang. In **Oberhofen** finden sich an der gotischen Kapelle der gut erhaltenen Burganlage zwei Jakobsmuscheln am Portal. **Thun**, das bis heute vom mächtigen Wohnturm der Zähringerburg beherrscht wird, besaß bis zu ihrem Abbruch im späten 18. Jh. vor der Stadtmauer eine Jakobskapelle mit Siechenhaus und Fremdenfriedhof. Von hier gelangten die Pilger zum Augustiner-Chorherrenstift **Amsoldingen**, wo sie Station machen konnten. Die romanische Kirche mit ihrer beeindruckenden Krypta ist dem hl. Mauritius geweiht und geht auf einen Vorgängerbau von 933 zurück. Nächstes Etappenziel war nun **Rüeggisberg** mit seiner 1075 gestifteten Propstei des burgundischen Klosters Cluny. Nach Auflösung in der Reformation blieb von der romanischen Kirche allerdings nur der zur Scheune umfunktionierte Chor erhalten. Mancher Pilger wird sicherlich einen Abstecher nach **Oberbalm** gemacht haben, wo sich in römischer Zeit der hl. Sulpitius in einer Höhle als Einsiedler niedergelassen und die Eremitenkapelle Maria geweiht hatte. Der Heilige fand bis ins Spätmittelalter große Verehrung, so dass sogar die Stadt Bern überlegte, seine Gebeine in ihr neues Münster zu überführen, was aber unterblieb. Die Reformation markierte auch hier das abrupte Ende des Kultes.

Über Luzern nach Rüeggisberg

Um von Einsiedeln nach Rüeggisberg und von dort weiter in Richtung Genf zu gelangen, wählten viele Pilger auch den Weg über **Luzern**. Luzern, am Vierwaldstätter See blieb innerhalb der Schweiz auch nach der Reformation katholisch, so dass die für Wallfahrer wichtigen Einrichtungen bestehen bleiben konnten. Das mittelalterliche Jakobsspital befand sich in der Sentivorstadt und wurde vom Rat der Stadt im 17. Jh. größer und schöner neu errichtet. Gleich neben dem Torturm der Vorstadt stand auch eine Jakobskapelle. Eine Jakobsbruderschaft war für die Betreuung der Pilger verantwortlich. In der romanischen Peterskapelle, die zum Urbestand der im späten 12. Jh. gegründeten Stadt gehört, befand sich ein dem hl. Jakobus geweihter Altar. Über eine der beiden gedeckten mittelalterlichen Holzbrücken gelangten die Pilger über den Ausfluss des Sees hinüber zur ab 1269 erbauten Franziskanerkirche, die eine lokal verehrte Marienfigur sowie einige barocke Jakobsdarstellungen besitzt. Luzern war dank eines in der Stiftskirche St. Leodegar und St. Mauritius verwahrten Heiltumsschatzes zumindest im Spätmittelalter Pilgerziel. Besonders beim sogenannten Musegger Umgang, einer festlichen Reliquienprozession um und durch die Stadt, fanden sich Tausende von Wallfahrern ein. Denn dank reicher Ablässe konnte hier ein Sündenerlass wie bei einer Wallfahrt nach Rom erworben werden, weshalb der Umgang auch Romfahrt genannt wurde.

Vor der Stadt findet sich in **Hergiswald** (von Herrgottswald) eine interessante Wallfahrtsstätte. Im frühen 16. Jh. verstarb im Ruf der Heiligkeit hier ein in einer Höhle lebender Eremit, der in seiner Kapelle begraben wurde. Nachdem eine Marienerscheinung 1645 zusätzlich zur Errichtung eines Nachbaus des Hauses von Loreto geführt hatte, fanden sich nochmals vermehrt Pilger in Hergiswald ein. Ganz in der Nähe führt der Weg an der Wallfahrtskirche St. Jost (Jodokus) in **Blatten** vorbei. Sie wurde von einem Pilger

Die Kapellenbrücke war auch schon im Spätmittelalter das Wahrzeichen von Luzern. Nach dem Brand im Jahre 1993 wurde sie originalgetreu wiederaufgebaut (Hier ein Bild aus dem Jahr 2000).

zum Jodokus-Grab im französischen Saint-Josse-sur-Mer (Bretagne) errichtet, der 1366 auf seiner Reise überfallen, jedoch unverletzt geblieben war und zum Dank nach seiner glücklichen Rückkehr eine Kapelle für „seinen" Heiligen stiftete. In der Barockzeit wurde die stimmungsvolle Kapelle umgebaut und erweitert.

Werthenstein entwickelte sich im 17. Jh. neben Einsiedeln zum großen Marienwallfahrtsort der Schweiz. Um 1500 hörte ein aus den Niederlanden stammender Goldwäscher hier nachts himmlischen Gesang und sah unerklärliche Lichterscheinungen, woraufhin er eine kleine Marienkrönung zeichnete und an einen Baum heftete. Wunder geschahen, so dass immer mehr Pilger herbeiströmten. Schon 1520 konnte eine Kapelle geweiht werden, die neben der Zeichnung ein vor den Bilderstürmern geflüchtetes Gnadenbild einer Pietà aus Fribach aufnahm. In Werthenstein waren reiche Ablässe zu erwerben, und im 17. Jh. eröffneten Luzerner Franziskaner ein Kloster zur Betreuung der Wallfahrer und ließen einen ganzen heiligen Bezirk nebst Gnadenquelle errichten.

Auch das nächste Etappenziel, das Städtchen **Willisau**, konnte mit einer Wallfahrtskirche samt zugehöriger, höchst moralischer Legende aufwarten. Ende des 14. Jh. fluchte ein Spieler, der mehrfach verloren hatte, dem Himmel und warf im Zorn seinen Dolch empor. Daraufhin fielen wundersamerweise fünf Blutstropfen auf den Spieltisch herab und ließen sich nicht mehr entfernen. Die am Ort des Wunders durch die Stadt errichtete Heiligblut-Kapelle wurde im späten 17. Jh. neu erbaut. Einer ihrer Altäre besaß, wie auch in der Pfarrkirche, den hl. Jakobus als Nebenpatron. Zusätzlich bestand eine Jakobsbruderschaft.

Die nächsten beiden Kirchen auf der Wegstrecke bargen ebenfalls Reliquien: In **Ufhusen** konnte ein Kreuzsplitter betrachtet werden, und ein Partikel vom hl. Sebastian fand sich in **Huttwil**. Das dortige Sie-

▼ Eindrucksvoll schart sich die mittelalterliche Altstadt von Fribourg um das gotische Münster.

Mit Gottvertrauen!

Mühsal und Gefahren des Weges

Die meisten Pilger machten vor Antritt der Wallfahrt nicht ohne Grund ihr Testament, denn dank zahlreicher Gefahren auf dem Weg schien eine Rückkehr nicht unbedingt garantiert. Das Hauptrisiko bildeten Straßenräuber, für die Pilger leichte Beute waren, weil sie keine Waffen tragen durften. Alle Pilger hatten einiges an Geld bei sich, da sie nicht immer davon ausgehen konnten, kostenlose Unterkunft und Verpflegung zu finden oder von Wege- und Brückenzöllen befreit zu sein. Zudem wollten viele den Heiligen unterwegs und Jakobus in Santiago Geschenke machen, um sie gnädig zu stimmen. Vor Ort erwarben sie Andenken wie etwa Pilgerzeichen, die auch einen gewissen Wert hatten. Doch nicht nur auf das Geld der Wallfahrer hatten es die Räuber abgesehen: Nicht selten wurden ihre Opfer auch der Kleidung beraubt und Frauen vergewaltigt. Man konnte froh sein, wenn man den Überfall wenigstens lebend und ohne größere körperliche Schäden überstand. Zum Schutz schlossen sich die Pilger unterwegs meist zu größeren Gruppen zusammen.

Zweites Hauptrisiko war das Wetter. Denn nach der Schneeschmelze im Frühjahr oder starken Regenfällen schwollen Bäche und Flüsse oft extrem an. Nur an den wichtigsten Übergängen gab es Brücken, wobei die meisten aus Holz bestanden und dementsprechend oft weggerissen wurden. Vielerorts gab es nur eine Furt, deren Durchquerung bei Hochwasser lebensgefährlich war. Bis kurz vor Santiago mussten immer wieder Gebirgspässe überwunden werden, die sich bei einem plötzlichen Wettereinbruch mit Kälte und Schnee zur Todesfalle verwandeln konnten. Regen und Schnee machten das Gehen auf den schmalen Gebirgspfaden ebenfalls zu einer gefährlichen Sache. In ausgetrockneten Hochebenen wie im Norden Spaniens bestand hingegen die Gefahr des Verdurstens, wenn der mitgeführte Wasservorrat zur Neige ging und bei sengender Hitze weit und breit keine Quelle oder kein Ziehbrunnen zu finden waren. Um das Wetterrisiko möglichst gering zu halten, reisten die Pilger bevorzugt im Frühjahr und Sommer nach Santiago, weshalb das Hauptfest des hl. Jakobus vom 30. Dezember auf den 25. Juli verlegt worden war.

chenhaus sowie ein dem Deutschherrenorden unterstehendes Spital in Sumiswald boten den Wallfahrern auf diesem Wegabschnitt Herberge. Die Stadt **Burgdorf** als nächstes Wegziel zeichnete sich gleich durch mehrere Hospitäler als Etappenort des Jakobsweges aus. Vor der Stadt hat sich noch die spätgotische Kapelle St. Bartholomäus samt Siechenhaus erhalten. Zudem unterhielten Franziskaner und Antoniter ein Hospital. Daneben gab es in der Metzgergasse zwei bürgerliche Stiftungen mit dem gleichen Zweck. Vorbei an dem nur noch in geringen Resten erhaltenen Kartäuserkloster Thorberg, das 1397 anstelle einer Burg entstanden war, steuerten die Pilger schließlich die Propstei Rüeggisberg an.

Von Rüeggisberg nach Lyon

Die weitere Wegstrecke nach Fribourg führte vorbei an den Jakobskirchen in Vorderfultingen (zerstört), Wahlern, Niedermuhren und Tafers. Während die Kapelle in **Niedermuhren** eine spätgotische Jakobsfigur im Pilgergewand besitzt, weist jene in **Tafers** barocke Außenfresken mit dem Hühnerwunder und einen Altar des Heiligen auf. Kurz vor Fribourg bestand in **Uebewil** eine weitere Jakobskapelle, die im späten 18. Jh. durch eine Marienkapelle ersetzt wurde. Im heutigen Stadtgebiet Fribourgs erhebt sich in Villars-les-Joncs die spätgotische Kapelle St-Barthelémy, die einst zu einem Leprosenhospital gehörte. Das moderne Bronzerelief eines Jakobspilgers erinnert an die hier vorbeiziehenden Wallfahrer.

Freiburg/Fribourg, Hochburg des Katholizismus in der Schweiz, gehört noch heute zu den schönsten Städten des Landes. Auf dem von der Sarine geschaffenen Felsplateau erhebt sich rund um die gotische Nikolaus-Kathedrale mit ihrem markanten Turm ein höchst eindrucksvolles Ensemble aus Kirchen, Klöstern, Bürgerhäusern, Adelspalais, Brunnen und Brücken. Anlaufstelle für Pilger war im Tal die Johanniter-Niederlassung mit ihrem Spital, von der noch die gotische Kirche erhalten ist. In der Rue de la Samaritaine macht die barocke Figur des hl. Jakobus das ihm geweihte Hospital kenntlich. Es wurde im frühen 15. Jh. erstmals erwähnt. Neben der romanischen Kirche Notre Dame bestand zudem das Marienhospital.

Aus dem Mittelalter blieb die Brücke in Ste-Apolline erhalten, über die die Pilger von Fribourg aus weiterzogen.

Die frühgotische Kathedrale von Lausanne verlor 1536 durch den Bildersturm der Calvinisten ihre gesamte mittelalterliche Ausstattung, so dass sich seit dieser Zeit die nackte Architektur präsentiert.

An der Kathedrale St-Nicolas war seit 1471 eine Jakobsbruderschaft ansässig.

Über die noch erhaltene mittelalterliche Brücke in Ste-Apolline, die noch ihre im 16. Jh. erneuerte Kapelle besitzt, verließen die Pilger Fribourg und steuerten als nächste Station die Zisterzienserabtei **Hauterive** an. 1137 in ordenstypischer Lage am Ufer der Saane gegründet, wirken hier mit nur einigen Jahrzehnten Unterbrechung immer noch Mönche des Ordens. Aus dem Mittelalter blieben Kirche und Kreuzgang innerhalb der ansonsten barock geprägten Anlage erhalten. Zwei weitere Klöster, die in nur geringer Entfernung auf der Strecke folgten, boten weitere kostenlose Unterkunftsmöglichkeiten. In **Posat** bestand ein um die Mitte des 12. Jh. erbautes Prämonstratenser-Chorherrenstift, während in **Chavannes-sous-Romont** Zisterzienser lebten. Dazwischen war in der wohl noch spätgotischen Johannes-Kapelle in **Chavannes-sous-Orsonnens** ein barocker Altar mit Jakobus- und Christophorusfigur auf die vorbeiziehenden Pilger ausgerichtet.

Wie eine Idylle aus dem Mittelalter erhebt sich auf einem Hügel das Städtchen **Romont**. Einst bestand hier ein Marien- und ein Jakobushospital – auf dem Jakobusplatz findet sich ein modernes Pilgerrelief zum Gedenken. Noch authentischer führt ein Rundgang durch **Moudon** in die Vergangenheit. Die Stadt beiderseits der Broye profitierte von zwei Handelswegen aus Frankreich und Italien, die sich hier trafen. Aufgrund des hohen Verkehrsaufkommens gab es hier drei Hospitäler, wovon eines mit einer Johanniterkomturei verbunden war. Die frühgotische Pfarrkirche St-Etienne, die dem Vorbild der nahen Kathedrale von Lausanne folgt, besaß einst eine Jakobuskapelle. Nach Lausanne zu galt es nun ein großes Waldgebiet zu durchqueren, indem aber zum Schutz der Pilger von der Stadt 1228 das Hospital **Ste-Cathérine du Jorat** gegründet wurde. Später ließ der Bischof von Lausanne hier zusätzlich ein Kapuzinerkloster einrichten.

Wie schon im Mittelalter, so pilgern auch heutige Besucher der Stadt **Lausanne** hinauf zum beherrschenden Bau der Kathedrale Notre-Dame. Um 1170 noch in romanischen Formen begonnen, entstand während der Hauptbauzeit im frühen 13. Jh. ein Meisterwerk der Frühgotik. Bis heute bestaunt ist das Rosenfenster im südlichen Querhaus, das mit seinen erhaltenen Glasmalereien den gesamten Kosmos abbildet. Die Pilger interessierte aber vor allem das in der Reformation vernichtete Gnadenbild einer thronenden Muttergottes. Vier Hospitäler boten Unterkunft, von denen zwei das Domkapitel unterhielt. 1536 fiel die Stadt

an die reformierte Berner Herrschaft, wodurch das Bistum samt Pilgerinfrastruktur erlosch.

Nun folgte der Weg dem Ufer des Genfer Sees in Richtung der namensgebenden Stadt. Vorbei an der romanischen Kirche des Cluniazenserpriorates **St-Sulpice** und dem Grab des hl. Bischofs Prothais in **St-Prex** nach **Rolle** mit seinem Hospital, das den Chorherren vom Heiligen Grab unterstand. Kurz vor Genf waren die Christophoruskirche in **Commugny** sowie das Dominikanerkloster in **Coppet** Zwischenstationen.

Genf besitzt inmitten der modernen Großstadt mit der Kathedrale St-Pierre immer noch sein altes Zentrum. Leider räumten die Bilderstürmer Calvins das Innere gründlich aus. Der strenge Reformator hatte die Stadt 1536 zum Zentrum eines totalitären Glaubensregimes gemacht. Immerhin findet sich noch ein spätgotisches Fenster, das Jakobus als Pilger, aber im prunkvollen Hermelinmantel zeigt. Bald nach Verlassen der Stadt war die Johanniterkomturei in **Compesières** ein weiteres Etappenziel. Von Genf aus folgten die Pilger dann zunächst der Rhône bis Lyon, wobei viele auch den kürzeren, aber gebirgigen Weg durch den Französischen Jura gewählt haben dürften.

► Das Schicksal des Bildersturms traf auch die Kathedrale von Genf, zumal die Stadt Sitz des strengen Reformators Calvin war.

Vom Rhônetal zu den Pyrenäen

Lyon

Lyon, von der Römerzeit bis heute eine der bedeutendsten Städte Frankreichs, war ein Sammelpunkt für jene Jakobspilger, die aus dem süddeutsch-schweizerischen Raum vom Genfer See herübergezogen oder der Saône von Dijon nach Süden gefolgt waren, um die großen Pilgerstätten im Süden Frankreichs zu besuchen. Die Stadt am Zusammenfluss von Saône und Rhône war im Mittelalter ein äußerst wichtiges europäisches Handels- und Finanzzentrum und vom Anfang des 11. Jh. für knapp dreihundert Jahre Teil des Deutschen Reiches, bis sie an Frankreich fiel. Ab dem 16. Jh. prägte die ganz Europa beliefernde Seidenweberei Lyon. Die mittelalterlichen Pilger erlebten die Stadt noch mit einer beeindruckenden Silhouette aus über 70 Kirchen, die allerdings mit nur wenigen Ausnahmen in den Religionskriegen des späten 16. Jh. zerstört wurden. Die in der zweiten Hälfte des 11. Jh. errichtete Brücke über die Saône und die 1183 erbaute Brücke über die Rhône sind deutlicher Ausdruck der frühen Bedeutung Lyons für den Fernhändler- und Pilgerverkehr.

Über die gesamte Stadt verteilt verfügte Lyon über wichtige Anlaufstellen für Pilger. Unterhalb des Plateaus mit den Ruinen der Römerstadt erhebt sich die gotische Kathedrale St-Jean, die einen reichen Reliquienschatz besaß, da der Erzbischof sich seit dem 11. Jh. als Primas von Gallien verstand. Zweites bedeutendes kirchliches Zentrum war die Abtei St-Martin d'Ainay, die dank der Förderung des zeitweise in Lyon residierenden Papstes Innozenz IV. zu immensem Reichtum gekommen war. Die romanische Kirche besitzt dementsprechend aufwendige Bauskulptur und zahlreiche Marmorsäulen, die die Mönche aus den Ruinen der Römerstadt holen ließen.

Nicht nur hier, sondern auch bei der Kathedrale und der Kirche St. Paul bestanden Hospitäler, letzteres sogar schon 542 gegründet. Im 12. Jh. entstand am Rhône-Ufer eine weitere Pilgerherberge, die von der Stadt übernommen und im 17. und 18. Jh. als Krankenhaus zu der noch erhaltenen repräsentativen Gesamtanlage von beeindruckender Größe erweitert wurde.

Nicht weit davon bietet die Kirche des Franziskanerklosters mit dem Grab des 1274 hier bestatteten hl. Bonaventura einen besonderen Anziehungspunkt. Er war nicht nur einer der engsten Mitarbeiter des hl. Franziskus und maßgeblich an der Gestaltung des Ordens beteiligt, sondern auch ein bedeutender Mystiker, Theologe und Philosoph. Ein weiteres wichtiges Kloster und Pilgerzentrum der Stadt bildete L'Ile-Barbe, das aus einer frühchristlichen Eremitenkolonie auf einer Insel in der Saône hervorgegangen war. Als Reformabtei wurde es im 9. Jh. neu gegründet und stieg zu großem Reichtum und immenser Bedeutung auf. Bis zu ihrer Zerstörung in der Französischen Revolution wurde die Anlage durch mächtige Befestigungen geschützt.

Bedeutendstes Kultzentrum unter den zahlreichen Kirchen Lyons war jedoch St-Nizier. Im 6. Jh. fand Nicetius, einer der fähigsten Bischöfe der Stadt, in der ursprünglichen Apostelkirche seine Grabstätte. Durch die zunehmende Verehrung seiner Reliquien wechselte dann das Patrozinium. Den reichsten Schatz der Kirche, die auf das 2. Jh. zurückgeht, bildeten jedoch die Gräber von 48 Märtyrern, die im Jahre 177 in Lyon für ihren Glauben gestorben waren.

Im Herzen der Innenstadt bestand neben St-Nizier die Kapelle St-Jacquême, Tagungsgebäude des Stadtrats und Anlaufstelle für die zahlreichen Jakobspilger.

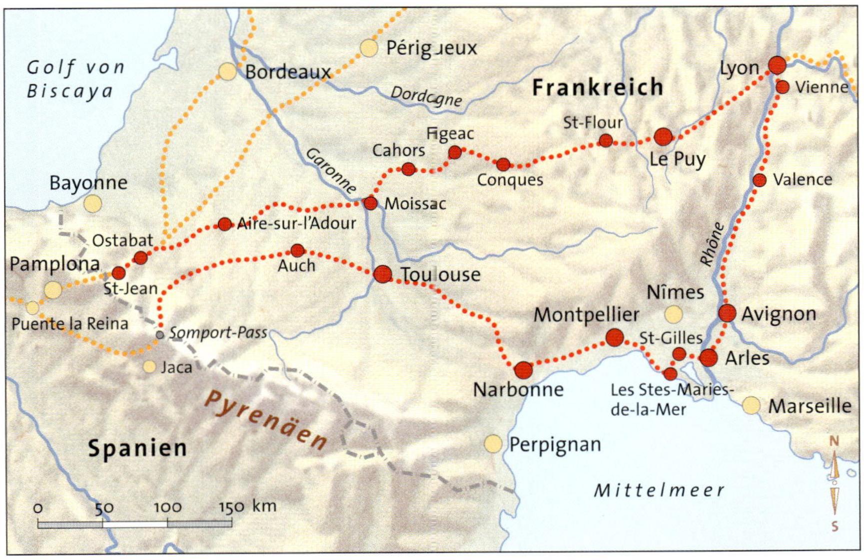

Durch das Rhônetal nach Arles

Die Stadt **Vienne**, rhôneabwärts nur wenige Kilometer südlich von Lyon gelegen, war in römischer Zeit eine bedeutende Metropole und bereits ab dem 3. Jh. ein Bischofssitz. Dank der christlichen Umdeutung blieben zwei Zeugnisse der glanzvollen Vergangenheit erhalten, die auch von den Pilgern aufgesucht wurden: Der Tempel des Augustus und der Livia auf dem ehemaligen römischen Forum der Stadt, der wohl schon im 5. Jh. zu einer Marienkirche umgewandelt worden war, soll das Gerichtsgebäude gewesen sein, in dem der römische Prokurator Pontius Pilatus während seiner Verbannung zu Gericht saß. Der Obelisk im Süden der Stadt, einst Mittelpunkt des römischen Zirkus, galt als sein Grabmal.

Die imposant über einem Sockel aufragende romanisch-gotische Kathedrale des einstigen Erzbistums war aufgrund ihrer bedeutenden Reliquien ein Anziehungspunkt für Pilger. Beim Neubau des Chors im 13. Jh. „fand" man hier die Gebeine des hl. Mauritius und einiger Märtyrer-Gefährten der Thebäischen Legion, die eigentlich in der Abtei St-Maurice (Schweiz) östlich des Genfer Sees im Rhône-Tal ruhten. Darüber hinaus befanden sich in der Kirche Überreste der sieben Makkabäer-Brüder und ihrer Mutter, die auch Köln für sich beanspruchte. Sie galten als alttestamentliche Vorläufer aller christlichen Märtyrer. Auch die Kirche St-Pierre, heute eine der ältesten Kirchen Frankreichs, war für Pilger interessant, denn ihn ihrem Inneren ruhten die ersten heiligen Bischöfe der Stadt. Der Überlieferung nach waren zudem auf dem Friedhof rund um die Kirche ebenfalls zahlreiche Märtyrer und Heilige bestattet worden. Bis heute blieb der Sarkophag des hl. Leonius, des ersten Abtes des hier entstandenen Klosters, aus dem 6. Jh. erhalten.

Weiter der Rhône folgend bot sich zwischen Vienne und Valence ein kurzer, aber umso lohnender Abstecher nach **Saint-Antoine-en-Viennois** zu den Reliquien des hl. Antonius des Einsiedlers an. Dieser große, 356 in Ägypten verstorbene Heilige war einer der Väter des christlichen Mönchtums. Er gründete und leitete umfangreiche Einsiedlerkolonien in der Wüste, die sich als Vorform des Klosterlebens zu einem Verband zusammen schlossen, um sich in dieser extremen Lebensumgebung gegenseitig stützen und gemeinsam für den Unterhalt sorgen zu können. Da Antonius zahlreichen Anfechtungen des Teufels widerstanden hatte, galt er als besonders wirkmächtig. Erst um 1070 gelangten seine Gebeine aus Konstantinopel hierher, nachdem ein Adeliger sie auf der Rückkehr von einer Pilgerreise ins Heilige Land vom byzantinischen Kaiser zum Dank für seine Waffenhilfe gegen die Sarazenen erhalten hatte.

◄ Zahlreich sind die erhaltenen Darstellungen von Antonius dem Einsiedler. Besonders die von ihm standhaft ertragenen Versuchungen durch Teufel und Dämonen hatten es den Malern angetan (flämische Buchmalerei aus dem Hastings-Stundenbuch, 1483).

Seinen Aufstieg zum großen europäischen Heiligen verdankt Antonius der ihm zugeschriebenen Hilfe bei einer im späten 11. Jh. plötzlich aufgetretenen schrecklichen Epidemie, der Mutterkornvergiftung, auch Antoniusfeuer genannt. Diese durch einen Schimmelpilz am Getreide ausgelöste Krankheit führte äußerst qualvoll zum Tod. Der Hospitalorden der Antoniter, im 11. Jh. in Saint-Antoine-en-Viennois gegründet, nahm sich speziell dieser Krankheit an und umfasste in seiner Blütezeit im 15. Jh. 200 Niederlassungen in ganz Europa, was das Mutterkloster jahrhundertelang zu einem der großen europäischen Wallfahrtsorte machte. Von seiner einstigen Bedeutung künden noch die ausgedehnte gotische Kirche mit ihrer weiten Plattform, die für große Pilgerscharen ausgerichtet ist. Zusätzlich zu ihrem wichtigen Hauptpatron sammelten die Antoniter hier Reliquien von vielen weiteren Heiligen, um als Wallfahrtsort möglichst attraktiv zu bleiben. Die Schreine und Reliquiare befinden sich heute in einer eigenen Kapelle seitlich des Chores.

Nächstes Etappenziel in Richtung Avignon und Arles war **Valence**, das wie Vienne zu den ältesten christlichen Stätten Frankreichs zählt. Der Überlieferung nach schickte der hl. Bischof Irenäus von Lyon die drei Missionare Felix, Fortunatus und Achill hierher, die bald das Martyrium erlitten. Unter den frühen Bi-

◄ Wenig blieb vom türmereichen Lyon des Mittelalters übrig, darunter die Kathedrale.

► Bis zu ihrer Zerstörung im 17. Jh. war die romanische Brücke in Avignon ein bequemer Übergang über die Rhône.

schöfen der Stadt wurden die hll. Aemilius und Apollinaris besonders verehrt. Schließlich kamen Teile der Gebeine des hl. Papstes Kornelius und des hl. Bischofs Cyprian von Karthago in die Kathedrale, die dank dieses ganzen Heiligenhimmels eine wichtige Anlaufstelle für Pilger war.

Vorbei an der einst bedeutenden Abtei **Cruas**, 804 unter Beteiligung Kaiser Ludwigs des Frommen und des Reformabtes Benedikt von Aniane gegründet, erreichten sie bald **Mélas**, wo in frühchristlicher Zeit ein Bischofssitz bestand. Die interessante romanische Kirchengruppe barg einst das Grab des hl. Auxonius, bevor seine Nachfolger den Bischofssitz ins nahe **Viviers** verlegten. In der dortigen Kathedrale wurde der hl. Bischof Venantius verehrt, der im 6. Jh. hier wirkte. Auf dem Weiterweg entlang der Rhône lockte **Bourg-Saint-Andéol** mit den Reliquien dieses Heiligen, dessen bedeutender Kult schon im 10. Jh. zur Erweiterung des Ortsnamens führte. Unmittelbar bei der romanischen Kirche, die noch den wiederverwendeten römischen Marmorsarkophag mit den Gebeinen des hl. Andéol birgt, befindet sich eine Krypta des 9. Jh., in der wohl einst die Reliquien verehrt wurden.

Pont-Saint-Esprit besaß im Mittelalter besondere Bedeutung als Verkehrsknotenpunkt, da hier im späten 13. Jh. die neben Lyon, Vienne und Avignon vierte Steinbrücke über die Rhône entstand. Bauherr des mit 25 Bögen imposanten Bauwerks war der Abt des dortigen, Mitte des 10. Jh. gegründeten Priorates von Cluny, das Pilgern bequeme Unterkunft bot. Von hier aus war **Villeneuve-lés-Avignon** das nächste Etappenziel. Der Felsen, den heute allein die Festung des 14. Jh. einnimmt, trug einst eine nun vollständig zerstörte Benediktinerabtei, das wichtigste Kloster dieses Ordens im Rhône-Tal. Die Mönche hüteten das Grab der hl. Einsiedlerin Casaria, die dort im 6. Jh. gelebt hatte. Nachdem Avignon 1309 durch den Druck der französischen Könige für ein Jahrhundert Residenz des Papstes geworden war, gründete Innozenz VI. 1356 eine riesige Kartause in der Stadt, die in großen Teilen erhalten blieb. Im folgenden verwandelte sich **Avignon** rund um den gewaltigen Papstpalast in eine quirlige mittelalterliche Großstadt. Die Pilger gelangten über die 900 Meter lange romanische Brücke, die erst ab dem 17. Jh. verfiel, bequem hinüber ins mit Kirchen und Klöstern gefüllte Stadtzentrum, wo mehrere Attraktionen sie erwarteten. In der Abtei St-Ruf konnten die Gebeine des hl. Rufus, angeblich ein Sohn des Simon von Kyrene und Schüler des hl. Paulus, verehrt werden. Die hl. Martha, die im nahen Tarascon begraben war, soll das Bistum gegründet haben. Der hl. Agricol gründete im 7. Jh. das später nach ihm benannte Kloster.

Bald nach Avignon erreichten die Pilger **Tarascon**, wo sie als besondere Attraktion eine persönliche Freundin Christi erwartete. Denn im Zuge des enorm anschwellenden Kultes um Maria Magdalena in Vézelay und der damals weit verbreiteten Legende der Überfahrt der drei Marien und des Lazarus vom Heiligen Land nach Frankreich glaubte man hier, im Besitz der Gebeine ihrer Schwester Martha zu sein, bekannt durch das Gastmahl in Bethanien. Sie soll die Stadt von einem fürchterlichen Drachen befreit haben. 1184, zu einer Zeit, als die Fernwallfahrten einen ungeheuren Aufschwung nahmen, „entdeckte“ man ihre Reliquien – zumal Tarascon an einer der Hauptpilgerrouten lag. Die Krypta unter dem Seitenschiff der gotischen Kirche erhielt im 17. Jh. ein neues, prächtiges Marmorgrabmal der Heiligen, das den frühchristlichen Sarkophag umschließt. Seitlich befindet sich die spätgotische Einfassung des Grabes, auf dem Martha zusammen mit ihren Geschwistern Lazarus und Maria Magdalena dargestellt ist. Durch zwei Öffnungen konnten Pilger mit Tüchern oder Pilgerzeichen die heiligen Gebeine berühren und so etwas vom Heil mitnehmen.

Arles

Kurz vor **Arles** ragt aus einer ehemals sumpfigen Ebene, die heute teilweise zum Reisanbau genutzt wird, ein Felsen mit den Gebäuden der Abtei **Montmajour** empor, die Mitte des 10. Jh. anstelle einer Einsiedelei entstand. Als Reformzentrum, das allein dem Papst unterstand, und zwischenzeitliche Grablege der Grafen der Provence stieg das Kloster rasch zu großer Bedeutung auf. Allein in der Provence unterstanden ihm 50 Priorate. Zur Weihe der Heilig-Kreuz-Krypta 1030 erhielten die Mönche vom Papst nicht nur einen Teil vom Kreuz Christi geschenkt, sondern auch einen der umfangreichsten Sünden-Ablässe der Christenheit verliehen. Der durch das ganze Mittelalter berühmte „Pardon de Montmajour“ zog jährlich am Fest der Kreuzauffindung durch die Kaiserin Helena am 3. Mai Zehntausende an. Da aber mittlerweile zahlreiche Kirchen in Europa mit einer Kreuzreliquie aufwarten konnten, versuchten die Mönche, die Pilgerscharen zusätzlich mit einem prominenten Heiligen zu locken. Dreist behaupteten sie auf dem ersten Höhepunkt des Pilgerverkehrs nach Santiago einfach, im Besitz der Gebeine des hl. Antonius des Einsiedlers zu sein. Denn 1083 hatte ihnen der Erzbischof von Vienne die Kirche St-Antoine-en-Viennois (siehe oben) zur Gründung eines Priorates übergeben. In der Folge entbrannte ein heftiger Streit zwischen beiden Klöstern, wessen Reliquien tatsächlich die echten seien. Ende des 15. Jh., auf dem zweiten Höhepunkt der Jakobus-Wallfahrt, flammte dieser Konflikt nochmals auf, da durch die anschwellenden Pilgerzahlen nun wieder viel Geld zu verdienen war.

Vom einst riesigen Friedhof Les Alyscamps in Arles hat sich nur ein Teil erhalten. Pilger suchten ihn wegen einiger Märtyrergräber auf.

▲ Die Abtei Montmajour nahe Arles war dank einer Kreuzreliquie und eines besonderen Ablasses ein bedeutender Wallfahrtsort in der Provence.

Im nahen **Arles** war Les Alyscamps (Feld der Seligen), ein Friedhof, das große Pilgerziel. Die bedeutende Römerstadt, die in der Spätantike zeitweise Kaiserresidenz war, besaß der antiken Sitte nach große Gräberfelder entlang der Ausfallstraßen. Auch der Märtyrer Genès, der sich geweigert hatte, ein Verfolgungsedikt gegen die Christen zu unterschreiben, wurde im 3. Jh. dort bestattet. In seiner Nähe ließen sich seit frühchristlicher Zeit denn auch die Bischöfe der Stadt beerdigen, von denen später viele als Heilige verehrt wurden. Immer mehr Menschen suchten im Tod die Nähe dieser Heiligen, um beim Tag des Jüngsten Gerichts bei der leiblichen Auferstehung von deren Fürsprache profitieren zu können. So füllte sich das Areal mit Tausenden von Sarkophagen, die einfach über der Erde aufgestellt wurden. Noch heute zieht die einmalige Atmosphäre des Areals jeden Besucher in seinen Bann, auch wenn das Gelände nur noch einen Bruchteil seiner einstigen Ausdehnung besitzt. Mitte des 12. Jh. wurden die Gebeine des hl. Bischofs Trophimus, der der Legende nach mit den heiligen Marien über das Meer gekommen war, in die damals fertig gestellte romanische Kathedrale übertragen.

Von Arles nach Toulouse

In Arles überquerten die Pilger die Rhône und gelangten rasch zur Abtei **St-Gilles** mit dem hochverehrten Grab des hl. Ägidius, einem der wichtigsten Wallfahrtsorte Frankreichs. Hier trafen die Jakobspilger aus Italien auf jene aus dem südlichen Teil des Deutschen Reiches. Da das Kloster an einem Seitenarm der Rhône liegt und im 12. Jh. einen wichtigen Hafen besaß, starteten von dort auch die Rom- und Jerusalempilger zu ihrer Fahrt über das Mittelmeer. Dieser immense Pilgerbetrieb ließ rund um die Abtei eine mittelalterliche Großstadt mit 30 000 Einwohnern

Eiliger Heiliger

Der liber sancti jacobi *(12. Jh.) zum hl. Ägidius*

„Auch der ehrwürdige Leichnam des frommen Bekenners und Abtes Aegidius ist mit aufmerksamen Augen zu besuchen, denn der hl. Aegidius ist in allen Ländern sehr bekannt, muss von allen verehrt, würdig gefeiert, geliebt, angerufen und angefleht werden. Nach den Propheten und Aposteln ist keiner unter den übrigen Heiligen würdiger, heiliger oder glorreicher als er, niemand gewährt seine Hilfe schneller. Wenn Bedürftige, Bedrängte und Beängstigte ihn anrufen, steht er ihnen gewöhnlich vor allen anderen Heiligen am schnellsten bei. Wie schön und wertvoll ist es, sein Grab zu besuchen! Am Tage, an dem man ihn aus ganzem Herzen anruft, wird man ohne Zweifel glückliche Hilfe erfahren.“
(zitiert nach Herbers 1998)

entstehen und förderte die Verbreitung der Ägidius-Verehrung in ganz Europa, wo er zu den Vierzehn Nothelfern zählte. Ägidius war der Legende nach ein reicher Kaufmannssohn aus Athen, der sich in St-Gilles als Einsiedler niederließ und mit Unterstützung des Westgotenkönigs Wamba Anfang des 8. Jh. ein Kloster gründete – angeblich hatte der König den Heiligen auf der Jagd nach einer Hirschkuh verwundet. Ägidius wurde eine große Wirkungsmacht als Sündenerlöser zugesprochen, wie auch eine Legende um Karl den Großen zeigt: Nachdem dieser auf Anweisung Ägidius' seine Sünden niedergeschrieben hatte, hielt er plötzlich durch ein Wunder des Heiligen wieder ein weißes Blatt in Händen.

1066 übergab die Landesherrin das Kloster gegen den Willen der Mönche an die Abtei Cluny, die das Pilgerzentrum tatkräftig förderte. Vom Kirchenneubau, der während der Blütezeit in der ersten Hälfte des 12. Jh. entstand, blieb nach der Zerstörung des Klosters durch die Hugenotten 1562 allein die prachtvolle Westfassade erhalten. Sie gehört zu den kunsthistorisch wertvollsten Zeugnissen der Romanik in Frankreich und versetzt noch heute jeden Besucher in Erstaunen. Denn die über und über mit Reliefs und Figuren geschmückte, dreiportalige Schauwand hat ihr Vorbild in den damals noch erhaltenen aufwendigen Bühnenfassaden römischer Theater und antiken Triumphbögen. Die Bildhauer orientierten sich so de-

Von der Wallfahrtskirche zum hl. Ägidius in St-Gilles blieb als bedeutendster Überrest die prachtvolle Portalanlage erhalten, die dank ihres romanischen Figurenschmuckes berühmt ist.

▲ Die romanische Wallfahrtskirche Les Stes-Maries-de-la-Mer musste zum Schutz vor Piratenüberfällen burgartig befestigt werden.

tailgetreu an römischer Plastik und Ornamentik, dass eine für die Romanik absolut einmalige Qualität entstand. Zudem ist hier erstmals ein vollständiger Passionszyklus zu sehen. Unter den zwölf Aposteln, die als Beisitzer des Jüngsten Gerichts den endzeitlichen Christus begleiten, erscheint Jakobus der Ältere an bevorzugter Stelle zu Rechten Christi am Hauptportal. Beeindruckend ist auch die riesige Unterkirche mit dem Heiligengrab, die erhalten blieb. Der zerstörte Chor war, wie in allen großen Pilgerkirchen, mit einem Umgang zur besseren Lenkung der Pilgermassen versehen.

Vor allem Jakobspilger werden es nicht versäumt haben, von St-Gilles aus einen Abstecher nach **Les Stes-Maries-de-la-Mer** direkt an der Küste einzulegen, da hier Ägidius' Mutter Maria Salome begraben lag. Der schönen, aber vollkommen erfundenen Legende nach, die schon verschiedentlich angeklungen ist, wurde Maria Magdalena mit ihrer Schwester Martha und ihrem Bruder Lazarus sowie den beiden Halbschwestern der Gottesmutter, Maria Kleophas und Maria Salome, von den Heiden in ein steuer- und segelloses Schiff gesetzt, um auf dem Meer den Tod zu finden. Gott führte sie aber sicher über das Mittelmeer. In Marseille bzw. in Les Stes-Maries-de-la-Mer gingen sie an Land und begannen ihre Missionsarbeit. Die Geschichte wurde immer wieder erweitert, um weitere Ortsheilige aufzuwerten, indem behauptet wurde, sie hätten ebenfalls dieser wunderbaren Überfahrt angehört – so geschehen bei den hll. Trophimus in Arles, Martial in Limoges, Eutropius in Saintes, Saturninus in Toulouse, Maximin und Sidonius in St-Maximin. Auch eine Dienerin Maria Salomes, Sarah, soll demnach mit an Bord gewesen sein. Da sie angeblich eine Zigeunerin war, wallfahrtet diese Volksgruppe bis heute alljährlich Ende Mai hierher zu ihrem Grab und feiert ausgiebig ihre Patronin. 1448 ließ König René nach den Gebeinen der beiden Marien graben, die selbstverständlich gefunden wurden und dem Pilgerziel neuen Auftrieb brachten. Eine Kopfreliquie des hl. Jakobus rundete das einmalige Angebot an Heiligtümern ab.

Über Montpellier mit seinen Hospitälern und über die Abtei Aniane, in karolingischer Zeit einst eine berühmte Reformabtei, kamen die Pilger nach **St-Guilhem-le-Désert**. Beide Klöster errichteten um 1030 die heute noch erhaltene romanische Steinbrücke Pont de Diable zur Erleichterung des Pilgerverkehrs. Hierher zog sich 804 nach dem Tod seiner geliebten Frau einer der berühmtesten Heerführer Karls des Großen im Kampf gegen die Araber, Herzog Wilhelm von Aquitanien, als Einsiedler zurück. Der Kaiser schenkte seinem alten Weggefährten einen Splitter vom Kreuz Christi für sein Kloster. 1138 wurden die Gebeine des hl. Wilhelm in den neu gebauten Chor übertragen, damit er von den vielen Pilgern besser verehrt werden konnte. Die romanische Klosteranlage inmitten der schroffen Felsenlandschaft vermittelt noch recht gut die mittelalterliche Atmosphäre klösterlicher Abgeschiedenheit. Schon der erste Pilgerführer des 12. Jh. empfahl den Abstecher nach St-Wilhelm und von hier aus den recht beschwerlichen Weiterweg nach Toulouse durch die Montagne Noire, wie er heute auch als Wanderweg markiert ist. Die meisten Pilger werden jedoch die anstrengende Gebirgsstrecke im Süden umgangen sein, um von Narbonne aus über Carcassonne nach Toulouse zu gelangen.

Zwischen Montpellier und Narbonne bot sich **Béziers** als Zwischenstation an. Die mittelalterliche Brücke und die romanische Jakobskirche erinnern an die durchziehenden Pilger, während die Stadt darüber hinaus mehr durch das Massaker an der gesamten Bevölkerung bekannt ist, das zum Auftakt des Kreuzzuges gegen die Katharer hier verübt wurde. In **Narbonne** war das große Pilgerziel die Kirche St-Paul-Serge im Süden der Stadt – der hl. Paulus Sergius war einer der sieben frühchristlichen Erzmissionare Galliens und erster Bischof der Stadt. In Carcassonne bot sich ein kleiner Umweg zur Abtei **St-Hilaire** an, wo der gleichnamige heilige Bischof von Carcassonne begraben lag. Ein kostbarer Marmorsarkophag barg einst die Gebeine des hl. Saturnin, wieder angeblich ein Gefährte der hl. drei Marien, der hier in frühchristlicher Zeit missionierte und als Bischof von Toulouse dort grausam hingerichtet wurde. Im späten 10. Jh. wurden seine Gebeine wieder nach Toulouse überführt, wo die Mönche der Abtei St-Sernin einen großartigen Kult um ihn inszenierten.

Toulouse

Toulouse war wohl für jeden Pilger ein Höhepunkt auf seiner langen Reise, denn die gewaltige romanische Basilika St-Sernin bot nicht nur in baulicher Hinsicht einen Vorgeschmack auf Santiago. Angeblich hatten die Mönche der Abtei schon durch Karl den Großen die Gebeine von gleich sechs Aposteln erhalten, darunter das Haupt Jakobus' des Älteren – ein Paukenschlag, denn aus mittelalterlicher Sicht galt das Haupt eines Heiligen immer als wertvollster, wirkmächtigster und prestigeträchtigster Körperteil. Wie die Verwirrung unter den Pilgern, wo nun wohl der „wahre Jakob" sei, gelöst wurde, ist unbekannt, da in Santiago schließlich immer behauptet wurde, niemals etwas von den Gebeinen abgegeben zu haben. Weitere bedeutende Reliquien rundeten dieses exzeptionelle Angebot an Heiligtümern ab, so dass sich St-Sernin damit brüsten konnte, den bedeutendsten Heiltumsschatz des Landes zu besitzen.

Die wohl um 1080 begonnene Kirche, die in vierzig Jahren Bauzeit vollendet werden konnte ist nach Zerstörung der Abteikirche von Cluny mit 115 Meter Länge und einem mit 64 Meter recht ausladenden Querhaus die größte erhaltene romanische Kirche Frankreichs.

Die romanische Abteikirche St-Sernin in Toulouse konkurrierte nicht nur in ihren gewaltigen Ausmaßen mit der Kathedrale in Santiago. Man zeigte hier die Gebeine mehrerer Apostel, darunter auch des hl. Jakobus.

Allmählich baute sich der Gebirgszug der Pyrenäen vor den Pilgern auf, für deren Überquerung sie sich zuvor in den Hospitälern am Fuß der Bergpässe ausruhten und genügend Proviant erbaten.

Unmittelbares Vorbild war die Wallfahrtsbasilika des hl. Martin in Tours, mit deren Rang als Pilgerziel St-Sernin augenscheinlich konkurrierte. Die Jakobsbasilika in Santiago wiederum versuchte, gleich beide Kirchen nicht nur nachzuahmen, sondern noch zu übertreffen, zumal in St-Sernin ein lästiger Konkurrent bei der Jakobsverehrung erwachsen war. Hier präsentierten die Mönche ihren kostbaren Reliquienschatz in einer ungewöhnlichen Inszenierung: Die Krypta, sonst bevorzugter Aufbewahrungsort der Heiltümer, wurde in St-Sernin ebenerdig unter dem erhöhten Chor angelegt, so dass die Pilgermassen, die im Einbahnsystem durch die Seitenschiffe von Lang- und Querhaus herangeführt wurden, beim Weg durch den Chorumgang mittels Sichtöffnungen die vielen Reliquien mit dem nötigen Sicherheitsabstand verehrten. Die Kirche steht zudem am Beginn der romanischen Bauplastik im Süden Frankreichs und setzte auch hier Maßstäbe, wie ein Blick auf das zur Stadt hin ausgerichtete Hauptportal am südlichen Seitenschiff zeigt. An der Porte Miègeville segnet eine der ältesten Darstellungen des hl. Jakobus neben Petrus die Pilger, wobei Jakobus die bedeutendere Seite rechts von Christus einnehmen darf. Toulouse beanspruchte außerdem für sich, der Ort gewesen zu sein, an dem der Heilige sein populärstes Wunder an einem zu Unrecht aufgehängten Pilger gewirkt hatte. Das sogenannte Hühnerwunder wurde dann seit dem späten Mittelalter endgültig in Santo Domingo de la Calzada auf dem spanischen Jakobsweg lokalisiert.

Unmittelbar westlich der Kirche entstand im späten 11. Jh. als Stiftung der Grafen von Toulouse, die hier nahe der Heiligen eine ihrer Grablegen hatten, ein großes Hospital, wie überhaupt die Zahl der Pilgerunterkünfte in dieser Wallfahrerstadt beträchtlich gewesen sein muss. Gleich zwei Jakobus geweihte Hospize lagen in der Nähe der Brücke. Wer vor dem Aufbruch noch etwas Zeit hatte, ging vielleicht noch in die gotische Dominikanerkirche, die Papst Urban V. immerhin als eine der schönsten ihrer Zeit bezeichnete, um das Grab des hl. Thomas von Aquin zu verehren.

Auf dem Weiterweg nach Westen in Richtung Auch gab es in **L'Isle Jourdain** wieder ein Jakobshospiz und Reliquien des hier geborenen hl. Bischofs Bertrand de Comminges und des hl. Abtes Odo von Cluny zu sehen. In Gimont konnte in der dortigen Zisterzienserabtei Rast eingelegt werden, bis das Etappenziel **Auch** erreicht wurde, wo die spätgotische Kathedrale das Grab des hl. Bischofs Orens barg. Unter den zahlreichen Hospitälern dort war auch eines Jakobus geweiht. Auch der Weiterweg nach Pau war mit zahlreichen Hospitälern, darunter der Antoniter und Johanniter, versehen. Von dort aus führte über Oloron der Weg durch die Pyrenäen hoch zum **Somport-Pass** (1631 Meter), wo sich die Pilger im Hospital Santa Christina vom anstrengenden Aufstieg erholen konnten. In Puente la Reina fand auch diese Strecke Anschluss an den spanischen Jakobsweg.

Via Podiensis – die Route über Conques und Cahors

Eine weitere Route der schon im ersten Pilgerführer des 12. Jh. beschriebenen vier Hauptwege durch Frankreich begann in Le Puy-en-Velay. Hier sammelten sich vor allem die Santiago-Wallfahrer aus dem süddeutschen und schweizer Raum, die nicht dem Rhône-Tal zum südlichsten französischen Jakobsweg über Arles folgen wollten. Sie gelangten hierher über einen

Querweg aus dem Rhône-Tal von Valence aus oder bogen schon in Lyon ab. Dann kamen sie über St-Etienne und **Yssingeaux**. Letzteres war dank des Benediktinerklosters von Chamalières-sur-Loire ein für Pilger äußerst attraktives Zwischenziel, denn das im 10. Jh. gegründete Priorat hatte so bedeutende Reliquien wie einen Nagel vom Kreuz Christi und einige Gebeine des hl. Ägidius erwerben können. Während die Schätze schon lange verschwunden sind, blieb die beeindruckende romanische Kirche mit ihrer Vorhalle aus dem 10. Jh. erhalten.

Le Puy – Heiligtum mit keltischen Wurzeln

Bis heute bietet der Anblick von **Le Puy** ein einmaliges Erlebnis: Aus der sanfthügeligen Hochebene des Velay ragen hier plötzlich zwei riesige, menhirartige Felsen auf. Der größere der beiden wird seit dem 19. Jh. von einer Monumentalfigur der Gottesmutter bekrönt, da auf einer etwas niedrigeren Ebene des Felsens eines ihrer ältesten und bedeutendsten Heiligtümer in Frankreich steht. Angeblich wies Maria höchstselbst dem hl. Evosius den Bauplatz an, als dieser den Bischofssitz im 5. Jh. hierher verlegte. Nicht er, sondern gleich Engel sollen die erste Kirche geweiht haben, so dass den Pilgern auch eine Engel-Kapelle gezeigt werden konnte. Die Gottesmutter trat wohl die Nachfolge einer jungfräulich gebärenden keltischen Muttergottheit an, der auch die Römer schon einen Tempel errichtet hatten, wie Baureste am Chor der Kathedrale zeigen. Nicht nur das Gnadenbild Mariens war Ziel der herbeiströmenden Pilger, sondern auch der Fieberstein, ein wohl ehemals keltischer Opferstein, der dank seiner ungebrochenen Verehrung zwangschristianisiert und mitten ins Langhaus der Kathedrale einbezogen wurde. Ihm schrieben die Pilger heilende Kräfte zu. 1794 verbrannten Anhänger der Französischen Revolution das Kultbild der Gottesmutter auf einem Scheiterhaufen und verstreuten die Asche, damit dieser „Aberglaube" für alle Zeiten zu Ende sei. Die Figur, vielleicht einst eine ägyptische

▼ Le Puys Wallfahrtsstätten, das Michaelsheiligtum und die Marienkathedrale, erheben sich auf markanten Felsen anstelle keltischer Heiligtümer.

Isis-Figur mit dem Horusknaben, hatte König Ludwig VII. von Frankreich vom Zweiten Kreuzzug aus dem Heiligen Land mitgebracht. Heute vertritt eine Marienfigur des 17. Jh. ihre Stelle.

Die Architektur des Mariendomes gehört zu den ungewöhnlichsten und malerischsten der Romanik in Frankreich. Eine steile Freitreppe führt direkt auf die Fassade zu, die dank des farblich unterschiedlichen Baumaterials eine höchst dekorative Wirkung entfaltet. Die Langhausgewölbe bestehen aus achteckigen Kuppeln, die feierlich zum Chor mit dem Gnadenbild führen. Der freistehende romanische Glockenturm war mit seinem Aufbau als Symbol des Himmlischen Jerusalems gedacht. Deutlich ist in den dekorativen Details der Kathedrale maurischer Einfluss aus Spanien zu spüren. So zeigen die berühmten Holztüren des 12. Jh. in der Vorhalle nicht nur Szenen aus dem Leben Christi, sondern werden von einer arabischen Inschrift mit dem Lob Allahs umfangen. 951 startete übrigens von hier aus Bischof Gottschalk mit seinem Gefolge die erste historisch fassbare Pilgerfahrt nach Santiago, machte aber unterwegs wohl kräftig Werbung für den Besuch seines Marienheiligtums.

Dieser Bischof ließ zehn Jahre später auf dem 80 Meter hohen Nachbarfelsen eine Michaelskirche errichten, um in seiner Stadt ein zweites Pilgerziel zu etablieren. Vorbild war das große süditalienische Michaelsheiligtum auf dem Monte Gargano, das verschiedentlich in Europa nachgeahmt wurde, am bekanntesten auf dem Mont-St-Michel in der Normandie. Der Erzengel sollte hier wohl ebenfalls eine heidnische Kultstätte christlich besetzen. Im 12. Jh. konnte der kleine Zentralbau mit einer größeren Kirche erweitert werden, deren ungewöhnlicher Grundriss sich aus dem beengten Baugelände erklärt. Wie bei der Kathedrale finden sich am Portal mit seinen farbigen Stein-Inkrustationen und dem reichen Reliefschmuck deutliche Einflüsse aus dem westgotischen bzw. maurischen Spanien. Diese schönen Schmuckformen werden auch am Fuße des Felsens an der Kapelle St-Clair aus dem 12. Jh. wiederholt. Ihre achteckige Gestalt ahmt trotz der bescheidenen Abmessungen den Felsendom in Jerusalem nach, der im Mittelalter als Tempel Salomos galt. Einst gehörte sie zum Komplex des Nikolaus-Hospizes. Ein Pilgerkreuz aus dem 15. Jh. und ein Brunnen erinnern hier noch an die Wallfahrer. Weitere Pilgerkreuze und Kapellen finden sich in der Rue Saint-Jacques. Vor dem gleichnamigen Stadttor befand sich ehemals das Jakobus-Hospital, das von einer Bruderschaft betreut wurde.

Schon kurz hinter Le Puy bestand eine im frühen 12. Jh. gegründete Filiale der Abtei Conques und verwies mit der der hl. Fides geweihten Kirche auf das nächste große Wallfahrtsziel. Natürlich unterhielten die Mönche hier auch ein Hospital, wie auch die weitere Strecke gut mit diesen Pilgerunterkünften versehen war. Auf dem Berg Rochegude markierte eine Jakobskapelle die Wegstrecke. Auch das Hospital in **Saugues** war ihm geweiht. Der Übergang über die einsame Hochebene von Aubrac, die immerhin 1300 Meter Höhe erreicht, wurde durch ein gut ausgestattetes Hospital in **Aubrac** erleichtert. Graf Adalhard von Flandern gründete es 1120 auf seinem Pilgerweg nach

► Die einsame Hochebene von Aubrac mit ihrer endlosen Weidelandschaft.

Santiago, nachdem er in dieser verlassenen Gegend beinahe bei einem Überfall getötet worden war. Der hier entstandene Hospitalorden St-Gilles unterhielt zwölf Ritter zum Schutz, zwölf Priester zur Seelsorge und zwölf Frauen zur Versorgung und Pflege der Pilger, die nun bestens aufgehoben waren. Vom wehrhaften Klosterkomplex blieb die romanische Kirche erhalten, in deren freistehendem Glockenturm nach alter Tradition bis heute eine Glocke für verirrte Pilger geläutet wird, damit sie bei anbrechender Dunkelheit den Weg in die rettende Unterkunft finden. Die Stiftung des Grafen ging durch die Religionskriege im 17. Jh. unter.

Beim Abstieg ins Tal des Lot erinnert ein Jakobus-Relief in Saint-Chély an die Pilgerstrecke. Nun erleichterten einige Niederlassungen von Conques den Weiterweg zur hl. Fides, die bald die Wallfahrer mit ihrem grandiosen Kultbild empfing. Über **Espalion** mit seiner aus dem 13. Jh. stammenden Sandsteinbrücke kamen die Pilger nach **Perse**, wo das Priorat St-Hilaire Unterkunft bot. Gegründet wurde es im 9. Jh. angeblich an der Stelle, an der der Beichtvater Karls des Gro-

ßen von den Sarazenen enthauptet worden war. Die aufwendige romanische Kirche folgt deutlich dem Vorbild der Mutterkirche von Conques, zumal auch hier Wallfahrtsbetrieb herrschte. Als nächster Etappenort erhebt sich über einer Schleife des Lot **Estaing**, das über eine gotische Steinbrücke erreicht wird. Hier birgt die Kirche Reliquien des hl. Fleuret, eines Bischofs von Clermont. Das Fest des Heiligen wird bis heute Anfang Juli feierlich begangen, wobei an der Prozession viele als Jakobspilger verkleidete Einwohner teilnehmen, um an die große Zeit als Durchgangsstation nach Santiago zu erinnern.

Wer von Le Puy aus nach Conques wollte, konnte einen kleinen Umweg nehmen, um die gefährliche und anstrengende Gebirgsstrecke weitgehend zu umgehen und um zwei berühmte Lokalheilige zu verehren. **St-Flour** ist nach einem frühchristlichen Bischof benannt, der hier im 4. Jh. missionierte – die Legende beförderte ihn zum Sohn eines der Heiligen Drei Könige und jüngsten Jünger Jesu. Mit zwei Begleitern soll er auf göttlichen Befehl vom Heiligen Land hierher gezogen sein, wobei ihnen tagsüber eine Wolke, nachts ein himmlisches Licht den Weg wies. Am Stadttor Porte du Fraisse ist bis heute immer noch der Abdruck der Hand des hl. Florus zu sehen, der seit dem Mittelalter durch einen Kuss der Vorübergehenden verehrt wird. Schon kurz nach seinem Tod entstand um sein Grab ein Kloster, das sich im frühen 11. Jh. Cluny unterstellte. Nach der Erhebung zum Bischofssitz 1317 entstand der heutige gotische Bau der Kathedrale, der den Reliquienschrein des hl. Florus birgt. Die Pfarrkirche von **Murat** birgt ein spanisches Gemälde, das den hl. Dominikus als Pilger auf dem Weg nach Santiago zeigt. Hier trafen die Wallfahrer auf einen weiteren Jakobsweg, der von Clermont her kam. Südlich von Murat liegt die romanische Klosterkirche St-Pierre, die 1095 geweiht wurde und zu einem Priorat gehörte, das der Abtei Moissac unterstand. Der Bau erhebt sich eindrucksvoll unter einer Felswand über dem Tal des Flusses Alagnon. Im Innern erinnert das Reliquiar des hl. Pélerin an die hier durchziehenden Wallfahrer.

Bequem konnten die Pilger dem Talweg durch das Gebirge Monts du Cantal nach **Aurillac** folgen. Dort erwartete sie die im frühen 10. Jh. gegründete Abtei St-Géraud, einst eines der bedeutendsten Klöster Frankreichs, dem zahlreiche Priorate unterstanden z. B. in Villafranca am spanischen Jakobsweg. Von der mittelalterlichen Pracht der Abteikirche wie vom mit Gold und Edelsteinen reich geschmückten Kultbild des Titelheiligen blieb durch die völlige Zerstörung in den Religionskriegen 1569 nichts erhalten. Heute erhebt sich hier eine Kirche des 17. Jh. in nachgotischen Formen. Gegenüber dem Hauptportal steht aber noch das Pilgerhospital mit seinen romanischen Arkaden. Auch der Brunnen, an dem die Wallfahrer sich erfrischen konnten, geht noch auf das 12. Jh. zurück. Anscheinend war der Pilgerbetrieb für die Stadt derart bedeutend, dass sie neben den drei Lilien des Königshauses auch drei Jakobsmuscheln in ihr Wappen aufnahm.

Conques – Höhepunkt der Romanik

Conques, abgeleitet vom französischen Wort für Muschel, schmiegt sich in die muschelförmige Erweiterung eines engen Tales. Inmitten des bescheidenen Dorfes ragt die romanische Abteikirche Ste-Foy auf, die davon kündet, dass hier einst das wichtigste Pilgerziel zwischen Le Puy und Santiago lag. Am Anfang stand allerdings der Diebstahl der Gebeine der hl. Fides in Agen, wo sie im Alter von zwölf Jahren 303 das Martyrium erlitt, durch einen Mönch der Abtei Conques. Da sich die Heilige nicht nur nicht wehrte, sondern nach ihrer Ankunft im Kloster 866 sogleich Wunder wirkte, schien ihre Zustimmung zu diesem

► Bis heute zieht das thronende Kultbild der hl. Fides in Conques die Betrachter in seinen Bann.

Die Abtei- und Wallfahrtskirche zur hl. Fides in Conques erhebt sich in einem engen Tal.

Ortswechsel offensichtlich. Vermutlich nutzte der Überbringer einfach das allgemeine Chaos während der Jahrzehnte der Normannenstürme aus, um seiner Abtei diesen Schatz zuzuführen.

Die Karriere der jugendlichen Märtyrerin als hochberühmte Heilige ist untrennbar mit dem Aufstieg Santiagos als Pilgerziel verbunden. Zurückkehrende Wallfahrer verbreiteten ähnlich wie bei Maria Magdalena, Leonhard und Ägidius ihren Ruhm quer durch Europa, was zahlreiche Kirchenpatrozinien beweisen. Geradezu magische Wirkung geht bis heute von ihrem aus Goldblech und Edelsteinen bestehenden Kultbild aus. Im Kern stammt die thronende Gestalt noch aus den Jahren nach ihrer Ankunft in Conques. Neueren Forschungen nach gehörte das so hoheitsvoll mit seinen Emailaugen ins Unendliche blickende, gekrönte Haupt ursprünglich gar zu einer spätantiken Kaiserfigur, was den strengen, wenig mädchenhaften Ausdruck des Kopfes erklären würde. Die Bewohner des Dorfes schafften es zusammen mit den Mönchen, nicht nur die Kultfigur, sondern auch große Teile des Kirchenschatzes durch Hugenottenkriege und Französische Revolution zu retten. Daher kann in Conques noch einer der reichhaltigsten Kirchenschätze des Landes besichtigt werden.

Auch die Abteikirche selbst dürfte die mittelalterlichen Pilger enorm beeindruckt haben. Denn der Mitte des 11. Jh. begonnene und im frühen 12. Jh. vollendete Bau besitzt ungewöhnlich steile Proportionen, da die zur Verfügung stehende geringe Baufläche durch den Drang in die Höhe ausgeglichen wurde. Wie bei den großen Pilgerkirchen in Tours, Toulouse und Santiago verzichtete man auch hier nicht auf umlaufende Emporen sowie ein ausladendes dreischiffiges Querhaus nebst Chorumgang. Den kunsthistorischen Ruhm des Bauwerks macht aber vor allem das Westportal aus. In bisher unbekannter Ausführlichkeit und Deutlichkeit wurde hier den Pilgern Heil und Schrecken des Jüngsten Gerichts vor Augen geführt, um sie noch rechtzeitig zur Umkehr zu bewegen. Zudem sollten sie die hl. Fides umso intensiver um Fürsprache bei Gott bitten und sie mit ihren Gaben gnädig stimmen. Wie erhaltene Farbreste zeigen, war auch dieses Bildprogramm dank seiner Buntheit einst von noch realistischerer Wirkung. Unter den Heiligen zur Rechten Christi taucht auch Karl der Große auf, der vom Gründer der Abtei an die Hand genommen und zu Gott geführt wird. Denn der Kaiser galt in der klostereigenen Überlieferung als besonderer Förderer der Abtei. Zwei Reliquiare des Kirchenschatzes sollen er und sein Vater gestiftet haben.

In Figeac mit seinem Cluniazenserpriorat bot sich ein häufig gewählter Abstecher zu einem weiteren berühmten Wallfahrtsort an: **Rocamadour**. 1166 entdeckten die Dorfbewohner hinter dem Altar ihrer Kirche in einem Grab einen unverwesten Leichnam. Sofort begannen sich die wildesten Gerüchte um diesen „Heiligen" zu ranken, der dringend einer zugkräftigen Geschichte bedurfte. Man gab sich nicht mit einem lokalen Einsiedler zufrieden, der hier wohl friedlich seine Tage beschlossen hatte, sondern identifizierte den Toten mit jenem gläubigen Zöllner, in dessen Haus Jesus eingekehrt war. Zugleich soll er auch noch Ehemann der hl. Veronika gewesen sein. Allzu deutlich ist hier das Bemühen, in der Blütezeit der Fernwallfahrten am Erfolg jener kometenhaft aufblühenden Gnadenorte teilzuhaben, die im Umkreis der Legende um Maria Magdalena und ihrem Schiff voller Heiliger entstanden. Doch zeigte der „neue" Heilige nicht die erwünschte Fernwirkung. Erst als sich eine Marienfigur als wundertätig erwies, stellten sich plötzlich bis ins Spätmittelalter enorme Pilgermengen ein, darunter einige französische Könige. Bis heute blieb die silberbeschlagene, romanische Figur aus Nussbaumholz erhalten. Zudem kann eine karolingische Glocke gezeigt werden, die angeblich ohne Zutun läutete, sobald ein Wunder geschehen war. Im 19. Jh. gelang die Wiederbelebung des Marienkultes, so dass Rocamadour wieder Pilgerziel ist. Das Heiligtum besteht aus sieben Kirchen und Kapellen, die eindrucksvoll in die Felsenwand eingefügt sind. Die 216 Treppenstufen, die hinaufführen, wurden von den Pilgern einst auf Knien überwunden.

Im Spätmittelalter etablierte sich Rocamadour unter den führenden europäischen Marienwallfahrtsstätten.

In **Cahors** fanden die Wallfahrer wieder Anschluss an die Hauptstrecke nach Santiago. Die halbinselförmig vom Lot eingefasste Stadt war im Mittelalter dank seiner lombardischen Bankiers einst einer der führenden Finanzplätze Europas. Reisenden zeigte sich dieser Reichtum schon durch die drei steinernen Brücken, die man sich hier leistete. Allein der Pont Valentré aus dem frühen 14. Jh. blieb mitsamt seinen drei Wehrtürmen bis heute unversehrt als das Musterbeispiel einer mittelalterlichen Brücke erhalten. Die Pilger besuchten die Kathedrale aufgrund zweier bedeutender Reliquien. Zum einen besaß man Gebeine des ersten christlichen Märtyrers Stephanus, zum anderen sogar die Mütze Christi, die Karl der Große angeblich hierher geschenkt hatte. Da es von Jesus aufgrund der Auferstehung keine Körperreliquien geben konnte, waren solche Berührungsreliquien natürlich heiß begehrt. Nur die Abtei Prüm/Eifel (Sandalen) und der Trierer Dom (Tunika) konnten mit Ähnlichem aufwarten. Auch weit gereiste Pilger dürfte die Architektur der Kathedrale in Erstaunen versetzt haben, denn sie bestand aus drei riesigen romanischen Kuppeln, deren östlichste nach Einsturz im 13. Jh. als gotischer Chor erneuert wurde. Mit einer Breite von 20 Meter und einer Höhe von 32 Meter stellen sie eine enorme statische Leistung dar. Unter den Kuppelkirchen des Périgord gehört Cahors zu den ältesten. Die Ausmalung der Gewölbe spendierte im 14. Jh. Papst Johannes XXII. seiner Geburtsstadt.

Vom Tal der Garonne zu den Pyrenäen

Kurz bevor die Pilger nun ins breite Tal der Garonne gelangten, die sie in Pont de Pommevic überquerten, bildete die Abtei St-Pierre in **Moissac** eine wichtige Zwischenetappe. Neben dem Hospital des Klosters, das dem hl. Jakobus geweiht war, bestanden innerhalb und vor der Stadt weitere Hospize. Zudem gab es hier eine Jakobus-Bruderschaft, die sich der Pilger annahm. Obwohl die Ende des 7. Jh. gegründete Abtei, die seit 1047 zum Klosterverband von Cluny gehörte,

mehrfach zerstört wurde, blieben zwei einzigartige Zeugnisse aus der Blütezeit im frühen 12. Jh. erhalten: Kreuzgang und Südportal. Da sie zum festen Kanon südfranzösischer Kunstpilger gehören, finden sich heute hier ähnlich viele Reisende ein, wie Fernwallfahrer im Mittelalter. Nachdem das reiche Kloster trotz seiner Rechtgläubigkeit im Kreuzzug gegen die Kartharer im frühen 13. Jh. gebrandschatzt wurde, errichteten die Mönche ihren Kreuzgang mit den 88 figürlichen romanischen Kapitellen und Reliefs dankenswerterweise neu – ein Eckpfeiler zeigt natürlich auch den hl. Jakobus. Beinahe wäre dieses umfangreichste Ensemble romanischer Plastik in Europa allerdings dem Eisenbahnbau im 19. Jh. zum Opfer gefallen.

Während die Mönche den Kreuzgang als Teil der Klausur wohl nur hochgestellten Pilgern zugänglich machten, betraten alle Wallfahrer die Abteikirche durch das grandiose Südportal. Im frühen 12. Jh. entstanden, ist es allein schon durch seine Größe und Figurenfülle von fast erschlagender Wirkung. Die mittelalterliche Farbfassung dürfte die Dramatik der Darstellung noch erheblich gesteigert haben. Denn das riesige Bogenfeld stellt getreu den Worten aus der Offenbarung des Johannes den endzeitlichen Christus im Kreis der vier Wesen und der vierundzwanzig Ältesten dar, wie er am Tag des Jüngsten Gerichts erscheinen wird. Deutlicher kann eine Mahnung an die Gläubigen zur rechtzeitigen Umkehr nicht ausfallen! Aufgrund seiner Größe wird das Tympanon von einer Säule gestützt, an der die Pilger vorbeigehen mussten. Hier finden sich verschlungene Löwenpaare als Zeichen des überwundenen Bösen. Einen Pilger aus dem Freisinger Domkapitel hatte diese Bestiensäule wohl derart beeindruckt dass er sie in der dortigen Domkrypta nachahmen ließ.

Nach Überqueren der Garonne boten die Johanniterkomturei in **Auvillar** und die Antoniter in **Saint-Antoine** Unterkunft. Weitere Etappenziele waren die Kathedralstädte **Lectoure** mit seiner wundertätigen Quelle zu Füßen der Jakobskapelle und **Condom** mit seinem Jakobshospiz und dem Priorat Saint-Jacques-de-la-Bouquerie. **Eauze** verdankt seiner Lage am Pilgerweg die Jakobskirche, die einst zu einem Priorat Clunys gehörte, sowie das von einer Jakobsbruderschaft betreute Hospital. In **Aire-sur-l'Adour** erreichten die Pilger wieder ein überregional bedeutendes Heiligtum, denn die über dem Fluss aufragende Kir-

▲ Eine der schönsten mittelalterlichen Brücken hat sich in Cahors erhalten. Die Wehrtürme sicherten den Zugang zur reichen Bankiersstadt.

▲ In Moissac führte das großartige romanische Südportal im Bogenfeld den Pilgern die Wiederkehr Christi beim Jüngsten Gericht vor Augen.

che Sainte-Quitterie du Mas d'Aire birgt in ihrer Krypta des 6. Jh. das Grab der Titelheiligen. Diese war eine westgotische Prinzessin, die 476 hingerichtet wurde, da sie sich weigerte, zum arianischen Glauben überzutreten. Angeblich trug sie ihren abgeschlagenen Kopf noch bis zur heutigen Grabstelle und ließ dort noch einen wundertätigen Brunnen entspringen, der neben ihrem kostbaren Marmorsarkophag zu sehen ist. Die Märtyrerin galt als Patronin der Geisteskranken, weshalb diese über Nacht in einem Nebenraum der Krypta eingeschlossen wurden, um Heilung zu finden.

Den Weiterweg markieren die Jakobskapelle in **Miramont-Sensacq** sowie die angeblich von Karl dem Großen auf seinem Rückweg vom Jakobus-Grab gegründete Abtei in **Pimbo**. Über das Kloster **Sauvelade** mit seiner Jakobskirche gelangten die Pilger nach **Ostabat**, wo sich ihre Route mit den beiden anderen großen Jakobswegen aus dem Norden vereinigte.

Himmelslicht und Höllenfeuer

Sündenbewusstsein und Erlösungsmöglichkeiten

Für die Menschen des Mittelalters war das Jüngste Gericht, die Wiederkehr Christi am Tag des Weltendes, eine höchst konkrete Vorstellung. Denn dort sollte das Sündenkonto eines jeden aus dem Grab Gerufenen vor Gott abgerechnet werden. Im Gegensatz zu unseren heutigen Gerichtsverfahren gab es keinerlei Möglichkeit, in die Berufung zu gehen, noch gab es Ankläger und Verteidiger. Vor dem allwissenden, richtenden Gott lag das Leben der Menschen mit seinen guten und schlechten Werken wie ein offenes Buch. Keine Kirche verzichtete darauf, dieses endgültige Weltgericht in höchst drastischer Weise mit seiner Aufteilung in Himmel und Hölle an gut sichtbaren Stellen als ständige Mahnung darzustellen. Gerade die vielfältigen Höllenqualen wurden hier besonders ausführlich geschildert, doch finden sich auch immer wieder Maria, Johannes der Täufer und andere Heilige als Fürbitter dargestellt. Es war für die Gläubigen daher wichtig, sich das Wohlwollen dieser Heiligen zu sichern, damit sie ihnen beim Jüngsten Gericht zur Seite stehen konnten. Wirksamstes Mittel, möglichst viele Heilige für sich zu gewinnen, war die Wallfahrt zu deren Gräbern oder Reliquien. An vielen Pilgerorten konnten zudem reiche Ablässe erworben werden, die das persönliche Sündenkonto zumindest bei den weniger schlimmen Vergehen entlasteten. Wortgewaltige Prediger förderten das schlechte Gewissen der Gläubigen, indem sie ihnen den von der Kirche unendlich ausgeweiteten Sündenkatalog samt den fälligen Strafen ständig vorhielten. Da eine dauerhafte Verhaltensänderung im Alltag aber oft allzu schwierig war, versuchte man anderweitig mit teils größtem Aufwand im Himmel zu punkten. Denn neben einer Wallfahrt, die jeder antreten konnte, waren Stiftungen von Klöstern, Hospitälern, Altären, Lichtern, Reliquiaren etc. vor allem für die reiche Oberschicht ein beliebtes Mittel – weniger Finanzeinsatz war für die Stiftung von Messen oder den Eintritt in eine Gebetsbruderschaft notwendig. Da das Leben im Mittelalter durch vielfältige Bedrohungen oft recht kurz sein konnte und recht unvermittelt enden konnte, zum anderen das Weltende immer wieder erwartet wurde, galt es, sich mit der Sorge um das eigene Seelenheil nicht allzu viel Zeit zu lassen. Wer ganz sicher gehen wollte, ließ auch in seinem Testament noch Verfügungen für fromme Stiftungen schriftlich fixieren, damit die Erben einen Teil des Nachlasses auch tatsächlich für die Seele des Verstorbenen einsetzten.

Von den Pyrenäen bis ans Ende der Welt

Roncesvalles

Nach der beschwerlichen Überquerung der Pyrenäen dürften die Pilger gewiss äußerst dankbar gewesen sein, kurz unterhalb der Passhöhe im großen Hospital von **Roncesvalles** eine bequeme Unterkunft vorzufinden. Die Herberge wurde bereits 1132, auf dem ersten Höhepunkt der Jakobus-Verehrung, durch den König von Navarra und einen Bischof des nahen Pamplona hier eingerichtet und wird bis heute von Augustiner-Chorherren betreut. Ein Lobgedicht des 13. Jh. preist die idealen Bedingungen für Wallfahrer, da nicht nur – wie sonst in Hospitälern üblich – eine, sondern sogar drei Übernachtungen möglich waren. Zudem konnte man hier seine Schuhe neu besohlen lassen!

Ihre Dankbarkeit über die geglückte Gebirgsüberquerung konnten die Pilger in Roncesvalles dem goldglänzenden Gnadenbild der Muttergottes darbringen, das sich bis heute als Mittelpunkt der 1219 geweihten Klosterkirche erhalten hat. Beides sind seltene Werke französischer Gotik auf spanischem Boden, bedingt durch dynastische Verbindungen. Hospital- und Klostergebäude gehören der nachmittelalterlichen Zeit an.

Doch Roncesvalles bot für Pilger nicht nur die nach den Strapazen der Pyrenäenüberquerung so sehr ersehnte Unterkunft: Roland, einer der berühmtesten Helden des Mittelalters, fand hier den Tod. Der im 12. Jh. aufgekommenen Legende nach war Kaiser Karl der Große im Traum durch den hl. Jakobus aufgefordert worden, dessen Grab in Spanien aus den Händen der Mauren zu befreien, wohin ihn Sterne leiten sollten. Karl gehorchte und schickte eine Abteilung seines Heeres unter der Führung Herzog Rolands nach Spanien, die jedoch auf der Rückkehr vom erfolgreichen Feldzug in Roncesvalles in einen Hinterhalt der Araber geriet und trotz anhaltenden Widerstandes niedergemetzelt wurde. Nach seinem heldenhaften Tod verbreiteten Pilger und höfische Sänger den Ruhm Rolands durch ganz Europa. Den Santiagofahrern zeigte man in Roncesvalles ein Beinhaus mit Kapelle, in der angeblich die Gebeine der mit Roland gefallenen Gefährten ruhten, während Karl der Große den Leichnam seines Freundes nach Blaye nahe Bordeaux gebracht haben soll (s. oben). Immerhin blieb dessen Schwert Durandel hier, dass stolz präsentiert wurde.

Die historische Wahrheit ist, wie meistens, leider etwas ernüchternd. Denn der Feldzug Karls des Großen, der 778 gegen die Araber im Grenzgebiet zum Frankenland stattfand, hatte rein gar nichts mit dem damals noch gar nicht entdeckten Jakobsgrab zu tun und scheiterte zudem. Ein Teil des Heeres geriet in einen Hinterhalt der christlichen Basken, nicht der Araber, woraus in dreister Umdeutung die Roland-Sage entstand. In Roncesvalles erinnern heute ein gotisches Pilgerkreuz und angeblich von Roland mit dem Schwert gespaltene Felsen an die legendäre Vermischung von Pilgerweg und Heldentum.

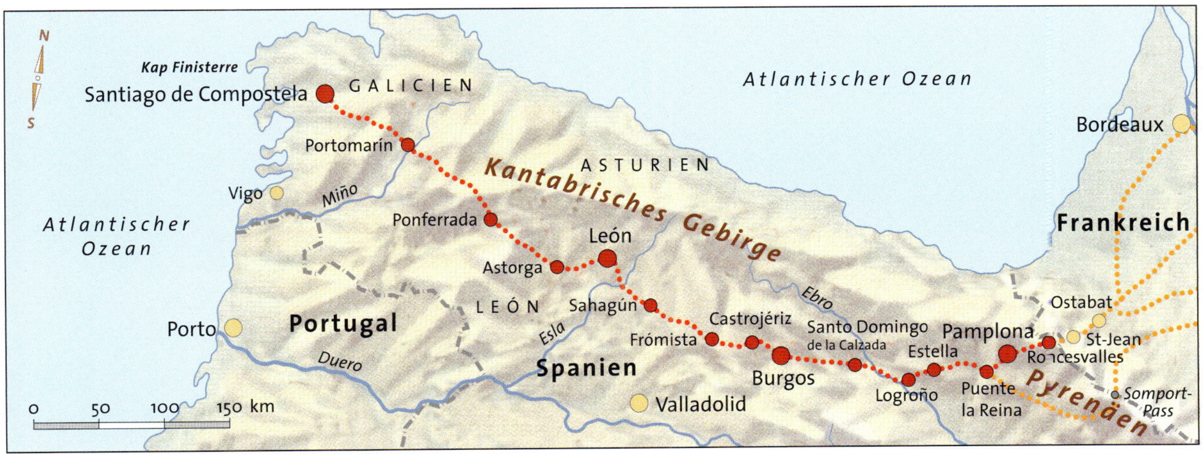

Pilger-Nöte

Ein Wallfahrer allein unterwegs

Nicola Albani pilgerte 1743 nach Santiago und schildert in seinem teils romanhaften Bericht unter anderem drastisch die Gefahren des Weges nach seinem Aufbruch von Cebrero:
„Ich verirrte mich derartig in einem Berg, dass ich nicht wusste, wohin ich mich wenden sollte, denn das war ein sehr unheilvoller Berg von großer Höhe und mit dichten Wäldern, die immer im Nebel liegen, einem Nebel, der so schrecklich ist, dass man vom Weg nicht mehr als zehn oder zwölf Schritte sieht. Außerdem gibt es keine Hauptwege, was dazu führt, dass, wenn man in der Bergwelt ist oder im Wald, oder wie man es auch nennen mag, nur drei oder vier schmale Pfade vorfindet ... Besonders schlimm ist es aber, dass man niemanden findet, der einem den Weg zeigen könnte, wie z. B. Schäfer, Landleute und andere, die von einem Ort zum anderen gehen. Die Orte liegen weit auseinander, und man findet weder Herbergen noch Hütten der Landbewohner, so dass es nötig ist, den ganzen Tag zu gehen ... Dazu kommt, dass das verdächtige Plätze für Banditen sind, und dass man häufig auf Kreuze stößt, die in den Boden gesteckt sind, womit darauf hingewiesen wird, dass an dieser Stelle ein unglücklicher Reisender ermordet und beraubt wurde, dass ich manchmal, als ich diese heiligen Kreuze entdeckte, vor Angst bebte und mir innerlich die Frage stellte: 'Wer weiß, ob man nicht auch für mich eines dieser Kreuze aufstellen müsste?'“ ... Ein Fuhrmann weist ihm schließlich den Weg nach Triacastela, wo er in einer Scheune unterkommen kann: *„Man gab mir ein bisschen Stroh und ich erhielt fast kein Essen an diesem denkwürdigen Tag. Selbst wenn ich irgend etwas für mein Geld hätte kaufen wollen, hätte sich nichts gefunden, denn es sind so verlassene und unglückselige Dörfer, dass es fast nicht zu begreifen ist. In diesen Orten gibt es nichts als Maisbrot, denn das Weizenbrot wird zum Preis von Reliquien verkauft.“* (zitiert nach Herbers/Plötz 1996)

◄ Landschaft bei Roncesvalles.

Von Roncesvalles nach Nájera

Als nächsten Etappenort hinter Roncesvalles erreichten die Pilger mit **Pamplona** die zeitweilige Hauptstadt des Königreiches Navarra, das jahrhundertelang zu Frankreich gehörte. An diese glanzvollste Zeit der Stadt erinnert in der gotischen Kathedrale das prächtige, im frühen 15. Jh. von einem flämischen Künstler geschaffene Grabmal für König Karl III. und seine Gattin Eleonore von Kastilien. Pilger dürften hier vor allem am silberbeschlagenen romanischen Gnadenbild der „Santa Maria la Real“ interessiert gewesen sein. Die Hospitalbauten aus dem 16. Jh. dienen heute als Museum von Navarra.

Kurz vor Puente la Reina vereinigte sich schließlich auch der vierte der großen französischen Jakobswege, der von Arles über Toulouse und den Somport-Pass heranzog, mit dem Hauptweg durch Spanien. Nahe der Weggabelung erhebt sich mit der Kirche von **Eunate** eines der ergreifendsten Monumente des spanischen Pilgerweges. Denn einsam ragt inmitten der Felder ein achteckiger romanischer Zentralbau auf, der von einem einst gedeckten Arkadengang eingefasst wird. Wohl vom Ritterorden der Templer bzw. Johanniter erbaut und zu früheren Zeiten mit einem Hospital versehen, verweist die Gestalt des Zentralbaus auf den Felsendom in Jerusalem, den die Kreuzritter für den Tempel Salomos hielten.

Die Stadt **Puente la Reina**, die als Nächstes erreicht wurde, erhielt ihren Namen von der noch erhaltenen Brücke, die eine navarresische Königin im frühen 11. Jh. erbauen ließ, um den immer zahlreicher herbei strömenden Pilgern den Flussübergang zu erleichtern. Viele Wallfahrer ließen sich hier nieder und begannen

▼ Puente la Reina erhielt seinen Namen von der für den Pilgerverkehr zentralen Brücke, die eine navarresische Königin im 11. Jh. stiftete.

▲ Der romanische Zentralbau der Kapelle in Eunate war als Nachbildung des Felsendomes in Jerusalem gedacht, den man im Mittelalter für den Tempel Salomos hielt.

ein neues Leben, indem sie als Wirte und Handwerker von den durchziehenden Wallfahrern zu profitieren hofften. Der Landesherr unterstützte schon im frühen 12. Jh. durch großzügige Privilegien den Zuzug der Fremden, die den Ort zur Stadt anwachsen ließen. Die Marienkirche, bei der die Pilger die Stadt betraten, birgt noch ein interessantes Zeugnis mittelalterlichen Wallfahrtswesens. Denn der Überlieferung nach soll ein Pilger aus dem Rheinland einst deren Gabelkruzifix bis hierher mit sich geschleppt haben – von der Kunstgeschichte wurde der offensichtliche Zusammenhang mit rheinischen Kreuzen des 15. Jh. bestätigt. Die Templer bzw. später die Johanniter, denen die Kirche gehörte, unterhielten ein daneben liegendes Hospital. Die zweite Kirche der Stadt ist dem hl. Jakobus geweiht und besitzt ein ausnehmend prächtiges romanisches Portal, das französischen und arabischen Einfluss verbindet. Mit einem ähnlich aufwendigen Portal kann auch die Kirche des Nachbarortes **Cirauqui** aufwarten, durch den der Jakobsweg weiter verlief.

1090 ließ König Sancho I. neben einer von ihm errichteten Brücke die Siedlung **Estella**, das nächste Etappenziel der Jakobspilger, erbauen, und diese mit Franken, damals ein Sammelbegriff für alle Völker jenseits der Pyrenäen, besiedeln. Die neue Stadt war ganz offensichtlich als Konkurrenz zur nahen Abtei Irache gedacht, die bisher vom Jakobsweg profitiert hatte – der Weg verlief nun etwas nördlicher über Estella und spülte damit die Einnahmen des Pilgerverkehrs in die Tasche des Königs. Um den Zorn der Mönche zu besänftigen, gestand er ihnen immerhin 10 Prozent der Einkünfte zu. Estella blühte dank der durch den König verliehenen Privilegien und durch die Pilgerströme derart auf, dass es zumindest im 13. Jh. zur bedeutendsten Stadt neben Burgos wurde. An die Blütezeit erinnern nicht nur der Palast der Könige von Navarra aus dem 12. Jh., sondern vor allem die höchst aufwendigen romanischen Prachtportale der Kirchen San Miguel, San Sepulcro und San Pedro. Letztere Kirche avancierte selbst zum Pilgerziel, denn 1230 verstarb auf dem Pilgerweg nach Santiago ein

Bischof von Patros, der eine Reliquie des hl. Apostels Andreas mit sich führte, die er San Pedro auf dem Totenbett übergab. Im 14. Jh. begann der Stern der Stadt mit dem Niedergang des Pilgerverkehrs zu sinken. Armut konservierte das mittelalterliche Stadtbild.

Auf dem Weg zum nächsten Etappenort Logroño bildet **Torres del Río** mit seiner Kirche San Sepulcro einen weiteren Höhepunkt, auch für heutige Kunstpilger. Der romanische Zentralbau, der sich als Kopie der Grabeskirche in Jerusalem verstand, besitzt in seinem Inneren ein aufwendiges Bandrippengewölbe, das sich überdeutlich an maurischen Vorbildern anlehnt. **Logroño** besaß für Pilger durch den Übergang über den Fluss Ebro besondere Bedeutung. Die romanische Brücke erbaute der hl. Juan de Ortega (s. unten), der sich im frühen 12. Jh. besonders um die Reisesicherheit der Pilger verdient gemacht hatte und dessen Grabstätte kurz vor Burgos verehrt werden konnte. Leider ersetzten die wenig einfühlsamen Stadtväter im späten 19. Jh. die Brücke durch einen Neubau. Die Kirche Santiago el Real erinnert durch die Darstellung des Apostels als Maurentöter daran, dass nur wenig südlich der Stadt Clavijo liegt. Dort endete 844 die legendäre Schlacht von Clavijo mit dem Sieg des Königs von Asturien über die Araber, wobei Jakobus selbst das christliche Heer angeführt haben soll. Dieses Ereignis markiert den Beginn der Rückeroberung Spaniens. In den Hospitälern und Gasthäusern der Stadt konnten Pilger den kräftigen Rotwein des Rioja-Gebietes kosten, dessen Zentrum Logroño bis heute ist.

Über **Navarrete**, wo noch das romanische Portal des Hospitals an die Blütezeit des Jakobsweges erinnert, erreichten die Pilger **Nájera**. Auf der Brücke, so wurde ihnen hier erzählt, soll der sagenhafte Kampf des Helden Roland mit dem Riesen Ferragut stattgefunden haben. Im frühen 11. Jh. war die Stadt zeitweise Residenz der Könige von Navarra, wovon noch eine königliche Grablege in der Klosterkirche Santa Maria La Real zeugt. Auch für Pilger war die Kirche ein Anziehungspunkt, denn ihre Gründung ist mit einem Marienwunder in einer Felsengrotte verbunden. Bei einer Jagd soll dem König angeblich die Jungfrau Maria erschienen sein und ihm befohlen haben, ein Kloster zu gründen. Als himmlisches Zeichen fand der König in der Grotte die bis heute verehrte Marienfigur, vor der sich sein Jagdfalke und eine weiße Taube friedlich verneigten. Der Nachfolger des Herrschers unterstellte das Kloster 1079 der Abtei Cluny, die es als wichtige Station am Jakobsweg tatkräftig ausbaute. Auch wer wenig an Marienwundern interessiert ist, wird der Klosteranlage einen Besuch abstatten, da sie einen wunderbaren Kreuzgang auf der Schwelle zwischen Spätgotik und Renaissance besitzt.

Abstecher nach Süden

Für nicht ganz so eilige Pilger bot sich in Nájera ein kurzer Abstecher nach Süden an, wo ein berühmter Heiliger lockte. Vorbei an der Zisterzienserinnen-Abtei von Cañas konnte man in einem Tal der Sierra de la Demanda bald zu den beiden Klöstern des hl. Aemilian in **San Millán de la Cogolla** gelangen. An diesem Ort hatte der Heilige sich als Einsiedler in eine Höhle zurückgezogen und war 574 hoch betagt dort verstorben. Schon zu Lebzeiten ein viel gefragter Berater und Seelenführer in allen Lebenslagen, blühte sein Kult durch den vorbeiziehenden Jakobsweg im Mittelalter mächtig auf. Kurz nach der Mitte des 10. Jh. entstand vor der Höhle des Heiligen ein Klosterbau im mozarabischen Stil, dessen Kirche bis heute erhalten blieb. Die berühmten Hufeisenbögen als Erkennungszeichen dieses christlich-arabischen Mischstils gehen

Die romanische Kirche San Pedro de la Rúa in Estella erinnert an die große Blütezeit des Jakobsweges im 12. Jh.

► Detail vom Schrein des hl. Aemilian in San Millán de la Cogolla.

wohl auf die Westgoten zurück, die vor der arabischen Eroberung Spaniens 711 das Land bewohnten.

Im frühen 11. Jh. wollte König Garcia Sánchez III. die Gebeine des hl. Aemilian nach Nájera übertragen, um die neue Hauptstadt von Navarra aufzuwerten und den durchziehenden Jakobspilgern ein attraktives Zwischenziel zu bieten. Der Legende nach konnten die Reliquien aber nur bis in den Talgrund gebracht werden, wo sie nicht mehr von der Stelle zu bewegen waren. So entstand hier das untere Kloster, das zwei prächtige Schreine für den hl. Aemilian und seinen Lehrer Felix sein Eigen nennen konnte, deren Elfenbeinschnitzereien bis heute erhalten blieben. Sie wurden von einem Meister Engelram geschaffen, der aus dem Rheinland stammte und den wohl auch der Jakobsweg hierher geführt hatte. Die gewaltigen Baumassen des unteren Klosters stammen aus dem 16. und 17. Jh. und zeugen von der ungebrochenen Bedeutung der Abtei in der Neuzeit. Das barocke Hochaltargemälde zeigt den Hausheiligen, wie er mit gezogenem Schwert in die Schlacht gegen die Araber reitet, da die Mönche ihn so als zweiten Jakobus aufwerten wollten.

Santo Domingo de la Calzada

Die Stadt erhielt ihren Namen vom hl. Domingo, der sich an diesem Ort auf ganz besonders praktische Weise der Pilger annahm, indem er den Bau der großen Brücke und eines Hospitals initiierte sowie gepflasterte Straßen (span. calzada) anlegen ließ. Nach seinem Tod 1109 fand er hier sein Grab und wurde als Förderer der Jakobuswallfahrt selbst zum Pilgerziel. Der große romanische Chor der Kathedrale wurde in der zweiten Hälfte des 12. Jh. errichtet. Neben der Kathedrale hat sich ein vom hl. Domingo gegründetes, in großen Teilen noch mittelalterliches Hospital erhalten, das heute als gehobenes Hotel genutzt wird.

Der südliche Querarm der Kirche birgt nicht nur das Grab des hl. Domingo, sondern kurioserweise auch einen prächtigen Hühnerkäfig – beides wurde im frühen 16. Jh., auf dem zweiten Höhepunkt der Jakobuswallfahrt, in spätgotischen Formen aufwendig erneuert. Der Hühnerkäfig, in dem bis heute zwei lebende Hühner in der Kirche gehalten werden, erinnert an das vor allem in Deutschland am häufigsten dargestellte Wunder, das der hl. Jakobus an einem Pilger gewirkt haben soll.

Die Legende berichtet von einem Ehepaar aus dem Rheinland, das mit dem Sohn unterwegs nach Santiago war. Da das Hospital schon überfüllt war, musste man zur Übernachtung notgedrungen auf eine kommerzielle Herberge ausweichen, Etablissements, die im Mittelalter überwiegend in schlechtem Ruf standen. Der Sohn widerstand standhaft den Annäherungsversuchen der Wirtstochter, woraufhin diese aus Rache einen perfiden Plan fasste und nachts heimlich einen silbernen Becher im Gepäck der Familie versteckte. Am nächsten Morgen verkündete sie mit gut gespieltem Schrecken, dass ein wertvoller Becher gestohlen worden sei, und ließ den in den Plan eingeweihten Wirt die Taschen aller Gäste durchsuchen und das vermeintliche Diebesgut bei der Familie finden. Der Richter der Stadt verhängte das Todesurteil zunächst über den Vater, doch beschuldigte sich nun der Sohn, um diesen zu retten. Nach der Hinrichtung am Galgen verließen die Eltern die Stadt, pilgerten weiter nach Santiago und beteten beim hl. Jakobus für die Seele ihres Sohnes. Auf dem Rückweg kamen sie erneut am Galgen vorbei, wo sie zu ihrer großen Überraschung ihren Sohn noch lebend antrafen, da angeblich Jakobus ihn die ganze Zeit auf seinen Schultern gehalten hatte. Überglücklich stürmten die Eltern in die Stadt zum Richter und berichteten ihm vom Wunder. Dieser saß gerade beim Essen und bemerkte nur spöttisch, dass ihr Sohn so lebendig sei wie seine knusprigen Brathühner auf dem Spieß, woraufhin diese gackernd durchs Fenster davonflatterten. Nach allgemeinem Lobpreis über die Wunderkraft des hl. Jakobus sprach der Richter sein Urteil über den Wirt und dessen Tochter, die nun den Galgen besteigen durften. Die himmlische Gerechtigkeit hatte wunderbar gesiegt!

Diese Legende erzählte man sich auch an einigen anderen Orten des Pilgerweges, doch konnte sich **Santo Domingo de la Calzada** schließlich als wahrer Ort des Wunders durchsetzen, indem es mit einem Hühnerkäfig in der Kirche Fakten schuf. Hier werden den Pilgern bis heute Nachfahren des durch Jakobus zum Leben erweckten Hühnerpaares gezeigt. Im Mittelalter verkauften geschäftstüchtige Händler Federn der Wunder-Hühner, die angeblich einen besonderen Schutz auf dem gefahrvollen Weg verleihen sollten, an die Pilger. Im Querhaus der Kathedrale ist ein Rest des Galgens aufgestellt, an dem Jakobus der Legende nach sein Wunder wirkte. Gemälde auf der Außenseite des Chorgestühls schildern ausführlich das einmalige Geschehen.

Die große Beliebtheit des Hühner-Wunders zeigt, dass damit, ähnlich einem Märchen, eine Ur-Angst der Pilger verarbeitet wurde – in der Fremde angeklagt zu werden, bedeutete nämlich oft das Todesurteil, und ohne Geld und gute Kenntnisse der Landes-

Der prächtige Hühnerkäfig in der Kathedrale von Santo Domingo de la Calzada erinnert an das spektakulärste Wunder des hl. Jakobus, die Rettung eines unschuldig zum Tod verurteilten Pilgers.

sprache war man jeder Willkür hilflos ausgesetzt. Zudem kommt in dieser Geschichte auch das große Misstrauen gegenüber Gasthäusern zum Ausdruck. Schon der erste Pilgerführer des Jakobsweges, der *liber sancti jacobi* aus der Mitte des 12. Jh., mokiert sich heftig über alle möglichen Betrügereien, die den arglosen Pilgern dort angetan wurden.

Auf dem Weiterweg nach Burgos stand den Pilgern mit den Montes de Oca und dem Pedraja-Pass (1102 Meter) eine größere Strapaze bevor, doch boten das Hospital in Villafranca und die Zisterzienserabtei Valfuentes Unterschlupf vor umschlagendem Wetter. Das Kloster **San Juan de Ortega**, das nun erreicht wurde, erhielt seinen Namen von einem dort begrabenen Heiligen, der sich im 12. Jh. – ähnlich dem hl. Domingo – durch Gründung eines Hospitals und mehrerer Brückenbauten der Pilger besonders angenommen hatte. Da er selbst eine Wallfahrt nach Jerusalem unternommen hatte, kannte er die zahllosen Gefahren, die Pilgern drohten. Sein Grab ist mit einem überreichen spätgotischen Baldachin geschmückt, den keine geringere als Königin Isabella die Katholische spendierte, da der Heilige auch für unerfüllte Kinderwünsche zuständig war.

Burgos

Der Besuch von **Burgos** ist bis heute ein besonderes Erlebnis. Als Hauptstadt des Königreiches Kastilien war es immer ein Zentrum des Handels und der Künste. Mit ihren filigranen gotischen Türmen überragt die Kathedrale bis heute das Stadtbild und dürfte vor allem bei Pilgern aus dem Rheinland Heimatgefühle geweckt haben. Denn der Baumeister Hans, der 1440 die Bauleitung übernahm, stammte aus Köln, wo er in der dortigen Dombauhütte seine Ausbildung erhalten hatte. Während Hans von Köln vor allem die durchbrochenen Helme der Westtürme schuf, bereicherten Sohn und Enkel die Kathedrale um zwei weitere, vielbewunderte Spitzenwerke europäischer Gotik. Hinter dem Chor entstand durch Simon von Köln im späten 15. Jh. als private Grabkapelle mit allem Prunk die Capilla del Condestable, deren Gewölbe sich spektakulär in einem achteckigen, mit durchbrochenem Maßwerk verzierten Lichtstern öffnet. Dieses Prinzip des in Maßwerk aufgelösten Gewölbes wurde nochmals beim berühmtesten Teil der Kathedrale, dem zum Innenraum offenen Vierungsturm, gesteigert. Ursprünglich war auch er ein Werk des Hans von Köln, das aber 1537 ein-

Schon die mittelalterlichen Pilger dürfte die ungewöhnliche Pracht der Kathedrale in Burgos beeindruckt haben – hier der Blick in die Kuppel der Capilla del Condestable.

gestürzt und danach unter Mitarbeit seines Enkels Franz wiederaufgebaut wurde. Dort, wo bei anderen Türmen massiv gemauerte Gewölbeschalen zwischen den Rippen sitzen, finden sich hier nur raffiniert verschlungene Maßwerkformen, durch die das Licht fällt. Für dieses in der europäischen Gotik einzigartige Gebilde verarbeitete der Architekt Anregungen arabischer Kuppeln. Architektur und die wohlerhaltene, prunkvolle Ausstattung fügen sich zu einem heute seltenen Gesamterlebnis zusammen, das selbst weit gereiste Pilger noch in Erstaunen versetzt haben dürfte. Der Neubau der Kathedrale war 1221 von König Ferdinand III. von Kastilien und León nach dem Vorbild französischer Kathedralen, vor allem Notre Dame in Paris, begonnen worden und konnte bis zum Ende des 13. Jh. in den Hauptteilen vollendet werden. Ferdinand, der die Rückeroberung Spaniens weiter vorantrieb, hatte 1219 eine Tochter des ermordeten Stauferkönigs Philipp von Schwaben geheiratet. Dadurch konnte er sich sogar Hoffnungen auf den deutschen Kaiserthron machen, was den Aufwand seines Kathedralbaus in Burgos erklären dürfte.

Weniger für mittelalterliche Santiago-Wallfahrer als für heutige Kunstpilger ist ein Abstecher zur Kartause Miraflores ein „Muss". Dort ließ Königin Isabella von Kastilien, die durch ihre Heirat mit dem Erbprinzen von Aragón die Einheit Spaniens hergestellt hatte, für ihre verstorbenen Eltern Ende des 15. Jh. eines der schönsten und prunkvollsten Grabmäler des Mittelalters errichten. Zusammen mit der reichhaltigen Chorausstattung entstand so durch die prominente Stifterin ein spätgotisches Gesamtwerk absoluter Qualität und Schönheit.

Das zweite Ausflugsziel heutiger Touristen, die Zisterzienserinnenabtei Las Huelgas Reales, war im Mittelalter hingegen auch Anlaufstelle für die Jakobspilger. Denn das bedeutendste und reichste Frauenkloster ganz Spaniens unterhielt ein großes Hospital, heute Sitz der Universität von Burgos. Im späten 12. Jh. von einem kastilischen König gegründet, wurde die mit hochadeligen Frauen und Angehörigen des Königshauses besetzte Abtei direkt dem zisterziensischen Hauptkloster Cîteaux unterstellt und genoss unter den damaligen Frauenklöstern während des gesamten Mittelalters völlig ungewöhnliche Freiheiten. Noch heute leben hier Zisterzienserinnen, doch sind Kirche und die beiden Kreuzgänge zu besichtigen, die die große Bedeutung anschaulich vor Augen führen. Interessant ist auch hier der Einfluss der hochentwickelten arabischen Dekorationskunst, die noch in den Stuckarbeiten des Kreuzgangs und einiger Kapellen präsent ist.

▲ In Burgos war vor allem die Zisterzienserinnenabtei Las Huelgas Reales mit ihrem großen Hospital Anlaufstelle für Pilger.

Zwischen Burgos und Léon erstreckt sich die karge Hochebene von Altkastilien.

Weg durch die Einsamkeit – von Burgos nach León

Nach der Pracht von Burgos erwartete die Pilger auf dem Weiterweg nach León eine beschwerliche Strecke durch die trockene, heiße und windgeplagte Hochebene von Altkastilien, die bis heute öd und leer ist. Etappenorte waren hier zunächst **Castrojériz**, dessen wundertätiges Gnadenbild der Muttergottes schon König Alfons der Weise im 13. Jh. in seinen „Cántigas de Santa Maria" gepriesen hatte, und **Frómista**. Hier stiftete die 1035 verstorbene Dõna Mayor, Witwe des Königs von Navarra, in ihrem Testament ein Kloster, dessen vollständig erhaltene, in der zweiten Hälfte des 11. Jh. errichtete romanische Kirche dank ihrer ausgezeichneten figürlichen Kapitelle große kunstgeschichtliche Bedeutung besitzt. Ihr Meister orientierte sich an römischen Bildhauerarbeiten des Umlandes, die damals noch nicht zerstört waren.

Mit **Villalcázar de Sirga** erreichten die Pilger wieder einen bedeutenden Marienwallfahrtsort. Im Nachbarort **Carrión de los Condes** erinnert die hochrangige romanische Bauplastik der beiden Maria und Jakobus geweihten Kirchen an die Blütezeit des hier durchziehenden Pilgerweges im 12. Jh. Aufnahme fanden die Wallfahrer in der Benediktinerabtei San Zoilo auf der anderen Seite des Flusses. Der nächste Etappenort auf dem Weiterweg nach León war **Sahagún**. In römischer Zeit sollen hier die Soldaten Facundus und Primitivus, die sich zum Christentum bekehrt hatten, wegen ihres Glaubens grausamst hingerichtet worden sein. Um die beiden Märtyrer entwickelte sich ein wichtiger Heiligenkult, beflügelt durch die Lage am Jakobsweg. Leider blieben von der Benediktinerabtei, die ihre Gebeine hütete und im Hochmittelalter eine der wichtigsten Klöster Spaniens war, nur spärliche Ruinen übrig. Die vergangene Pracht lassen immerhin noch die in Backstein ausgeführten Ostpartien der nahen Kirchen San Tirso und San Lorenzo ahnen. Kurz vor León werden heutige Kunst- und Jakobspilger den kleinen Umweg nach **San Miguel de Escalada** nicht scheuen, auch wenn der Ort für den mittelalterlichen Jakobsweg keine Bedeutung hatte. Denn hier blieb eine der Kostbarkeiten mozarabischer Baukunst erhalten. Zu Beginn des 10. Jh. errichteten die Mönche den allein noch vorhandenen Neubau ihrer Klosterkirche. Schon der Blick auf die Vorhalle entlang der Südseite mit ihren Hufeisenbögen auf schlanken Säulen ist ein Genuss! Im Innern der kleinen Basilika finden sich noch reich verzierte Chorschranken.

León

León, das bis zur Vereinigung mit Kastilien 1230 über zweihundert Jahre Hauptstadt des gleichnamigen Königreiches war, konnte mit dem bedeutendsten Pilgerziel des spanischen Jakobswegs zwischen Pyrenäen und Santiago aufwarten, der Abtei des hl. Isidoro. Doña Sancha, Erbin von León, und ihr Gemahl Fernando I. von Kastilien wollten die von ihnen großzügig als Hauskloster und Grablege des Königshauses neu erbaute Abtei mit entsprechenden Reliquien aufwerten. Zwar hatte man schon die Gebeine des hl. Pelagius, eines in maurischer Gefangenschaft als Märtyrer gestorbenen spanischen Bischofs, erworben. Dennoch schickte das Königspaar eine Gesandtschaft nach Sevilla, um von dort die Reliquien einer hier verehrten Märtyrerin als weibliches Pendant zu erhalten. Da diese nicht auffindbar waren und man nicht mit leeren Händen zurückkehren wollte, forderte die Gesandtschaft vom maurischen Stadtherrn die Herausgabe des hl. Isidor als Tribut. Angeblich war der Heilige höchstselbst einem Bischof aus der Gesandtschaft erschienen, dem er seine verborgene Grabstätte verriet. Als Beweis für die Echtheit der Vision verkündete Isidor dem Bischof seinen baldigen Tod, der auch eintrat, nachdem die Reliquien gefunden worden waren. Isidor (um 560–636) wirkte im frühen 7. Jh. als Bischof von Sevilla und war ein hochgebildeter Theologe, der das gesamte verfügbare Wissen der damaligen Zeit in einer Enzyklopädie sammelte. Zudem machte er sich unter anderem durch eine Neuübersetzung der Bibel und eine allgemein verbindliche Klosterregel verdient, weshalb er als Kirchenlehrer gilt.

In León erhielt der Heilige vom Königspaar einen vergoldeten Silberschrein, der 1063 fertig war und bis heute in der reichhaltigen Schatzkammer erhalten blieb, die ihre Nachfolger um weitere kostbare Stücke bereicherten. Im späten 11. und frühen 12. Jh. errichtete das Kloster eine neue Kirche, deren Bau- und Schmuckformen deutlich auf französische Vorbilder verweisen. Neben den zahlreichen figürlichen romanischen Kapitellen verdient besonders die ungewöhnliche Gestaltung der beiden Vierungsbögen zum Querhaus hin Beachtung, denn der Bogen trägt auf der Unterseite eine Folge weiterer Rundbögen. Dieses Motiv übernahmen die christlichen Baumeister vermutlich aus dem Erweiterungsbau der Großen Moschee von Córdoba. Im späten 12. Jh. wanderte das außergewöhnliche Gestaltungselement über den Jakobsweg nach Köln, wo es im Kreuzgang der Stiftskirche St. Andreas Anwendung fand und bis heute zu sehen ist. Von hier aus holte der Landgraf von Thüringen wiederum Bauleute zur Errichtung seiner Doppelkapelle auf Schloss Neuenburg bei Freyburg an der Unstrut, wo nachmals diese Formen auftauchen – ein interessantes Beispiel für die vielseitige kulturelle Bedeutung des Jakobsweges. Höhepunkt einer Besichti-

Die kleine Klosterkirche von San Miguel de Escalada ist ein Musterbeispiel der mozarabischen Baukunst.

gung von San Isidoro ist heute der Besuch der königlichen Grablege in der ehemaligen Vorhalle der Kirche. Die Gewölbe der nicht allzu großen Halle erhielten um das Jahr 1100 ihren vollständig und in seltener Frische konservierten Freskenschmuck. Die Bilder zeigen Szenen der Heilsgeschichte, haben aber auch, passend für eine Grablege, einen stark endzeitlichen Bezug.

Wer als Pilger noch Zeit fand, die hauptsächlich in der zweiten Hälfte des 13. Jh. errichtete Marienkathedrale zu besuchen, konnte sich an der Pracht der bis heute nahezu unbeschädigt gebliebenen mittelalterlichen Glasfenster erfreuen. Pilger aus Paris dürften zudem erkannt haben, dass der französische Architekt das Vorbild der kurz zuvor umgebauten Abteikirche St-Denis vor Augen hatte. Vor dem spätgotischen Hochaltar befindet sich der Schrein des hl. Froilan, den der aus Köln stammende Goldschmied Heinrich von Harff Anfang des 16. Jh. schuf. Der Künstler, der 1501 nach León gekommen war, blieb gleich hier und begründete mit Sohn und Enkel einen florierenden Familienbetrieb.

Unmittelbar an der Brücke über den Bernesga hat sich mit San Marcos eines der größten Hospitäler des spanischen Jakobsweges erhalten. Der in der ersten Hälfte des 16. Jh. entstandene großzügige Neubau verdankt seine Pracht zum einen königlicher Unterstützung, zum anderen dem Santiago-Ritterorden, dessen Sitz er war. Hinter der palastartigen Renaissancefassade ordnen sich die heute als Hotel und Museum genutzten Räume um einen großen, doppelgeschossigen Kreuzgang. In einem Saal findet sich eine großartige Holzdecke, ausgeführt von arabischen Künstlern. Die Kirche des Hospitals diente noch ganz im mittelalterlichen Sinn als Krankensaal.

▼ Die gotische Kathedrale von Léon wetteifert mit ihren großen französischen Schwestern.

Von León nach Santiago

Von León aus erreichten die Pilger über der seit dem frühen 16. Jh. verehrten Stelle einer Marienerscheinung in **Virgen del Camino** die Ortschaft **Hospital de Orbigo**. Während das Hospital nur noch als Ruine gegenüber der Kirche zu erkennen ist, blieb die langgestreckte mittelalterliche Brücke über den Orbigo erhalten. Nächstes Etappenziel war **Astorga**, das sich eindrucksvoll über dem Tal des Tuerto erhebt. Die einst bedeutende Römerstadt war seit dem Mittelalter Bischofssitz. Der 1471 begonnene Neubau der Kathedrale gehört zu den schönsten spätgotischen Bauwerken Spaniens und beeindruckt durch seine wunderbaren Sterngewölbe sowie die prächtige Hochaltarwand. Im späten 19. Jh. wurde kein geringerer als Antonio Gaudí damit beauftragt, den abgebrannten Bischofspalast neu zu errichten. Während dieser bei seinen Meisterwerken in Barcelona ganz eigenwillige Lösungen fand, blieb er in Astorga noch der Neugotik verpflichtet, vielleicht bedingt durch den konservativen Auftraggeber. Ein Pilgermuseum im Erdgeschoss erinnert an die Bedeutung des Jakobsweges für die Stadt. Das Franziskanerkloster, das 1273 gegründet wurde, hält hingegen das Andenken an einen höchst bedeutenden Jakobspilger, den hl. Franz von Assisi (um 1181–1226), wach, der in Astorga Station machte.

Zwischen Astorga und dem nächsten Zwischenziel Ponferrada stand den Pilgern durch die Überquerung der Montes de León eine anstrengende, zweitägige Etappe bevor. Heute größtenteils verlassene Dörfer boten hier notfalls Unterkunft, während in Foncebadón und auf dem 1500 Meter hohen Rabanalpass Hospitäler bestanden. Auf dem Pass erhebt sich auf

Léons Wallfahrtsstätte war das Grab des hl. Isidoro in der gleichnamigen Abtei, in der sich auch einige Könige bestatten ließen. Romanische Fresken in leuchtender Farbkraft schmücken die Gewölbe des königlichen Mausoleums.

einer hohen Holzstange das **Cruz de Ferro**, ein Eisenkreuz, das wohl ehemals als Grenzmarkierung diente. Viele Pilger tragen bis heute einen Stein hinauf, den sie zu Füßen des Kreuzes hinter sich werfen, so dass mittlerweile ein hoher Steinhaufen entstanden ist. Dieses Ritual steht für das innere Loslassen von schwerer (Sünden)Last, dem Endziel der meisten mittelalterlichen und heutigen Pilger.

Ponferrada erhielt seinen Namen nach einer nicht mehr bestehenden, mit Eisenklammern verstärkten Steinbrücke, die der Bischof von Astorga im 11. Jh. zur Verbesserung des Pilgerweges anlegen ließ. Seit dem späten 12. Jh. wird der Ort von einer imposanten Ordensburg der Tempelritter überragt, die zum Schutz des Pilgerweges und als Vorposten des Kampfes gegen die Moslems angelegt worden war. Nahe der Burg erhebt sich die Wallfahrtskirche Unserer Lieben Frau von der Eiche, wo Pilger eine einst vor den Arabern versteckte und durch ein Wunder wieder entdeckte Marienfigur verehren konnten. Zahlreiche Hospitäler boten Unterkunft, eines davon von Königin Isabella und ihrem Gemahl König Ferdinand II., dem Katholischen, im späten 15. Jh. gestiftet.

Auch **Villafranca del Bierzo** verrät bis heute durch seinen Namen, dass die Stadt 1070 durch von König Alfons VI. hier angesiedelte französische und deutsche Jakobspilger entstand, damals unter dem Sammelbegriff „Franken" zusammengefasst. Zudem holte der König Mönche aus Cluny, die hier ein Priorat gründeten – dessen heute noch erhaltene Stiftskirche wurde im 16. Jh. errichtet. Die romanische Jakobskirche am Ortsrand besitzt ein prächtiges Stufenportal auf der Nordseite, das zum hier vorbeiführenden Pilgerweg ausgerichtet ist. Es wird als Tor der Gnade bezeichnet, da kranke und geschwächte Wallfahrer hier einen Ablass wie in Santiago erhalten konnten. Denn hinter Villafranca stand den Wallfahrern die letzte Gebirgsüberquerung bevor, für die sie den immerhin 1293 Meter hohen Cebreiropass erklimmen mussten. Wer sich dieser Strapaze nicht mehr gewachsen fühlte oder schon krank in Villafranca ankam, dem bot sich hier durch den Ablass wenigstens ein gewisser Trost, auch wenn er Santiago nicht mehr erreichen konnte.

Denjenigen, die die Passhöhe überwanden, stand in **Cebreiro** ein Hospital zur Verfügung, das schon 1070 durch Alfons VI. gegründet und mit Mönchen der französischen Benediktinerabtei von Aurillac besetzt worden war. Die mittelalterliche Kirche birgt ein romanisches Gnadenbild der Gottesmutter. Im frühen 14. Jh. ereignete sich hier ein Eucharistie-Wunder, als sich während der Messe Hostie und Wein tatsächlich in Fleisch und Blut verwandelt haben sollen, nachdem ein fauler Mönch nur widerwillig hatte Gottesdienst halten wollen. Isabella von Kastilien und ihr Mann Ferdinand II., die 1486 auf ihrer Pilgerfahrt nach Santiago auch hier Zwischenstation machten, stifteten ein bis heute erhaltenes Reliquiar des hl. Blutes, das zusammen mit dem romanischen Wunderkelch ausgestellt wird.

Nach dem Abstieg, der die Pilger nur ins regenreiche und daher überaus grüne Galicien führte, konnte unten im Tal im Kloster **Samos** Station gemacht werden. Vielleicht schon im 7. Jh. gegründet, erlebte die Abtei im 9. Jh. ihren Aufstieg durch die Förderung der asturischen Könige. Eine kleine Erlöserkirche könnte

Jakobus hilft!

Auszug aus dem liber sancti jacobi *(12. Jh.)*

„Die heilige Tugend des Apostels, die von der Jerusalemer Gegend übertragen wurde, erstrahlt im galicischen Vaterland durch göttliche Wunder. Bei seiner Basilika werden nämlich immer wieder vom Herrn durch ihn göttliche Wunder gewirkt. Kranke kommen und werden geheilt, Blinde sehend gemacht, Lahme aufgerichtet, Stummen wird die Sprache geschenkt, vom Teufel Besessene werden befreit, Traurige werden getröstet, was jedoch noch bedeutender ist: die Gebete der Gläubigen werden erhört, die schweren Lasten der Vergehen genommen und die Fesseln der Sünder gelöst."
(zitiert nach Herbers 1998)

noch aus dieser Zeit stammen, und auch die Zypresse, die neben ihr steht, dürfte schon einige Jahrhunderte alt sein. Die großzügigen Abteigebäude entstanden nach mehreren Brandkatastrophen vom späten 16.–18. Jh. Besonders eindrucksvoll sind die kulissenartige Barockfassade der Kirche und der riesige Kreuzgang aus dem frühen 18. Jh.

Am Ziel: Santiago

Nun ging es mit schnellen Schritten dem Ziel der Pilgerreise entgegen. In **Triacastella**, das, wie der Name schon sagt, einst von drei Burgen geschützt wurde, sollten die Jakobspilger Kalksteine aus den dortigen Brüchen zum Bau der Kathedrale von Santiago mitnehmen, damit sie sich um den hl. Jakobus besonders verdient machten. Diese praktische Aufforderung geht auf Bischof Diego Gelmírez zurück, der im frühen 12. Jh. den Neubau energisch vorantrieb.

Das alte **Portomarín**, dessen Bedeutung für den Pilgerweg aus der namensgebenden Brücke über den Miño bestand, versank 1962 im aufgestauten Fluss. Vorher wurden jedoch die historischen Bauwerke des Ortes abgetragen und oberhalb des Stausees wiedererrichtet. Beeindruckend ist die mit einem wehrhaften Zinnenkranz ausgestattete romanische Kirche der Templer, die nach Auflösung des Ordens von den Johannitern übernommen wurde. Das Hauptportal bietet schon einmal einen Vorgeschmack auf das Westportal der Kathedrale von Santiago, dessen Vorbild es folgt. In **Villar de Doñas** erhebt sich die romanische Jakobskirche, die einst zu einem Priorat des Santiago-Ritterordens gehörte. Nahe der Kirche befindet sich noch einer der charakteristischen, zum Schutz vor Mäusen auf Steinstelzen sitzenden Maisspeicher, die für Galicien typisch waren. Nahe des Flughafens von Santiago, der heute die Pilger mit nur wenig Zeit heran- und diejenigen, die nur die einfache Strecke laufen wollen, zurückbringt, ist **Lavacolla** schon im ersten Pilgerführer aus der Mitte des 12. Jh. erwähnt. Denn hier sollten sich die Wallfahrer vor ihrer Ankunft am Ziel ihrer Pilgerreise waschen und auch ihre Kleidung reinigen. Mit dieser unter hygienischen Aspekten betrachtet sehr vernünftigen Aufforderung brachten sie zudem ihre innere Reinigung zum Ausdruck, die durch den weiten und entbehrungsreichen Fußmarsch zum hl. Jakobus stattgefunden hatte. Vom **Monte del Gozo**, dem Berg der Freude, erblickten die Wallfahrer schließlich erstmals das Ziel ihrer langen Reise, Santiago. Derjenige einer Pilgergruppe, der zuerst den Gipfel erreicht hatte und die Stadt als erster sah, durfte sich Pilgerkönig nennen.

Abbild des Himmels: Die Portale der Basilika

Beflügelt von ihrer unmittelbar bevorstehenden Ankunft beim hl. Jakobus zogen die Pilger nun betend und singend in die Stadt hinein zur Kathedrale von **Santiago** mit dem Grab „ihres" Heiligen. Wer sich heute der Basilika nähert, steht zunächst bewundernd vor der in der Barockzeit vorgeblendeten Doppelturmfassade, die Mitte des 18. Jh. vollendet war. Vom Giebel herab begrüßt der hl. Jakobus die herannahenden Pilger, während etwas unterhalb das Relief eines Sarkophages auf Wellen die wundersame Ankunft der Apostelgebeine illustriert. Seitlich sind die beiden Gefährten von Jakobus dargestellt, die angeblich seinen Leichnam bei der Überfahrt über das Meer begleitet und ihn hier bestattet haben. Eine doppelläufige Freitreppe führt die Pilger vom weiten Vorplatz hinauf zum Hauptportal, wo sie unmittelbar nach Eintritt vor dem schönsten und aufwendigsten Bauteil der Kathedrale stehen, dem dreifachen romanischen Prachtportal. Laut Inschrift vollendete Meister Mateo den Pórtico de la Gloria 1188, womit der in über einhundert Jahren errichtete romanische Neubau seine spektakuläre Vollendung fand. Auffällig wetteifert das Hauptportal der Kathedrale von Santiago mit den großen französischen (Konkurrenz-)Wallfahrtsorten wie Vézelay, Autun und St-Gilles, die sich zuvor schon eine ähnliche Pracht geleistet hatten, um gleich am Eingang die Pilger in höchstem Maß zu beeindrucken. Doch dem Westportal von Santiago gebührt hier die Krone. Denn in sonst nirgendwo zu findender Plastizität und Lebendigkeit, einst noch gesteigert durch die bunte Farbfassung, steht hier gleichsam der Himmel den Pilgern offen. Am Mittelpfeiler thront der hl. Jakobus mit Pilgerstab, wie als Verkörperung des Ranges der Kathedrale als romgleichem, apostolischem Sitz. Eingebunden ist die Figur in eine Darstellung der Wurzel Jesse, des Stammbaums Christi, da Jakobus der Legende nach über sei-

Am Ziel aller Wünsche – von der barocken Fassade der Kathedrale in Santiago herab grüßt der hl. Jakobus die Ankommenden.

Das romanische Hauptportal der Kathedrale von Santiago zeigt nicht nur den hl. Jakobus auf seinem himmlischen Thron, sondern im Tympanon die Erlösung der Menschheit.

ne Mutter als naher Verwandter Jesu galt. Über Jakobus thront in übermenschlicher Größe der endzeitliche Christus zwischen den vier Wesen der Apokalypse.

Während sich an den romanischen Portalen der großen Pilgerkirchen fast ausschließlich eine dramatische Darstellung des Weltgerichts mit Himmel und Hölle findet, durfte Meister Mateo eine versöhnlichere Botschaft für die ankommenden Pilger gestalten. In der Kathedrale von Santiago steht der Erlösungsgedanke im Vordergrund, weshalb Engel auf beiden Seiten Christi Passionssymbole halten. Darüber finden sich nur noch die Seligen, die Eingang in den Himmel gefunden haben, begleitet von den im Halbkreis angeordneten 24 Ältesten der Apokalypse, von denen jeder ein anderes Musikinstrument spielt. Das Weltgericht selbst wird im rechten Seitenportal dargestellt. Nachdem die Pilger diese zumindest in der Romanik nie gesehene Pracht bestaunt und deren „frohe" Botschaft in sich aufgenommen hatten, konnten sie ihre verschlissene, abgelegte Pilgerkleidung durch die offenen Mäuler der Ungeheuer zu Füßen des Jakobus stopfen, um so gleichsam ihr altes, sündiges Leben abzulegen. Die Kleider fielen nach unten in die kryptenartige Unterkirche und wurden anschließend bei der Kathedrale verbrannt. Die Sitzfigur auf der Rückseite des Pfeilers könnte den Schöpfer des Portals, Meister Mateo, darstellen.

Auch die beiden Querarme der Kathedrale sind mit aufwendigen Portalanlagen ausgestattet. Leider wurde die Portada de Azapacheria auf der Nordseite im Barock gänzlich umgebaut. Ihr Name geht zurück auf die hier bis heute angebotenen, aus harter schwarzer Kohle geschnittenen Pilger-Andenken, meist kleine Jakobus-Figürchen. Noch reißenderen Absatz fanden im Mittelalter die Jakobsmuscheln, das typische Erkennungszeichen eines Pilgers, auf das keiner verzichten wollte. Schon Mitte des 12. Jh. wird am Nordportal ein Markt genannt, auf dem beileibe nicht nur diese Andenken vertrieben wurden, sondern ein ganzes Sortiment an Pilgerbedarf wie Schuhe, Taschen, Weinschläuche, Gürtel, Arzneien und vieles mehr. Bis zu seiner Zerstörung im 15. Jh. befand sich vor dem Nordportal ein großer, mehrschaliger Brunnen, der im *liber sancti jacobi* als Weltwunder gepriesen wird. Hier konnten sich die Pilger erfrischen, bevor sie das Heiligtum betraten. Schon damals lag vor der Nordseite das große Pilgerhospital, das dank einer großzügigen Stiftung der katholischen Könige Isabella und Ferdinand ab 1492 durch einen Neubau in riesigen Dimensionen ersetzt werden konnte. Die erst im 18. Jh. vollendete Anlage dient heute als Luxushotel. Zwischen Hospital und Kathedrale vermittelt der Bischofspalast mit seinen großartigen mittelalterlichen Sälen eine gute Vorstellung von der besonderen Würde des Erzbischofs von Santiago.

Auch die Ostseite des romanischen Domes, der von einer Vielzahl an später angefügten Kapellen fast völlig eingebaut ist, wird geprägt durch die fassadenhafte Ummantelung der Barockzeit. Damals wurde die Puerta Santa hier eingefügt, die ihren Namen dadurch erhielt, dass sie nur in den Heiligen Jahren geöffnet wird, wenn der Jakobustag auf einen Sonntag fällt. Wie schon bei der Westfassade begrüßt hier Jakobus zusammen mit seinen beiden Gefährten in Pilgertracht die Wallfahrer. Auf beiden Seiten des Portals finden sich wunderbare romanische Reliefs der 24 Ältesten der Apokalypse, die hier zweitverwendet wurden.

Die Front des südlichen Querhauses konnte hingegen noch vollständig ihre romanische Gestalt bewahren. Das Portal der Silberschmiede ist doppeltürig angelegt, damit sich ein- und ausgehende Pilger nicht behinderten. Wenn auch nicht so großartig wie das Westportal, bietet es dennoch eine Überfülle an romanischer Skulptur, die teilweise aus einem älteren Bauzustand des späten 11. Jh. stammt. Auf der Südseite der Kathedrale schließt sich der in der Spätgotik neu erbaute Kreuzgang an.

Glaube statt Wissen

Pilger-Zweifel

Der Nürnberger Humanist Hieronymus Münzer war 1494 in Santiago:
„Dauernd ist ein solches Volksgeschrei in der Kirche, dass man es nicht für möglich halten möchte. Mäßig ist da die Ehrfurcht. Der heilige Apostel wäre es wert, dass man ihn mit größerem Respekt verehrt. Man glaubt, dass er mit seinen zwei Schülern unter dem Hochaltar beerdigt ist, einer zu seiner Rechten und der andere zu seiner Linken. Niemand hat seinen Leichnam gesehen, nicht einmal der kastilische König, als er im Jahr des Herrn 1487 dort zu Besuch war. Nur durch den Glauben, der uns Menschen rettet, nehmen wir es an."

Der Kölner Adelige Arnold von Harff besuchte auf seiner dreijährigen Wallfahrt (1496–1498) zahlreiche europäische Pilgerstätten, darunter auch Santiago: *„Es wird auch gesagt, dass der Leichnam des heiligen Apostels Jakobus des Älteren in dem Hochaltar liegen solle. Etliche verneinen dies nachdrücklich, da er in Tolosa* (Toulouse) *in der Langedock liege, wie ich es vorher geschrieben habe. Ich habe mit viel Trinkgeld zu erreichen versucht, dass man mir den heiligen Körper zeigen sollte. Mir wurde geantwortet, dass jeder, der nicht völlig überzeugt sei, dass sich der heilige Körper des Apostels St. Jakobus des Älteren im Hochaltar befindet, und daran zweifelt und dann den Körper zu sehen bekommt, augenblicklich wahnsinnig werden würde wie ein rasender Hund. Diese Äußerung war mir genug, und wir gingen weiter in die Sakristei. Dort zeigt man uns das Haupt des Apostels St. Jakobus des Jüngeren und viele andere Reliquien. Vor der Kirche werden unzählig viele größere und kleinere Muscheln feilgeboten. Du kannst sie kaufen und eine an dem Mantel befestigen und sagen, du seist dort gewesen."* (beide zitiert nach Herbers/Plötz 1996)

Das Kircheninnere

Das Innere der dreischiffigen Emporenkirche ist ganz auf große Pilgermassen ausgerichtet. In einer nicht enden wollenden Prozession konnten die Wallfahrer im Einbahnsystem durch die Seitenschiffe von Lang- und Querhaus sowie durch den Chorumgang das hoch verehrte Grab unter dem Hochaltar umrunden. Um auch bei den Gottesdiensten möglichst vielen Menschen in Altarnähe Platz zu bieten, wurde das Querhaus mit 65 Meter extrem ausladend angelegt. Während die Pilger heute in der Krypta den Silberschrein des späten 19. Jh. mit den 1879 wieder gefundenen, angeblich echten und vom Papst beglaubigten Reliquien verehren können, war dies den mittelalterlichen Wallfahrern jedoch aus unbekannten Gründen verwehrt. Als sich zum Beispiel der rheinische Adelige Arnold von Harff Ende des 15. Jh. vergebens darum bemühte, die Gebeine sehen zu können, um seine Zweifel zu beseitigen, wimmelten ihn die Küster mit dem Hinweis ab, wer am Vorhandensein und der Echtheit der Jakobus-Reliquien zweifle, würde augenblicklich verrückt wie ein tollwütiger Hund. So musste mittelalterlichen Pilgern die Aura des Heiligen genügen, wenn sie – endlich am Ziel ihrer Wallfahrt angekommen – den Chor umrundeten. Zudem bildeten sich Ersatzrituale heraus, die es ermöglichen sollten, etwas vom Heil des Heiligen mitzunehmen. Noch heute steigen Pilger von hinten zu der romanischen Sitzfigur des Jakobus im barocken Hochaltar empor, um ihn zu umarmen. Im Mittelalter hatte sich, zumindest unter deutschen Pilgern, der von anderen Nationen belächelte Brauch herausgebildet, sich kurz die Silberkrone aufzusetzen, die Jakobus trug. Diese Pilgerkrönung findet sich auch in zahlreichen spätmittelalterlichen Darstellungen im deutschsprachigen Raum. Sie war ein Symbol für die ersehnte, hier gleichsam schon vorweggenommene Belohnung mit dem Ewigen Leben, was im Mittelalter als Krönung durch Christus oder einen Heiligen zum Ausdruck gebracht wurde.

Bis heute wird die Jakobsfigur im Hochaltar der Kathedrale von Pilgern verehrt.

Das heute meistbewunderte Ausstattungsstück der Kathedrale ist der sog. Botafumeiro, ein Weihrauchfass von gewaltigen Ausmaßen, das an hohen Festtagen von der Vierung aus zum Schwingen gebracht wird und eindrucksvoll durch das Querhaus rauscht. Im Mittelalter dürfte der Riesenkessel nicht nur aus liturgischen, sondern auch aus hygienischen Gründen zum Einsatz gekommen sein, um die Ausdünstungen der Pilgermassen mit dem Wohlgeruch von Weihrauch zu überlagern.

Sicherlich erlebten die meisten mittelalterlichen Pilger die gewaltige Architektur der Jakobus-Kathedrale so, wie sie schon im *liber sancti jacobi* Mitte des 12. Jh. beschrieben wurde: *„In dieser Kirche findet man keine Risse oder Brüche; sie ist wunderbar gearbeitet, groß, geräumig, hell, von entsprechenden Ausmaßen, Breite, Länge und Höhe sind harmonisch aufeinander abgestimmt; eine unbeschreiblich herrliche Anlage ... Wer oben durch die Schiffe der Emporen geht, wird, wenn er traurig hinaufgestiegen ist, froh und glücklich werden, nachdem er die vollkommene Schönheit dieses Gotteshauses geschaut hat."* (zitiert nach Herbers).

Die Pracht der romanischen Kathedrale, errichtet vom späten 11. bis zum späten 12. Jh., entstand auf dem ersten Höhepunkt der Wallfahrt zum hl. Jakobus. Die damals schon aus allen Teilen Europas herbeiströmenden Pilger, die teilweise aus höchsten Kreisen stammten, finanzierten den riesigen Neubau durch ihre Gaben am Grab des Heiligen. Besonders energisch trieb Bischof Diego Gelmírez (1100–1140) den Kirchenbau voran, nachdem er dank immenser Geldzahlungen, die zudem mehrmals fließen mussten, 1124 von Rom aus die Erhebung Santiagos zum Erzbistum erreicht hatte. Da seine Kirche ein Apostelgrab barg, strebte er für diese einen mit Rom vergleichbaren Rang an. Doch weil er als machtbewusster Politiker in die Auseinandersetzung des zerstrittenen Königspaares Uracca und Alfons I. von Aragón eingriff und die Unabhängigkeitsbestrebungen der Bürger von Santiago rigoros unterdrückte, kam es zu einem Aufstand der Bürger, bei dem sogar die im Bau befindliche Kathedrale schwer beschädigt wurde. So ist der imposante Neubau des Jakobus-Heiligtums nicht nur Ausdruck einer kometenhaft aufblühenden Wallfahrt, sondern auch das Werk ehrgeiziger Bischöfe, die ihrem Sitz dank der nur durch eine Legende gestützten Einmaligkeit eines Apostelgrabes innerhalb der Kirche Weltgeltung verschaffen wollten. Zudem musste man sich in Santiago der mächtigen Konkurrenz der großen französischen Wallfahrtsorte wie Tours, Vézelay oder Toulouse erwehren, die ihre Bedeutung gerade durch die Neuerrichtung gewaltiger Kirchen unterstrichen.

Kap Finisterre: Das Ende der Welt

Bevor sich die Pilger schließlich zur Rückreise aufmachten, werden viele von ihnen noch den Tagesmarsch zum **Kap Finisterre** angetreten haben. Denn dort war an der Atlantikküste dem damaligen Verständnis nach das Ende der Welt (finis terrae), wovon das Kap seinen Namen erhielt. Hier auf das weite Meer zu blicken, mit dem Gefühl, dass hinter dem Horizont die ersehnte Himmelssphäre begann, war für mittelalterliche Menschen sicherlich ein einmaliges, unvergessliches Erlebnis.

► Für die mittelalterlichen Jakobspilger bedeutete der Tagesausflug von Santiago ans Kap Finisterre einen Blick zum damaligen Ende der Welt.

LITERATURAUSWAHL

Grundlegend für die Texterstellung waren neben eigenen Reisen zahllose Kunstdenkmälerinventare, Reise-, Kunst- und Kirchenführer, die im Rahmen eines solchen Überblickswerks hier nicht im Einzelnen aufgeführt werden können.

Blum, Jolanda, Jakobswege durch die Schweiz, Thun [6]2004.
Ganz-Blättler, Ursula, Andacht und Abenteuer. Berichte europäischer Jerusalem- und Santiago-Pilger (1320–1520), Tübingen 1990.
Herbers, Klaus, Der Jakobsweg. Mit einem mittelalterlichen Pilgerführer unterwegs nach Santiago de Compostela, Tübingen 1986.
Herbers, Klaus und Plötz, Robert, Nach Santiago zogen sie. Berichte von Pilgerfahrten ans „Ende der Welt", München 1996.
Herbers, Klaus, Der Jakobsweg. Mit einem mittelalterlichen Pilgerführer unterwegs nach Santiago de Compostela, Tübingen [6]1998.
Herbers, Klaus, Jakobsweg. Geschichte und Kultur einer Pilgerfahrt, München 2006.
Heusch-Altenstein, Anette, Jakobswege im Rheinland, Bd. 3, Wege der Jakobspilger zwischen Rhein und Maas, Köln 2004.
Höllhuber, Dietrich und Schäfke, Werner, Der Spanische Jakobsweg, Köln 1999.
Kaiser, Jürgen, Jakobswege in Deutschland, Stuttgart [2]2007.
Kolbinger, Hans J., Auf dem Jakobsweg von Prag über Regensburg und Eichstätt bis Donauwörth, Innsbruck-Wien 2006.
Kubisch, Natascha, Der Jakobsweg nach Santiago de Compostela, Darmstadt 2002.
Lindenthal, Peter, Auf dem Jakobsweg durch Österreich, Innsbruck-Wien [5]2006.
Mathis, Hans Peter, Pilgerwege der Schweiz: Schwabenweg Konstanz-Einsiedeln, Frauenfeld 1993.
Zeiher, Esther und Kühn, Christoph, Der Ökumenische Pilgerweg durch Sachsen, Sachsen-Anhalt und Thüringen, Weimar [3]2004.

BILDNACHWEIS

Abtei St. Matthias, Trier: 52
Archiv der pädagogischen Stiftung Cassianeum in Donauwörth: 105
Thomas Bachmann, Bamberg: 107
© Bednorz images: 130
Bildagentur online/A. Klein: 49
Bildarchiv Monheim: 13, 19, 29, 50, 53, 56/57, 65, 71, 112, 121
dpa picture alliance, Frankfurt am Main: 8, 42, 66, 67, 76, 79, 81, 84, 106, 109, 129, 134/135, 140, 156
dpa picture Alliance/akg-images: 5, 11, 14, 15, 18, 21, 22, 23, 25, 26, 27, 35, 38, 40, 41, 44, 48, 47, 51, 59, 60 beide, 61, 62, 63, 64, 70 beide, 72, 73, 75, 80, 87, 89, 92, 93, 100, 117, 118, 125, 126, 127, 128, 131, 133, 136, 137, 138, 139, 142143, 144, 145, 146, 147, 148, 149, 151, 152, 153, 155, 157
Kurt Gramer, Bietigheim-Bissingen: 46 links
Ulrich Hagenmeyer: 120, 122, 132, 159
Hall Tourismus: 82
Innsbruck Tourismus: 83
Matthias Janke, Stuttgart: 110
Andreas Lechtape, Münster: 46 rechts
Jürgen Lüftner, Leipzig: 150
F1 Online/Siepmann: 86
Museen der Stadt Regensburg – Historisches Museum: 95
Picswiss.ch, Roland Zumbühl: 114, 116
© Pictorial Press Ltd / Alamy: 30, 32, 33,
Georg Pfeilschifter, Lenting: 101
Janos Stekovics, Dößel: 36
sv-Bilderdienst: 69
Roman von Götz, Regensburg: 2, 94, 97, 103, 104
aus: Dieter Kimpel/Robert Suckale, Die gotische Architektur in Frankreich, München 1985: 28